KB235033

손자병법을 읽다

원주용 옮김

머리말

　『孫子兵法』은 『孫子』·『吳孫子兵法』·『孫武兵法』 등으로도 불리는데, 기원전 6세기경인 春秋時代末 齊나라의 병법가인 孫武가 지었다고 전해진다. 그런데 손무의 孫子로서 戰國時代 孫臏이 著者라는 설도 있고, 삼국시대 위나라 무제인 曹操가 편찬했다는 설도 있으며, 孫武가 지었는데 孫臏이 완성했다는 설도 있다.

　『손자병법』은 『漢書』「藝文志」에 의하면 82편·圖錄 9권이라고 기록되어 있으나, 지금 남아 있는 宋本에는 始計·作戰·謀攻·軍形·兵勢·虛實·軍爭·九變·行軍·地形·九地·火攻·用間 등의 13편만이 전해지고 있다.

　『손자병법』은 춘추시대 말의 군사 학설 및 전쟁 경험 등을 묶은 책으로, "知彼知己면 百戰不殆라"라는 구절로 유명하다. 『손자병법』의 내용은 전쟁에 있어서의 戰略과 戰術, 국가의 경영 및 外交에서부터 우세한 병력의 집중, 민첩한 기동작전 등의 수많은 기본원칙을 제시하고 있어 세계 각국 군사 전문가들의 높은 평판을 얻고 있다. 曹操를 포함한 11명이 註釋을 달았으며, 영어·일어·프랑스어·독일어·러시아어·한국어 등으로 번역되었다.

　이 책의 구성은 먼저 『孫子兵法』의 原文을 싣고, 아래에 주석과 해석을 덧붙인 다음, 경우에 따라서 적절한 역사적 사례를 곁들여 독자의 이해를 돕고자 하였다.

　현대를 살아가는 사람은 많은 삶의 전투를 경험하지 않을 수 없다. 일찍이 正祖는 『弘齋全書』「兵學通序」에서, "昔者에 衛靈公問陳於孔子하니 孔子對曰 俎豆之事는 則嘗聞之矣어니와 軍旅之事는 未之學也니이다 하고 明日遂行이라 蓋靈公失問이라 故云爾니 夫子焉不學이리오 況戰者는 聖人之所愼矣乎아(옛날 위 영공이 공자에게 陣法을 묻자 공자가 대답하기를, '조두에 관한 일은 일찍이 들어 보았으나 군려에 관한 일은 아직 배우지를 못했습니다'라 하고는 그다음 날 떠났다고 한다. 그것은 영공이 묻기를 잘못 물었기 때문에 한 말이지 공자가 왜 그것을 배우지 않았겠는가? 더구나 전쟁이란 성인이 신중히 여기는 일이지 않은가?)"라 하여, 孔子 역시 陣法을 배웠으며, 전쟁이란 신중히 여겨야 하는 것으로 간주했다. 이 책은 수많은 전투에 있어 승리할 수 있는 올바른 지침을 摘示해주고 있으므로, 한 번쯤 곁에 두고 읽을 만한 책이라 생각한다.

2012년 4월 龜山 기슭에서

元周用 謹書

＊ 다음 내용은 『史記』 「列傳」에 실린 孫武에 관한 기록이다.
『史記』 「孫子列傳」

孫子武者는 齊人也라 以兵法으로 見於吳王闔廬하
니 闔廬曰 子之十三篇은 吾盡觀之矣라 可以小試
勒兵乎아 하니 對曰 可라 하다 闔廬曰 可試以婦人
乎아 하니 曰 可라 하다 於是許之하고 出宮中美女
하니 得百八十人이라 孫子分爲二隊하고 以王之寵
姬二人各爲隊長하고 皆令持戟이라 令之曰 汝知而
心與左右手背乎아 하니 婦人曰 知之라 하다 孫子
曰 前則視心하고 左視左手하고 右視右手하고 後
卽視背하라 하니 婦人曰 諾이라 하다

☞주석 〖勒〗 다스리다 륵 〖寵〗 사랑하다 총 〖姬〗 아씨 희 〖戟〗
　　　 창 극 〖而〗 너 이

☞국역 손자 무는 제나라 사람이다. 병법으로 오왕 합려를 뵈
　　　 니, 합려가 말하기를 "그대의 병법 13편은 내가 그것을
　　　 다 보았다. 군대를 다스리는 것을 조금 시험해 보일 수
　　　 있겠는가?"라 하니, "좋습니다"라 대답했다. 합려가 말
　　　 하기를 "부인들로 시험해 보일 수 있겠는가?"라 하니,
　　　 "좋습니다"라 대답했다. 이에 그것을 허락하고 궁중의
　　　 미녀들을 내보내니, 180명이었다. 손자는 나누어 두 대

로 만들고, 왕이 총애하는 궁녀 두 사람을 각각 대장으로 삼고, 모두 창을 지니도록 하였다. 그들에게 명령하기를 "너희들은 너희 가슴과 좌우의 손, 등을 아는가?" 하니, 여자들이 "압니다" 하였다. 손자가 말하기를 "앞이라 하면 가슴을 보고, 왼쪽이라 하면 왼손을 보며, 오른쪽이라 하면 오른손을 보고, 뒤라 하면 등을 보아라" 라 하니, 부인들이 "예"라 하였다.

約束旣布에 乃設鈇鉞하고 卽三令五申之라 於是鼓之右하니 婦人大笑라 孫子曰 約束不明하고 申令不熟이 將之罪也라 하고 復三令五申이라 而鼓之左하니 婦人復大笑라 孫子曰 約束不明하고 申令不熟이 將之罪也나 旣已明한대 而不如法者는 吏士之罪也라 하고 乃欲斬左右隊長이라 吳王從臺上觀이라가 見且斬愛姬하고 大駭라 趣使使下令曰 寡人已知將軍能用兵矣라 寡人非此二姬면 食不甘味하니 願勿斬也하라 하니 孫子曰 臣旣已受命하여 爲將이니이다 將在軍엔 君命有所不受니이다 하고 遂斬隊長二人하여 以徇이라

☞ 주석 〚布〛 펴다 포 〚鈇鉞(부월)〛 작은 도끼와 큰 도끼로, 임금이 대장에게 生殺權을 주는 뜻으로 손수 주던 것

〖申〗되풀이하다 신 〖吏士〗벼슬아치, 관리 〖駭〗놀라다 해 〖趣〗빨리 촉 〖循〗돌다 순

☞국역 약속이 이미 공포된 뒤에, 이에 도끼를 마련하고 곧 세 번 명령하고 다섯 번 되풀이하였다. 이에 북을 치며 오른쪽이라 하니, 부인들이 크게 웃었다. 손자가 말하기를 "약속이 분명하지 않고, 명령을 되풀이하여 익히게 하지 않은 것은 장군의 죄이다"라 하고, 다시 세 번 명령하고 다섯 번 되풀이하였다. 그리고 북을 치며 왼쪽이라 하니, 부인들이 다시 크게 웃었다. 손자가 말하기를 "약속이 분명하지 않고, 명령을 되풀이하여 익히게 하지 않은 것은 장군의 죄이다. 그러나 이미 명령이 명백한데도 법대로 하지 않는 것은 이사의 죄이다"라 하고, 마침내 좌우의 두 대장을 베려고 하였다. 오왕이 대위에서 보다가 장차 사랑하는 여자를 베려 하는 것을 보고 매우 놀랐다. 빨리 사신을 보내 명령을 내리기를 "과인은 이미 장군이 용병에 능함을 알았다. 과인은 이 두 여자가 아니면 밥을 먹어도 맛이 달지 않으니, 베지 말았으면 한다"라 하니, 손자가 말하기를 "제가 이미 명령을 받아 장군이 되었습니다. 장군은 軍中에 있을 때에는 임금의 명령도 받지 않는 것이 있습니다"라 하고, 마침내 대장 두 사람을 베고서 軍中에 돌렸다.

用其次하여 爲隊長하고 於是復鼓之라 婦人左右前
後跪起가 皆中規矩繩墨하여 無敢出聲이라 於是孫
子使使報王曰 兵旣整齊하니 王可試下觀之하소서
唯王所欲用之면 雖赴水火라도 猶可也니이다 하니
吳王曰 將軍罷休하고 就舍하라 寡人不願下觀이라
하다 孫子曰 王徒好其言하시고 不能用其實이니이
다 하다 於是闔廬知孫子能用兵하고 卒以爲將이라
西破彊楚하여 入郢하고 北威齊晉하여 顯名諸侯는
孫子與有力焉이라 孫武旣死에 後百餘歲有孫臏한
대 臏生阿鄄之間하며 臏亦孫武之後世子孫也라

☞주석 〖跪〗 꿇어앉다 궤 〖規矩(규구)〗 선의 거리를 재는 자
　　　〖繩〗 먹줄 승 〖赴〗 나아가다 부

☞국역 그다음을 등용하여 대장으로 삼고, 다시 북을 쳤다. 부
　　　인들은 왼쪽, 오른쪽, 앞, 뒤와 꿇어앉고 일어서는 것이
　　　모두 자로 재고 먹줄을 친 것과 같아서 감히 소리를 내
　　　지 못하였다. 이에 손자는 사자를 보내 왕에게 보고하
　　　게 하기를 "군사들이 이미 가지런해졌습니다. 왕께서
　　　는 시험 삼아 내려오셔서 그것을 보셔도 됩니다. 오직
　　　왕께서 그들을 쓰고 싶다면, 비록 물과 불에 나아가라
　　　고 하여도, 오히려 할 수 있을 것입니다"라 하였다. 오

왕이 말하기를 "장군은 마치고 숙사로 가라. 과인은 내려가 보고 싶지 않다"라 하니, 손자가 말하기를 "왕께서는 다만 병법의 말만 좋아하시고, 그것을 실제로 적용할 수 없습니다"라 하였다. 이때 합려는 손자가 용병에 능하다는 것을 알고 마침내 장군으로 삼았다. 서쪽으로 강력한 초나라를 부수고서 초나라 수도인 영땅에 들어갔으며, 북쪽으로 제나라와 진나라에 위엄을 떨쳐 제후에게 이름을 드러냈는데, 이것은 손자의 힘이 작용한 것이었다. 손무가 이미 죽자 100여 년 뒤에 손빈이 있었는데, 손빈은 아와 견땅 사이에 태어났으며, 손빈 또한 손무의 후세 자손이다.

目次

「始計篇」1) 第一

> **1**
>
> 孫子曰 兵者는 國之大事로 死生之地요 存亡之道
> 이니 不可不察也라 故經之以五事하고 校之以計하
> 여 而索其情이라 一曰道요 二曰天이요 三曰地요
> 四曰將이요 五曰法이라

☞주석 〖兵〗 전쟁 병 〖校〗 계산하다 교 〖情〗 실정 정

☞국역 손자가 말했다. 전쟁은 국가의 중대한 일로, (백성들의)
죽음과 삶의 땅이요 (국가의) 존재와 망함의 도이니, 살
피지 않아서는 안 된다. 그러므로 다섯 가지 일로써 그
것을 경영하고, 계책으로써 그것을 계산하여 그 실정을
찾아야 한다. (다섯 가지 일이란) 첫째는 도, 둘째는 천,

---

1) 「始計篇」은 『손자병법』 13편의 총론에 해당하며, '始計'는 '최초의, 근본적인 계
책'이라는 의미이다.

셋째는 지, 넷째는 장, 다섯째는 법을 말한다.

- 『通鑑節要』 "項梁者는 楚將項燕子也라 嘗殺人하고 與兄子
籍으로 避仇吳中이라 籍少時學書하나 不成하고 去하며 學
劍하나 又不成하니 項梁怒之라 籍曰 書는 足以記名姓而已
요 劍은 一人敵하니 不足學니이다 學萬人敵하노이다 하다
於是에 項梁乃敎籍兵法이라(항량은 초나라 장수 항연의 아
들이다. 일찍이 사람을 죽이고 형의 아들 항적과 함께 오나
라로 원수를 피했다. 항적이 어렸을 때 글을 배웠으나 이루
지 못하고 떠났으며, 검을 배웠으나 또 이루지 못하자, 항량
이 그에게 화를 내었다. 그러자 항적이 말하기를 '글은 성명
을 기록할 수 있을 뿐이요, 검은 한 사람을 상대할 뿐이므로
배울 만하지 못합니다. 만 명을 상대하는 것을 배우고자 합
니다'라 하였다. 이에 항량이 마침내 항적에게 병법을 가르
쳤다: 〖仇〗 원수 구 〖敵〗 맞서다 적)"

- 『老子』 "師之所處에 荊棘生焉하고 大軍之後에 必有凶年이
라(군대가 머문 곳에는 그곳에서 가시가 자라고, 대군을 일
으킨 뒤에는 반드시 흉년이 든다: 〖師〗 군사 사 〖處〗 처하
다 처 〖荊〗 가시 형 〖棘〗 가시 극 〖焉〗 於+之의 준말 언.
死生之地)"

- 『通鑑節要』 "初에 趙括이 自少時로 學兵法하여 以天下莫能
當이라 嘗與其父奢로 言兵事에 奢不能難이나 然不謂善이어
늘 括母問其故하니 奢曰 兵은 死地也어늘 而括이 易言之하
니 趙若將括이면 破趙軍者는 必括也리라 하다(처음 조괄이

어려서부터 병법을 배워 천하에 감당할 수 있는 사람이 없었다. 일찍이 그의 아버지 조사와 함께 전쟁의 일에 대해 이야기하는데, 조사가 물리칠 수 없었지만, 잘한다고 말하지도 않았다. 조괄의 어머니가 그 까닭을 물으니, 조사가 말하기를 '전쟁은 죽음의 땅인데, 조괄이 쉽게 그것을 말한다. 조나라가 만약 조괄을 장수로 삼으면 조나라 군대를 부술 자는 반드시 조괄일 것이다'라 하였다: 〚難〛 물리치다 난 〚故〛 까닭 고. 死生之地)"

－『高麗史節要』 "十二月에 甄萱이 圍古昌郡하니 王往救之이라가 次禮安鎭하며 與諸將議曰 戰而不利하면 將如之何오하니 大相公萱洪儒曰 如我不利하면 宜從間道하고 不可從竹嶺而去니이다 하다 庚黔弼曰 臣聞컨대 兵凶戰危니이다 有死之心하고 無生之計然後에 可以決勝한대 今臨敵不戰하고 先慮折北는 何也오 若不急救하면 以古昌三千餘衆을 拱手與敵이니 豈不痛哉리오 臣願進軍急擊이니이다 하다 王從之라 黔弼乃自猪首峰奮戰大克이라 王入其郡, 하여 謂黔弼曰 今日之事은 卿之力也이라 하다(12월에 견훤이 고창군[안동]을 포위하였으므로 왕이 가서 이를 구원하려고 예안진에 머무르면서 여러 장수와 의논하기를, '싸우다가 이기지 못하면 장차 어떻게 하겠는가?' 하니, 대상 공선과 홍유가 아뢰기를, '만약 우리가 이기지 못하면 샛길로 가야 하고, 죽령으로 가서는 안 됩니다' 하였다 유금필이 아뢰기를, '신이 듣건대, 군사는 흉한 것이요, 전쟁은 위태로운 일이라 하였습니다. 죽을 결심을 하고 살려는 생각이 없는 뒤에야 승리를 결정

할 수 있는 것인데, 지금 적군 앞에 나아가 싸워보지도 않고 먼저 패배할까를 염려함은 무슨 까닭입니까? 만약 급히 구원하지 않으면 고창군의 3천여 대중을 팔짱을 끼고 적에게 주는 것이니 어찌 원통하지 않겠습니까? 신은 진군하여 급히 공격하기를 원합니다' 하니, 왕이 그 말에 따랐다. 유금필이 이에 저수봉에서 힘껏 싸워서 크게 이겼다. 왕이 그 고을에 들어가서 금필에게 이르기를, '오늘의 일은 경의 힘이다' 하였다：〖次〗머무르다 차 〖拱〗팔짱 끼다 공. *死生之地 存亡之道*)"

－『老子』 "*善戰者不怒*라(싸움을 잘하는 자는 화내지 않는다: *校之以計*)"

2

道者는 令民與上同意者也로 可與之死하고 可與之生하여 而不畏危也라 天者는 陰陽寒暑時制也라 地者는 遠近險易廣狹死生也라 將者는 智信仁勇嚴也라 法者는 曲制官道主用也라 凡此五者는 將莫不聞이라 知之者勝하고 不知之者不勝이라

☞주석 〖時制〗시절에 따른 적절한 시책, 음양·한서가 時요 이것에 적응시켜서 이것을 이용하는 것이 制 〖易〗평탄하다 이 〖死生〗죽은 땅과 살아 있는 땅, 막다른 곳과 트인 곳 〖曲制〗軍制 즉 군대의 제도로, 군대의 편성 〖官

道〗 군대의 규율 〖主用〗 주는 맡아 다스리는 것, 용은
비용

☞**국역** 도란 백성으로 하여금 윗사람과 뜻을 함께하는 것으로,
그들과 죽을 수 있고, 그들과 살 수도 있어 위험을 두려
워하지 않는 것이다. 천이란 음양의 이치, 한서의 변화,
시절에 따른 적절한 시책이다. 지란 (지세가) 멀고 가까
운가, 험하고 평탄한가, 넓고 좁은가, 죽고 살 곳인가이
다. 장수란 지모, 신망, 仁愛, 용맹, 위엄이다. 법이란 군
대의 제도와 군대의 규칙과 군수품의 주관이다. 무릇
이 다섯 가지는 장수가 들어서 알지 않아서는 안 된다.
이것을 아는 자는 이기고, 이것을 알지 못하는 자는 이
기지 못한다.

☞**보완**

- 『孟子』 "天時不如地利요 地利不如人和라(천시는 지리만 못
  하고, 지리는 인화만 못하다: 人和를 중히 여김)"
- 『六韜』 "太公曰 源深而水流하고 水流而魚生之가 情也니이
  다 根深而木長하고 木長而實生之가 情也니이다 君子情同而
  親合하고 親合而事生之가 情也니이다(姜太公이 文王에게 말
  하기를 '근원이 깊어야 강물이 흐르고, 물이 흘러야 물고기
  가 생기는 것이 실정입니다. 뿌리가 깊어야 나무가 잘 자라
  며, 나무가 자라야 열매를 맺는 것이 이치입니다. 군자는 군
  주와 뜻이 맞아야 가깝게 화합하며, 마음이 화합해야 일이
  이루어지는 것이 이치입니다'라 하였다: 令民與上同意者也)"
- 『詩經』 "永言配命하니 自求多福이라(길이 천명에 짝하니, 스

스로 많은 복을 구하네: 天道에 순응해야 함)"

- 『孟子』 "雖有鎡基라도 不如待時니라(비록 호미가 있더라도 때를 기다리는 것만 못하다: 〖鎡〗 호미 자 〖基〗 호미 기. 天者)

- 『老子』 "天之道는 不爭而善勝하고 不言而善應하고 不召而自來라 天網恢恢하여 疏而不失이라(하늘의 도는 다투지 않아도 잘 이기고, 말하지 않아도 잘 응하며, 부르지 않아도 저절로 온다. 하늘의 그물은 넓고 넓어 성근 것 같지만 빠트리는 것이 없다: 〖網〗 그물 망 〖恢〗 넓다 회 〖疏〗 성글다 소 〖失〗 놓치다 실. 天者)"

- 『春秋左氏傳』 "良禽擇木(地者)"

- 『史記』 "兵法不曰 陷之死地而後生이요 置之亡地而後存이라(병법에 '죽을 땅에 그들을 빠트린 이후에 살고, 망할 땅에 그들을 둔 이후에 생존한다'라 말하지 않았는가?: 背水之陣. 智)"

- 『通鑑節要』 "文侯與羣臣으로 飮酒樂한데 而天雨어늘 命駕하여 將適野한대 左右曰 今日에 飮酒樂하고 天又雨어늘 君將安之잇고 文侯曰 吾與虞人期獵하니 雖樂이나 豈可無一會期哉아 乃往하여 身自罷之하다(문후가 여러 신하들과 더불어 술을 마셔서 즐거운데 날씨가 비가 왔다. 수레를 준비하라 명령하고 장차 들로 나가려고 하는데, 좌우 신하들이 이르기를 '오늘 술을 마셔 즐겁고 날씨도 또 비가 오는데, 임금께서는 장차 어디로 가려고 하십니까?'라 하니, 문후가 말하기를 '내가 우인과 사냥을 약속하였다. 비록 즐겁기는 하지만 어찌 한 번 만나기로 한 약속을 없앨 수 있겠는가'라 하고는 마침내 가서 손수 자신이 그 약속을 파기하였다:

〖文侯〗魏斯로 桓子의 손자 〖適〗가다 적 〖虞人(우인)〗山
林과 湖澤을 지키는 사람 〖獵〗사냥하다 렵. 信)”

- 『論語』“見義不爲는 無勇也라(의를 보고도 하지 않는 것은
  용맹이 없는 것이다: 義)”

- 『司馬法』“冬夏不興師는 所以兼愛民이라(겨울과 여름에는
  군사를 일으키지 않는 것은 백성을 아울러 사랑하기 때문이
  다: 仁)”

- 『通鑑節要』“是時에 暴勝之爲直指使者하여 所誅殺二千石以
  下尤多하여 威震州郡이라 至勃海하여 聞郡人雋不疑賢하고
  請與相見하니 不疑曰 竊伏海瀕하며 聞暴公子舊矣니이다 今
  乃承顔接辭니이다 凡爲吏하여 太剛則折하고 太柔則廢니이
  다 威行하려면 施之以恩然後에 樹功揚名이라야 永終天祿하
  리이다 하니 勝之深納其戒라(이때 포승지가 직지사자가 되
  어 이천석 이하를 주살한 것이 매우 많아서 위엄이 주군에
  진동하였다. 그가 발해에 이르자, 군 사람 중에 전불의가 어
  질다는 것을 듣고, 함께 만나보기를 청하자, 전불의가 말하
  기를 ‘몰래 바닷가에 엎드려 살면서 포공자의 명성을 들은
  지 오래되었는데, 지금 마침내 얼굴을 뵙고 말을 나눌 수 있
  게 되었습니다. 무릇 관리가 되어 너무 강하면 부러지고 너
  무 부드러우면 폐기됩니다. 위엄을 시행하려면 은혜를 베푼
  뒤에 공을 세우고 이름을 떨쳐야지만 영원히 천록을 마칠
  것입니다’라 하니, 포승지가 그의 경계를 깊이 받아들였다:
  〖石〗10말 석 〖震〗떨다 진 〖瀕〗물가 빈 〖樹〗세우다 수
  〖天祿〗하늘이 내린 복록. 威)”

-『孟子』“上無道揆也하고 下無法守也하며 朝不信道하고 工
不信度하며 君子犯義하고 小人犯刑한대 國之所存者幸也니
라(윗사람이 도를 헤아림이 없고 아랫사람이 법을 지킴이
없으며, 조정에서는 도를 믿지 않고 공인은 법도를 믿지 않
으며, 군자는 의를 침범하고 소인은 형벌을 어기는데, 나라
가 존재하는 것은 요행이다: 〖揆〗헤아리다 규 〖朝〗조정
조 〖度〗법도 도 〖犯〗범하다 범 〖幸〗다행 행. *法者*)”

3

故校之以計하여 而索其情이라 曰 主孰有道오 將
孰有能고 天地孰得고 法令孰行고 兵衆孰强고 士
卒孰練고 賞罰孰明고 吾以此知勝負矣라 將聽吾計
用之면 必勝하리니 留之요 將不聽吾計用之면 必
敗리니 去之리라

☞**주석** 〖將〗장수, 장차, 만약

☞**국역** 그러므로 계책으로써 그것을 계산하여 그 실정을 찾아
야 한다. 임금은 어느 편이 도가 있는가? 장수는 어느
편이 유능한가? **天時**와 **地利**는 어느 편이 얻었는가? 법
령은 어느 편이 더 잘 시행되고 있는가? 군대는 어느 쪽
이 더 강한가? 사졸은 어느 편이 더 잘 훈련되어 있는
가? 상과 벌은 어느 편이 더 명확한가? 나는 이것으로
승부를 미리 알 수 있다. 장차(=만약, 장수가) 나의 계

책을 들어주어서 그것을 사용한다면 반드시 이길 것이
니, (그렇게 한다면 나는) 그곳에 머물 것이다. 장차 나
의 계책을 듣고도 그것을 사용하지 않는다면 반드시 질
것이니, (그렇게 한다면 나는) 그곳을 떠날 것이다.

☞ 보완

- 『韓非子』 "刻削之道는 鼻莫如大하고 目莫如小라([사람의 얼
  굴을] 조각하는 방법은, 코는 크게 하는 것만 한 것이 없고,
  눈은 작게 하는 것만 한 것이 없다[코는 한 번 작게 만들면
  다시 크게 하기 어렵고, 눈은 한 번 크게 만들면 다시 줄일
  수 없듯이, 일은 처음에 잘 생각해서 시작하라는 의미]:
  〖刻〗 새기다 각 〖削〗 깎다 삭 〖道〗 방법 도 〖莫如(막여)〗
  ~만한 것이 없다. 校之以計)"
- 『大學』 "一言僨事며 一人定國이라(한마디 말이 일을 그르치
  며, 한 사람이 나라를 안정시킨다: 〖僨〗 그르치다 분 〖定〗
  안정시키다 정. 主孰有道)
- 제프리 이멜트 회장(제네럴 일렉트릭사)의 리더십 10계명(將
  孰有能)

1. 자신의 책임을 다하라: 개인의 자유보다 책임을 중요하게
   여기는 시대가 되었다. 자신보다는 조직을 만들고 타인을
   우선하라.
2. 끊임없이 단순화하라: 어떤 조직에서든 리더는 자기 조직에
   서 가장 중요한 것이 무엇인지 명확히 설정해야 한다.
3. 주변 환경에 대한 통찰력을 가져라: 리더는 자신의 회사가
   세상의 변화에 제대로 적응하고 있는지 늘 확인해야 한다.

4. 시간관리가 중요하다: 리더는 매주 일의 우선순위를 정하고, 결과를 측정하고, 결과를 평가하는 시간을 가져야 한다.

5. 끊임없이 배우고 어떻게 가르쳐야 하는지 교수법을 익혀라: 리더가 해야 할 일 중에서 가장 중요한 것은 가르치는 일이다. 조직원의 의견과 리더의 의견이 같아야 할 필요는 없다. 다만 리더가 배운 것을 조직원들에게 나누어 주고 이해시키고 따라올 수 있게 해야 한다.

6. 자기 스타일을 가져라: 리더십이란 자신의 내면을 향한 강도 높은 여행이다. 리더는 자신을 잘 표현할 줄 알아야 한다.

7. 조직에 리더십 원칙을 제시하라: 리더는 조직원에게 나름의 리더십 원칙을 제시해야 한다.

8. 리더는 늘 배우는 자세로 조직의 사정을 꿰고 있어야 한다: 델 컴퓨터의 회장 마이클 델은 싱가포르에서 어제 선적된 컴퓨터 대수를 말할 수 있을 정도로 회사 일에 정통했다.

9. 말하지 않는 것도 몇 개 남겨 두라: 해답을 알고 있더라도 리더는 가끔씩 조직원들이 스스로 답을 찾게 해야 한다. 때로는 적극적으로 경청하는 것이 리더가 열변을 토하며 회의를 끝내는 것보다 훨씬 효과적이다.

10. 사람을 좋아하라: 이 시대의 직장인은 회사가 마음에 들지 않으면 일하지 않는다. 리더는 사람을 이해하고 공정하게 대하려는 노력을 아끼지 말아야 한다.

－『象村稿』「用兵篇」“我國嘗南創倭矣라 倭支一劍하고 而驅千里之地를 如無人也라 遇於野하면 則不敢戰而北하고 遇於城하면 則不敢守而散한대 非無兵也요 不習於用也라(우리나

라는 일찍이 남쪽의 왜적에게 침해를 당했다. 왜적이 한 칼을 가지고 천 리의 땅을 밀고 들어오기를 마치 사람이 없는 듯이 했다. 들판에서 만나면 싸워 보지도 못하고 패배하고 성에서 만나도 지키지 못하고 흩어졌는데, 군사 때문이 아니라 훈련되지 않은 군사를 썼기 때문이다: 〖創〗 다치다 창 〖支〗 의지하게 하다 지. 士卒孰練)

- 『周易, 震卦』 "震驚百里는 驚遠而懼邇也니 不喪匕鬯은 出可以守宗廟社稷하여 以爲祭主也니라(우레가 백 리를 놀라게 한다는 것은 멀리 있는 자를 놀라게 하고 가까이 있는 자를 두렵게 함이니, 이때 숟가락과 울창주를 잃지 않는 것은 나아가 종묘사직을 지켜서 좨주가 될 만하다: 몇 차례 우렛소리를 들었기에 거행할 수 있다는 훈련의 중요성: 〖邇〗 가깝다 이 〖匕〗 숟가락 비 〖鬯〗 울창주 창: 士卒孰練

- 『通鑑節要』 "趙王이 以李牧爲將하여 伐燕하여 取武遂方城하다 李牧者는 趙之北邊良將也라 嘗居代鴈門하여 備匈奴할새 以便宜로 置吏하고 市租를 皆輸入莫府하여 爲士卒費하고 日擊數牛하여 饗士하고 習騎射하고 謹烽火하며 多間諜하고 爲約曰 匈奴卽入盜어든 急入收保하고 有敢捕虜者면 斬이라 하니 匈奴每入에 烽火謹하고 輒入保不戰하니 如是數歲에 亦不亡失이라 匈奴皆以爲怯이라 邊士日得賞賜而不用하여 皆願一戰이어늘 於是에 大破殺匈奴十餘萬騎하고 滅襜襤하고 破東胡하니 單于犇走하여 十餘歲를 不敢近趙邊하더라(조왕이 이목을 장수로 삼아서 연나라를 쳐서 무수와 방성을 취하였다. 이목은 조나라 북쪽 변방의 훌륭한 장수

로, 일찍이 대안문에 살면서 흉노를 방비할 때, 편리와 마땅
함으로 관리를 두고 시조를 모두 막부로 보내어 사졸의 경
비로 삼고 날마다 몇 마리의 소를 잡아 병사들에게 먹였다.
말타기와 활쏘기를 익히고 봉화를 조심하며 간첩을 많이 두
고 약속하기를 '흉노가 만약 들어와 도둑질하면 급히 들어
와 가축을 거두어 보호하고, 감히 포로가 된 자가 있으면 목
을 베겠다'라 하였다. 흉노가 늘 들어올 때마다 봉화를 삼가
고 그때마다 들어와 지키면서 싸우지 않았다. 이렇게 한지
몇 해에 또한 잃은 것이 없었다. 흉노는 모두 겁쟁이라고 생
각하였다. 변방 군사들은 날마다 상으로 내려준 것을 받기만
하고 쓰이지 못하자, 모두 한 번 싸우기를 원했다. 이때에 흉
노 10여만 기병을 크게 부수어 죽이고, 담람을 멸망시키고
동호를 부수니, 선우가 도망하여 10여 년 동안 감히 조나라
변경을 가까이하지 않았다: 〖市租〗 軍中에 시장을 설치하
여 조세를 받는 것 〖饗〗 대접하다 향 〖烽〗 봉화 봉 〖間〗 염
탐꾼 간 〖諜〗 염탐꾼 첩 〖怯〗 겁내다 겁 〖襜襤(담람)〗 오랑
캐 이름 〖東胡〗 흉노의 동쪽에 있어서 동호라 함 〖單于(선
우)〗 흉노의 임금을 선우라 함 〖犇〗 달아나다 분. 法令孰行)"
-『韓非子』"信賞必罰(賞罰孰明)"

-『三國志』"泣斬馬謖(賞罰孰明)"

-李南珪『修堂集』"惟其明故로 照物無僞라 惟其公故로 妍媸
無異議라(오로지 거울이 밝기 때문에 사물을 비춤이 거짓이
없다네. 오직 거울이 공변되기 때문에 곱거나 밉거나 군말이
없다네: 〖妍〗 곱다 연 〖媸〗 추하다 치. 賞罰孰明)"

- 『六韜』 “所憎者도 有功必賞하고 所愛者도 有罪必罰이라(미
  운 사람도 공이 있으면 반드시 상주며, 사랑하는 사람도 죄
  가 있으면 반드시 벌하였습니다. 賞罰孰明)”

計利以聽이면 乃爲之勢하여 以佐其外라 勢者는 因利而制權也라

☞주석 〖聽〗 받아들이다 〖勢〗 움직이는 기세(計는 마음속에
  있는 靜的인 계책, 勢는 밖에 나타나 있는 動的인 힘)
  〖制〗 부리다, 지배하다 제 〖權〗 臨機應變

☞국역 (나의) 계책이 이롭다고 여겨 받아들인다면 바로 (靜的
  인 계책이 動的인) 기세가 되어 그 밖에서 (戰力을) 도
  울 것이다. 세는 유리함에 말미암아 임기응변의 책략으
  로 조종하는 것이다.

☞보완

- 『孟子』 “齊人有言曰 雖有智慧라도 不如乘勢니라(제나라 사
  람 중에 ‘비록 지혜가 있더라도 형세를 타는 것만 못하다’라
  는 말이 있다: 勢者)”
- 李白 「代別情人」 “覆水不可收요 行雲難重尋이라(엎어진 물
  은 담을 수 없고, 흘러간 구름은 되찾기 어렵다: 〖覆〗 엎어
  지다 복 〖重〗 거듭 중 〖尋〗 찾다 심. 乘勢)”
- 『通鑑節要』 “魏龐涓이 伐韓한대 韓이 請救於齊어늘 齊威王

이 因起兵하여 使田忌田嬰田盼으로 將之하고 孫臏으로 爲師하여 以救韓할새 直走魏都하니 龐涓이 聞之하고 去韓而歸魏하다 魏大發兵하여 以太子申爲將하여 以禦齊師어늘 孫子謂田忌曰 彼三晉之兵이 素悍勇而輕齊하여 齊를 號爲怯이라 하니 善戰者는 因其勢而利導之하다(위나라 방연이 한나라를 쳤는데, 한나라가 제나라에 구원을 청하니, 제나라 위왕이 군사를 일으켜 전기와 전영과 전반으로 하여금 군사를 거느리게 하고, 손빈으로 하여금 軍師로 삼아 한나라를 구원하게 하였다. 곧바로 위나라 수도로 달려가니, 방연이 그것을 듣고 한나라를 버리고 위나라로 돌아갔다. 위나라는 크게 군사를 일으켜 태자 신을 장수로 삼아서 제나라 군대를 막게 하였다. 손자가 전기에게 말하기를 '저 삼진의 군사들은 평소 사납고 용맹하여 제나라를 가볍게 보아 제나라를 겁쟁이라고 부릅니다. 싸움을 잘하는 자는 그 형세에 말미암아 이롭게 그들을 인도합니다'라 하였다: 〖直〗곧 직 〖三晉〗韓·魏·趙 〖悍〗사납다 한 〖怯〗겁내다 겁. 因利而制權也)"

―『東槎漫錄』 "且臨機應變하여 出奇制勝는 皆有自得之權謀이요 亦非學所能也라(또 임기응변하여 奇計를 써서 승리를 얻는 것은 다 용병하는 자가 스스로 터득해 낸 權謀가 있어서이고, 또한 배워서 되는 것은 아니다. 因利而制權也)"

―『高麗史節要』 "廉悌臣이 上箋하여 論軍務曰 食爲民天이요 兵藏於農이니 令軍士으로 有事則操兵하고 無事則屯田하면 則轉餉省하고 而軍食足矣니이다 軍師之盛은 在於儲偫한대 今師興有日하여 而輦輸之路阻脩하니 如選其精强하여 分屯

要害하고 移其餘卒하여 就食安州等處라가 觀變而動하면 則
輓粟之勞減하고 而養兵之勢張矣니이다(염제신이 글을 올려
군무를 논하여 아뢰기를, '먹는 것은 백성들의 하늘이요, 군
사는 농사 사이에 감추어야 하니, 군사들로 하여금 일이 생
기면 무기를 잡고 아무 일도 없으면 둔전을 하게 한다면 군
량을 운반하는 수고가 덜어지고 군량이 넉넉할 것입니다. 군
대의 강성은 군수 물자의 저축에 달렸는데, 지금 군사를 일
으킨 것이 많은 시일이 지났는데도 수송하는 도로는 험하고
멉니다. 만일 그 정예하며 강한 자들을 골라 요해처에 나누
어 주둔시키고, 그 나머지 병졸은 이동시켜 안주[평남] 등에
나아가 먹고 있다가, 정세의 변동을 보아가며 움직이게 한다
면, 군량미의 수송에 드는 수고를 덜 수 있고, 또 군사를 양
성하는 세력이 확장될 수 있을 것입니다'라 하였다: 〖箋〗
상소하는 글 전 〖屯〗주둔하다 둔 〖餉〗군량 향 〖儲〗쌓다
저 〖偫〗쌓다 치 〖有日〗오래됨 〖輓〗끌다 만 〖阻〗험하다
조 〖脩〗멀다 수. 因利而制權也)"

5

兵者詭道也라 故能而示之不能하고 用而示之不用하며 近而示之遠하고 遠而示之近이라 利而誘之하고 亂而取之하며 實而備之하고 强而避之하며 怒而撓之하고 卑而驕之하며 佚而勞之하고 親而離之라 攻其不備하고 出其不意라 此兵家之勝이니 不可先傳也라

☞ 주석 〚詭〛속이다 궤 〚誘〛꾀다 유 〚怒〛기세가 대단하다 노 〚撓〛어지럽히다 뇨 〚佚〛편안하다 일

☞ 국역 전쟁은 (적을) 속이는 도이다. 그러므로 능력이 있으면서 능력이 없는 것처럼 보이게 하고, 사용하면서도 사용하지 않는 것처럼 보이게 하고, 가까운 곳을 노리면서 먼 곳을 노리는 것처럼 보이게 하고, 먼 곳을 노리면서 가까운 곳을 노리는 것처럼 보이게 한다. (적이) 이로우면 유혹하고, 혼란하면 적을 취한다. (적이) 견실하면 그것에 대비하고, 강하면 적을 피한다. (적이) 기세가 대단하면 어지럽게 만들고, 신중하면 교만하게 만든다. (적이) 편안하면 피로하게 만들고, 단결이 잘되면 이간질시켜야 한다. (결론적으로) 적이 방비하지 못한 곳을 공격하고, 뜻하지 못한 것으로 나가야 한다. 이것은 병법가의 승리하는 계책이니, 미리 전파되어서는 안 된다.

- 『亂中雜錄』 "兵法有曰 兵者詭道也라 能而示之不能하고 用而示之不用하고 近而示之遠하고 遠而示之近라 하고 諸葛亮曰 兵不厭詐라 하다 夫與爭勝敗하고 圖存亡者에 烏可以權詐之謀爲羞하고 而一行正直之道哉리오(그러나 병법에 이르기를, '전쟁은 속이는 도이다. 능력이 있으면서 능력이 없는 것처럼 보이게 하고, 사용하면서도 사용하지 않는 것처럼 보이게 하고, 가까운 곳을 노리면서 먼 곳을 노리는 것처럼 보이게 하고, 먼 곳을 노리면서 가까운 곳을 노리는 것처럼 보이게 한다' 하였고, 제갈량이 말하기를 '전쟁은 속임수를 싫어하지 않는다'라 하였습니다. 대저 서로 승패를 다투고 존망을 결단하는 판에 어찌 계획적으로 속이는 꾀를 수치로 삼고, 한결같이 바르고 곧은 길만 갈 수 있겠습니까?: 〖烏〗 어찌 오 〖羞〗 부끄러워하다 수)"

- 『論語』 "子曰 晉文公은 譎而不正하고 齊桓公은 正而不譎하니라(孔子께서 말씀하셨다. '진문공은 속이고 바르지 않으며, 제환공은 바르고 속이지 않았다.' [註釋]晉文公은 名重耳요 齊桓公은 名小白이라 譎은 詭也라 二公은 皆諸侯盟主니 攘夷狄以尊周室者也라 雖其以力假仁하여 心皆不正이나 然이나 桓公伐楚에 仗義執言하고 不由詭道하니 猶爲彼善於此요 文公則伐衛以致楚하고 而陰謀以取勝하니 其譎甚矣라 二君他事亦多類此라 故로 夫子言此하여 以發其隱이시니라(진문공의 이름은 중이이고, 제환공의 이름은 소백이다. 휼은 속이는 것이다. 이들 두 공은 모두 제후의 맹주로서 이적을

물리치고 주나라 왕실을 높인 자들이다. 비록 힘으로써 仁을 빌려 마음이 모두 바르지 못하였으나, 환공은 초나라를 칠 때에 大義를 내세워 말하였고 속임수를 사용하지 않았으니, 그래도 저것[환공]이 이것[문공]보다 나은 것이 된다. 문공은 衛나라를 쳐서 楚나라를 싸움으로 끌어들이고 陰謀로써 승리를 취하였으니, 그 속임이 매우 심하다. 두 임금의 다른 일도 이와 같은 것이 많다. 그러므로 孔子께서 이를 말씀하여 그 숨은 사실을 나타낸 것이다: 詭道)"

—『老子』"善爲士者不武하고 善戰者不怒하고 善勝敵者不與하고 善用人者爲之下라 是謂不爭之德이요 是謂用人之力이라 (무사 노릇을 잘하는 자는 힘을 뽐내지 않고, 싸움을 잘하는 자는 화내지 않고, 적을 잘 이기는 자는 싸우지 않고, 사람을 잘 쓰는 자는 그보다 낮춘다. 이것을 다투지 않는 덕이라 하고, 이것을 사람을 쓰는 힘이라 한다: 〖士〗 무사 사 〖武〗 군세다 무 〖敵〗 적 적 〖與〗 =爭 〖下〗 낮추다 하)"

—『論語』"以能問於不能하고 以多問於寡하고 有若無하고 實若虛라(능한 것으로써 능하지 못한 이에게 묻고, 많은 (학식)으로써 적은 이에게 물으며, 있어도 없는 것처럼 하며, 가득해도 빈 것처럼 한다)"

—『노자』"以正治國하고 以奇用兵이라(정도로써 나라를 다스리고, 奇計로써 전쟁을 운용한다: 詭道)"

—『노자』"兵强則滅하고 木强則折이라(군대가 강하면 멸망하고, 나무가 강하면 부러진다: 能而示之不能)

—『通鑑節要』"田單이 乃身操版鍤하여 與士卒로 分功하고 妻

妾을 編於行伍之間하고 盡散飮食하여 饗士하고 令甲卒로 皆伏하고 使老弱女子로 乘城約降하니 燕軍이 益懈니라(齊나라 전단이 마침내 성을 쌓는 판때기와 삽을 몸소 잡고 사졸과 더불어 일을 나누며, 처와 첩을 항오의 사이에 편성하고, 음식을 다 흩어서 군사들에게 먹이며, 갑옷을 입은 병사들로 하여금 모두 숨어있게 하고, 늙고 약한 여자들로 하여금 성에 올라 항복을 약속하게 하니, 연나라 군대가 더욱 해이해졌다: 〖版〗널빤지 판 〖鍤〗가래 삽 〖功〗일 공 〖編〗엮다 편 〖行〗二十五人爲行 〖伍〗五人爲伍 〖饗〗대접하다 향 〖懈〗게으르다 해. 能而示之不能)"

-『通鑑節要』“子嬰이 遣將將兵하고 距嶢關하니 沛公欲擊之라 張良曰 秦兵尙彊하니 未可輕이니이다 願先遣人하여 益張旗幟於山上하여 爲疑兵하고 使酈食其陸賈로 往說秦將하여 啗以利하소서(자영이 장수를 보내어 병사를 거느리고 요관을 막게 하니, 패공이 그곳을 공격하고자 했다. 장량이 말하기를 ‘진나가 군대가 여전히 강성하니, 가볍게 볼 수 없습니다. 원컨대 먼저 사람을 보내 산 위에 깃발을 더 많이 펼쳐두어 의병으로 삼고, 역이기와 육가로 하여금 가서 진나라 장수를 설득하여 이익으로써 유혹하게 하십시오’ 하였다. 〖距〗막다 거 〖幟〗기 치 〖疑兵〗적을 현혹시키기 위하여 軍士가 있는 것처럼 보이게 하는 것 〖啗〗속이다 담. 利而誘之)"

-「圍棋十訣」“彼強自保(상대가 강하면 자신의 안전을 도모하라: 强而避之)"

-『논어』“小人驕而不泰라(소인은 교만하지만 편안하지 못하

다:〖泰〗편안하다 태. 卑而驕之)”

－『李忠武公語錄』“輕敵必敗之理(卑而驕之)”

－『老子』“禍莫大於輕敵하니 輕敵하면 幾喪吾寶니라(재앙은 적을 가볍게 여기는 것보다 더 큰 것은 없으니, 적을 가볍게 여기면 거의 나의 보물을 잃게 될 것이다:〖輕〗가볍게 여기다 경〖幾〗거의 기〖喪〗잃다 상. 卑而驕之)”

－『通鑑節要』“子擊이 出이라가 遭田子方於道하여 下車伏謁호대 子方이 不爲禮어늘 子擊이 怒하여 謂子方曰 富貴者驕人乎아 貧賤者驕人乎아 子方이 曰 亦貧賤者驕人耳니 富貴者安敢驕人이리오 國君而驕人이면 則失其國하고 大夫而驕人이면 則失其家이라 하다(격이 외출했다가 길에서 전자방을 만나자 수레에서 내려 엎드려 인사를 했는데, 전자방은 답례를 하지 않았다. 격이 노하여 전자방에게 이르기를 ‘부귀한 사람이 남에게 교만합니까? 빈천한 사람이 남에게 교만합니까?’라 하니, 전자방이 대답하기를 ‘진실로 빈천한 사람이 남에게 교만할 뿐이지, 부귀한 사람이 어찌 감히 남에게 교만하겠습니까? 임금이 만약 남에게 교만하면 그 나라를 잃고, 대부가 만약 남에게 교만하면 그 집을 잃습니다’라 하였다:〖子擊〗子는 尊稱. 擊은 文侯의 아들〖謁〗뵙다 알. 卑而驕之)”

－『通鑑節要』“項王이 使使하여 至漢하니 陳平使爲太牢具하여 擧進이라가 見楚使하고 卽佯驚曰 吾以爲亞父使한대 乃項王使로다 하고 復持去하여 更以惡草具進이라 楚使歸하여 具以報項王하니 王果大疑亞父라 亞父欲急攻下滎陽城한대

項王不聽이라 亞父聞項王疑之하고 乃怒曰 天下事大定矣니
君王自爲之하소서 願請骸骨歸하노이다 하고 未至彭城하여
疽發背而死라(항왕이 사신을 보내어 사신이 한나라에 이르
자, 진평이 태뢰를 갖추게 하여 들고 나아가다가 초나라 사
신을 보고 곧 거짓 놀라는 체하며 말하기를 '나는 아보의 사
신일 줄 알았는데, 바로 항왕의 사신이구나!'하고는 다시 가
지고 가서 나쁜 음식을 갖추어 올렸다. 초나라 사신이 돌아
가 갖추어 그 사실을 항왕에게 보고하니, 항왕이 과연 아보
를 크게 의심했다. 아보가 급히 형양성을 공격하여 항복시키
고자 했으나, 항왕이 들어주지 않았다. 아보가 항왕이 자신
을 의심한다는 말을 듣고 이에 노하여 이르기를 '천하의 일
이 크게 정해졌으니 군왕께서 직접 그 일을 하십시오. 벼슬
에서 물러나기를 원합니다'라 하였는데, 팽성에 이르지 못해
등에 종기가 나서 죽었다: 〖太牢(태뢰)〗 소·양·돼지의 세
가지 희생을 갖춘 祭需로, 大盛饌을 의미함 〖佯〗 거짓 양
〖亞父〗 항왕의 신하 〖惡草具(악초구)〗 채소만으로 만든 거
친 음식 〖下〗 항복하다 하 〖骸骨歸〗 벼슬에서 물러남을 의
미함 〖疽〗 악성 종기 저. 親而離之)"

-『六韜』 "擊其不意하고 攻其無備라(뜻하지 않은 곳을 치고,
방비가 없는 곳을 치게 합니다: 攻其不備 出其不意)"

夫未戰而廟算勝者는 得算多也요 未戰而廟算不勝
者는 得算少也라 多算勝하고 少算不勝한대 而況
無算乎에랴 吾以此觀之컨대 勝負見矣라

☞주석 〖廟〗 조정 묘

☞국역 싸움을 시작하기 전에 조정에서 (적과 아군을) 헤아려
이기는 자는 헤아릴 수 있는 것이 많았기 때문이요, 싸
움을 시작하기 전에 조정에서 헤아려 이기지 못하는
자는 헤아릴 수 있는 것이 적었기 때문이다. 헤아림이
많은 자는 승리하고, 헤아림이 적은 자는 승리하지 못
한다. 그런데 하물며 헤아림이 없는 자에 있어서랴? 내
가 이것으로 살펴보자면, 승부를 미리 알 수 있다.

☞보완

-『莊子』 "計人之所知는 不若其所不知니라(생각해보니, 사람
이 알고 있는 것은 그가 모르는 것만 못하다[모르는 것이 훨
씬 많다]: 〖計〗 헤아리다 계. 算)"

-『明心寶鑑』 "凡人不可逆相하고 海水不可斗量이라(무릇 사
람은 앞일을 미리 헤아려 볼 수 없고, 바닷물은 말로 헤아릴
수 없다: 〖逆〗 미리 헤아리다 역 〖相〗 보다 상 〖量〗 헤아리
다 량. 算의 어려움)"

-『淮南子』 "嘗一臠이라도 知一鑊味라(한 덩이의 고기만 맛보
아도, 한 솥의 고기 맛을 알 수 있다: 〖臠〗 저민 고기 련
〖鑊〗 가마솥 확. 廟算)"

「作戰篇」2) 第二

1

孫子曰 凡用兵之法은 馳車千駟와 革車千乘과 帶
甲十萬이라 千里饋糧하고 則內外之費와 賓客之用
과 膠漆之材와 車甲之奉은 日費千金이라 然後十
萬之師擧矣니라

☞주석 〖馳車(치거)〗 가벼운 戰車 〖駟〗 네 마리의 말이 끄는
수레 사 〖革車〗 짐을 나르는 수레 〖帶甲(대갑)〗 갑옷을
입은 병사 〖饋〗 음식이나 물건을 보내다 궤 〖膠漆(교
칠)〗 아교와 옻으로, 활이나 화살, 방패 등에 사용했음
〖車甲之奉〗 차량이나 무기 등 군 장비의 조달

☞국역 손자가 말했다. 용병하는 법은 가벼운 戰車가 1,000대,

---

2) '作戰'은 전쟁의 시작을 의미하는 것으로, 앞 편과 함께 『손자병법』의 양 날개에
해당하는 중요한 편이다.

혁거가 1,000대, 갑옷을 입은 군사가 10만 명이어야 한
다. 또한 천 리까지 군량을 공급해야 하며, 그리고 안팎
의 비용, 손님 접대 비용, 아교나 옻 같은 전쟁 장비의
자재, 군수품 조달 등 날마다 천금의 돈을 소비해야 한
다. 그런 뒤에 10만의 군대를 일으킬 수 있을 것이다.

☞ **보완**

- "1943년 초겨울, 이탈리아에 상륙한 연합군은 이탈리아의
산악지대에 자리 잡은 독일군의 견고한 동계 방어선 돌파를
위해 맹공격을 퍼붓고 있었습니다. 이를 위해서는 당연히 대
규모 포병의 지원이 필요했죠. 미국의 유명한 종군기자 어니
파일은 이때 155mm 곡사포 중대와 함께 지내는 동안 이런
일을 겪었습니다.

포병들은 아무래도 보병보다는 좀 시간에 여유가 있게 마련
입니다. 어느 날 한가해진 포병들은 둘러앉아서 심심풀이 계
산을 시작했습니다. 자기들이 사용하는 대포의 가격, 포탄의
가격, 대포와 탄약을 미국에서 이탈리아까지 배로 실어오는
데 드는 비용, 자기들(포병)의 훈련비, 식비, 봉급, 역시 이탈
리아까지 오는 수송비 등등을 모조리 합산한 다음, 포격만으
로 독일군을 모두 죽일 수 있다고 가정하고 이 돈을 지금 산
꼭대기에 있는 독일군의 숫자(물론 정확한 것은 아니고 추
산한 것)로 나눠 보았습니다. 그 계산 결과 독일군 1명을 포
격으로 죽이는 데 드는 돈은 무려 25,000$라는 황당한 액수
가 나왔습니다. 대부분 사우스캐롤라이나의 농촌 출신이던
중대원들은 어안이 벙벙해져 버렸죠. 지금 25,000달러라고

해도 적은 돈이 아닌데, 무려 1943년에 2만 5천 달러인 겁니다. 여기서 7년이 흐른 1950년에, 신생 대한민국 정부가 미국에서 군함 한 척 사겠다고 쥐어짜고 쥐어짜서 마련한 돈으로 사온 백두산함 1척이 6만 달러였습니다. 당시 한국은행이 외국 은행들에 예치해 둔 외환을 탈탈 털면 2천만 달러였다고 하고요. 하여간 이 계산 결과를 눈앞에 두고, 포병 중 하나가 이런 소리를 했다고 합니다. '야, 차라리 쟤네들한테 25,000$씩 주고 항복하거나 집에 가라고 하자.'"('통합창원커뮤니티'에서 인용)

2

其用戰也에 貴勝이라 久則鈍兵挫銳하고 攻城則力屈하고 久暴師則國用不足이라

☞ **주석** 〖鈍〗 무디다 둔 〖挫〗 꺾이다 좌 〖屈〗 쇠하다 굴 〖暴〗 햇볕 쬐다 폭

☞ **국역** 전쟁을 히는 데 있어서 이기는 것이 귀한 것이다. 그런데 지구전을 벌이면 병기는 무디어지고 예기는 꺾이게 되고, 성을 공격하는 데 (지구전을 벌이면) 군사력이 약화되고, 오랫동안 군대를 밖에 있게 하면 나라의 재정이 부족하게 된다.

☞ **보완**

―『孟子』"君子有不戰이나 戰必勝矣라(군자는 싸우지 않지만,

싸우면 반드시 이긴다: 其用戰也 貴勝)"

- 『孟子』 "來百工則財用足이라(백공을 오게 하면 財政이 풍족
하게 된다: 國用不足)"

- 『稼亭集』 "自周衰而春秋하고 春秋而戰國이라 爭城爭地하여
日相攻戰하니 財用不足하고 而民之生始蹙矣니라(주나라가
쇠미해지면서부터 춘추 시대에 돌입하고 다시 춘추 시대에
서 전국 시대로 바뀌었습니다. 그리하여 이 사이에 성을 다
투고 땅을 다투느라 날마다 서로 공격하며 전쟁을 하다 보
니, 재용이 부족해지면서 백성의 생활이 각박해지기 시작하
였습니다: 蹙 괴롭다 려. 國用不足)"

3

夫鈍兵挫銳하며 屈力殫貨하면 則諸侯乘其弊而起
라 雖有智者라도 不能善其後矣라 故兵聞拙速하고
未睹巧之久也라

☞**주석** 〖殫〗 다하다 탄 〖拙速(졸속)〗 교묘하지는 않지만 빨리
하는 것 〖睹〗 보다 도

☞**국역** 무릇 병기가 무디어지고 예기가 꺾이며, 군사력이 약화
되고 재정이 고갈되면 제후들이 그 틈을 타고서 일어
날 것이다. 그렇게 되면 비록 지혜를 가진 자라도 그 뒤
에 일어나는 일을 잘 처리할 수 없을 것이다. 그러므로
전쟁에서 옹졸하지만 속전속결했다는 말은 들었지만,

교묘한 술책으로 오래 끌었다는 것을 본 적이 없다.

―『孟子』 "故曰 域民하되 不以封疆之界하며 固國하되 不以山谿之險하며 威天下하되 不以兵革之利니라(그러므로 옛말에 이르기를 '백성을 한계 짓되 국경의 경계로써 하지 않으며, 국가를 견고히 하되 산과 강의 險固함으로써 하지 않으며, 천하를 두렵게 하되 병혁의 예리함으로써 하지 않는다' 하였다: 鈍兵挫銳)"

―『梵網經』 "獅子身中蟲이 自食獅子肉이라(사자 몸속의 벌레가 스스로 사자의 고기를 먹는다: 〖獅〗 사자 사. 諸侯乘其弊而起)"

―蘇軾「范增論」"物必先腐而後에 蟲生之라(사물은 반드시 먼저 썩은 뒤에야 벌레가 그곳에 생긴다. 諸侯乘其弊而起)

―『通鑑節要』 "上與趙充國等議으로 欲因匈奴衰弱하여 出兵하여 擊其右地하여 使不敢復擾西域하니 魏相上書諫曰 救亂誅暴를 謂之義兵이니 兵義者王하고 敵加於己하여 不得已而起者를 謂之應兵이니 兵應者勝하고 爭恨小故하고 不忍憤怒者를 謂之忿兵이니 兵忿者敗하고 利人土地貨寶者를 謂之貪兵이니 兵貪者破하고 恃國家之大하고 矜民人之衆하여 欲見威於敵者를 謂之驕兵니 兵驕者滅이니이다 間者에 匈奴未有犯於邊境한대 今聞欲興兵入其地하니 臣愚不知此兵何名者也니이다 今年計子弟殺父兄妻殺夫者가 凡二百二十二人이니 臣愚以爲非小變也니이다 今左右不憂此하시고 乃欲發兵하여 報纖介之忿於遠夷하시니 殆孔子所謂吾恐季孫之憂는 不在顓

史요 而在蕭牆之內也니이다(임금이 조충국 등과 흉노의 쇠약함으로 말미암아 병사를 내어 그의 오른쪽 땅을 쳐서 감히 다시는 서역을 소란하게 하지 못하게 할 것을 의논하자, 위상이 글을 올려 간하기를 '난리를 구하고 포악한 자를 죽이는 것을 의병이라 하는데 의병하는 자는 왕이 되고, 적이 자기에게 가해 와서 어쩔 수 없어 군대를 일으킨 것을 응병이라 하는데 응병하는 자는 승리하고, 작은 일을 다투며 한스러워하고 분노를 참지 못하는 것을 분병이라 하는데 분병하는 자는 패배하고, 남의 토지와 보화를 이롭게 여기는 것을 탐병이라 하는데 탐병하는 자는 깨지고, 국가가 큰 것을 믿고 백성이 많은 것을 자랑으로 여겨 적에게 위엄을 드러내고자 하는 것을 교병이라 하는데 교병하는 자는 멸망합니다. 요사이 흉노가 변경을 침범한 일이 없었는데, 지금 들으니 군대를 일으켜 그 땅으로 들어가고자 하니, 저의 어리석음으로써는 이 군대가 무슨 명분을 가지고 있는 것인지를 모르겠습니다. 금년에 자제가 부형을 죽이고, 처가 남편을 죽인 자는 모두 222명인데, 저의 어리석음으로써는 작은 변란이 아니라고 생각합니다. 지금 좌우 사람들이 이러한 것을 걱정하지 않으시고, 마침내 먼 오랑캐에게 군대를 내어 작은 분노를 갚고자 하시니, 아마 공자께서 말씀하신 나는 계손씨의 근심은 전유에 있지 않고 병풍 안에 있을 것을 걱정한다라는 말에 가깝습니다'라 하였다: 〖擾〗 어지럽히다 요 〖已〗 그치다 이 〖憤〗 성을 내다 분 〖恃〗 믿다 시 〖矜〗 자랑하다 긍 〖纖介(섬개)〗 하찮은 것. 諸侯乘其弊而起)"

- 『論語』 “知者不惑(지혜로운 자는 의혹 되지 않는다. 知者)

- 『旬五志』 “死後藥方文(죽은 뒤의 약에 대한 처방글. 雖有智
  者 不能善其後矣)”

- 『通鑑節要』 “當是時에 羽兵四十萬인데 號百萬이라 하고 在
  新豐鴻門이라 沛公兵十萬인데 號二十萬이라 하고 在霸上이
  라 范增說羽曰 沛公居山東時에 貪財好色이러니 今入關에
  財物無所取하고 婦女無所幸하니 此其志不小니이다 吾令人
  으로 望其氣한대 皆爲龍成五采니 此天子氣也니이다 急擊勿
  失하소서(이때 항우의 군사는 40만이었는데 100만이라 하고
  는 신풍의 홍문에 있었고, 패공의 군사는 10만이었는데 20만
  이라 하고는 패상에 있었다. 범증이 항우에게 말하기를 ‘패
  공이 산동에 있을 때 재물을 탐하고 여자를 좋아하였는데,
  지금 함곡관에 들어가서는 재물 중에 취하는 것이 없고, 부
  녀자 중에 사랑하는 자가 없으니, 이것은 그 뜻이 작지 않다
  는 것입니다. 제가 사람으로 하여금 그 기상을 바라보게 했
  는데, 모두 용이 다섯 가지 색깔을 이루고 있는 것과 같으니,
  이것은 천자의 기상입니다. 빨리 공격하여 때를 잃지 마십시
  오’라 하였다: 〖色〗여자 색 〖幸〗총애하다 행 〖采〗=彩 무
  늬 채. 兵聞拙速)”

4

夫兵久而國利者는 未之有也라 故不盡知用兵之害
者면 則不能盡知用兵之利也라

☞**국역** 무릇 전쟁이 오래 지속되는데 나라가 이로운 적은 아직 있지 않았다. 그러므로 병기를 사용하는 해로움을 다 알지 못한다면 병기를 사용하는 이로움을 다 알 수 없을 것이다.

☞**보완**

－『老子』 "夫兵者는 不祥之器라(무릇 병기는 상서롭지 못한 물건이다: 不盡知用兵之害者)"

5

善用兵者는 役不再籍하고 糧不三載라 取用於國하고 因糧於敵이라 故軍食可足也라

☞**주석** 〖役〗 수자리 역 〖籍〗 장부 적 〖糧不三載〗 단기전으로 끝내기 때문에, 전쟁을 시작할 때와 끝날 때 두 번만 실음 〖用〗 군수품

☞**국역** 전쟁을 잘하는 사람은 병역을 두 번 징집하지 않고, 군량은 세 번 싣지 않는다. 적국에서 군수품을 가져다 쓰고, 적에게 군량미를 말미암는다(적에게 빼앗아 쓴다). 그러므로 군수품과 군량미가 넉넉할 수 있는 것이다.

☞**보완**

－『高麗史節要』 "辛酉에 蕭遜寧至新恩縣하니 去京城百里라 王命收城外民戶入內하고 淸野以待라(신유일에 소손녕이 신은현[황해 新溪]에 이르니 서울과의 거리가 백 리였다. 왕은

성 밖의 민호를 전부 성 안으로 들어오게 하고, 들판의 작물과 가옥을 철거하여 적군을 기다리도록 명하였다: 〖淸野〗적병이 쳐들어올 때에 백성과 재물을 모두 성안으로 모아들이고 그 나머지는 전부 불살라 버려서, 적병이 와도 거처할 집이 없고 먹을 양식이 없어 곤란을 겪게 하는 것. 因糧於敵)"
-『高麗史節要』 "廉悌臣이 上箋하여 論軍務曰 食爲民天이요 兵藏於農이니 令軍士으로 有事則操兵하고 無事則屯田하면 則轉餉省하고 而軍食足矣니이다 軍師之盛은 在於儲偫한대 今師興有日하여 而輓輸之路阻脩하니 如選其精强하여 分屯要害하고 移其餘卒하여 就食安州等處라가 觀變而動하면 則輓粟之勞減하고 而養兵之勢張矣니이다(염제신이 글을 올려 군무를 논하여 아뢰기를, '먹는 것은 백성들의 하늘이요, 군사는 농사 사이에 감추어야 하니, 군사들로 하여금 일이 생기면 무기를 잡고 아무 일도 없으면 둔전을 하게 한다면 군량을 운반하는 수고가 덜어지고 군량이 넉넉할 것입니다. 군대의 강성은 군수 물자의 저축에 달렸는데, 지금 군사를 일으킨 것이 많은 시일이 지났는데도 수송하는 도로는 험하고 멉니다. 만일 그 정예하며 강한 자들을 골라 요해처에 나누어 주둔시키고, 그 나머지 병졸은 이동시켜 안주[평남] 등에 나아가 먹고 있다가, 정세의 변동을 보아가며 움직이게 한다면, 군량미의 수송에 드는 수고를 덜 수 있고, 또 군사를 양성하는 세력이 확장될 수 있을 것입니다'라 하였다: 〖箋〗상소하는 글 전 〖屯〗주둔하다 둔 〖餉〗군량 향 〖儲〗쌓다 저 〖偫〗쌓다 치 〖有日〗오래됨 〖輓〗끌다 만 〖阻〗험하다

조 〖脩〗 멀다 수. 糧不三載)"

─ 『通鑑節要』 "諸將豪桀이 皆勸禹徑攻長安하니 禹曰 不然이라
今吾衆雖多나 能戰者少하고 前無可仰之積하며 後無轉饋之資
라 赤眉新拔長安하여 財穀充實하여 鋒銳未可當也라 夫盜賊
羣居하며 無終日之計하니 財穀雖多나 變故萬端이니 寧能堅
守者也아 上郡北地安定三郡은 土廣人稀하고 饒穀多畜라 吾
且休兵北道하며 就糧養士라가 以觀其敝면 乃可圖也라 하다
於是引軍하여 北至枸邑하니 所到諸營堡郡邑이 皆開門歸附라
(여러 장수와 호걸들이 모두 등우에게 지름길로 가서 장안을
공격할 것을 권하니, 등우가 말하기를 '그렇지 않다. 지금 우
리 군사가 비록 많으나, 전쟁에 능한 자는 적다. 앞에는 바라
볼 만한 쌓아둔 곡식이 없고, 뒤에는 군량을 옮겨다 보내줄
밑천이 없는데, 적미는 장안을 새로 빼앗아 재물과 곡식이 넉
넉하여 그 날카로운 칼날을 감당할 수 없다. 대저 도적이 무
리지어 있으면서 하루를 마칠 계책도 없으니, 재물과 곡식이
비록 많으나 변고가 만 가지 실마리이다. 그러니 어찌 굳게
지킬 수 있겠는가? 상군 · 북지 · 안정 세 군은 땅이 넓고 사
람이 드물며 곡식이 풍부하고 가축이 많다. 나는 장차 북도에
서 군사를 쉬게 하면서 양식을 얻어 군사를 양성하다가 그들
이 지치는 것을 보면 마침내 도모할 것이다'라 하였다. 이에
군사를 이끌고 순읍에 이르니, 이르는 곳의 여러 군영과 군읍
이 다 문을 열고 귀부하였다: 〖徑〗 지름길 경 〖饋〗 보내다
궤 〖鋒〗 칼끝 봉 〖寧〗 어찌 녕 〖饒〗 넉넉하다 요 〖敝〗 해지
다 폐 〖圖〗 꾀하다 도 〖堡〗 작은 성 보. 軍食可足)"

國之貧於師者는 遠輸라 遠輸則百姓貧이라

☞**국역** 나라가 군사(전쟁) 때문에 가난해지는 것은 (군수품과
군량미를) 먼 곳에서 보내기 때문이다. 먼 곳에서 보내
면 (많은 인력과 물자가 소모되므로) 백성은 가난해지
게 된다.

☞**보완**

－崔岦(1539, 중종 34~1612, 광해군 4)「次宋靈老韻」

容易歸田判未能　전원으로 돌아가는 쉬운 일도 못했으니

未歸那免與愁仍　돌아가지 못하고 어떻게 거듭된 시름을 면하
리오

官還戴笠身疑卒　벼슬은 벙거지 쓰고 보니 이 신세 마냥 졸개
같고

食每無魚計似僧　밥상엔 고기도 안 나오니 절간의 중 같네

(〚宋靈老(송영로)〛 영로는　宋枏壽의　자임〚判〛판가름하다
판〚仍〛거듭하다 잉〚戴〛이다 대〚笠〛삿갓 립: 이 시는
1593년 承文院 提調로 외교문서를 담당하던 때 송남수의 시에
차운한 것이다. 百姓貧)

－李達(1539 ?~1609 ?)「夜坐有懷」

流落關西久　관서지방에 떠돈 지 오래되었건만

今春且未還　금년 봄도 또 돌아가지 못하네

有愁來客枕　객의 베개로 찾아드는 시름만 있고

無夢到鄉山　　고향 산천에 이르는 꿈은 없네
時事干戈裏　　당시 일은 전쟁 속에 있고
生涯道路間　　생애는 도로 사이에 있네
殷勤一窓月　　은근히 한 창 안에 드는 달빛만
夜夜照衰顔　　밤마다 늙은 얼굴 비추어주네

(〖流落(류락)〗외지를 떠돎 〖關西(관서)〗평안 남북도 〖千戈
(간과)〗전쟁: 이 시는 밤에 앉아 있는데 회포에 젖어 지은 것
으로, 고독과 향수를 읊고 있다. 관서지방으로 떠돈 지 오래되
었는데, 올해는 고향에 돌아갈 수 있는가 했더니 또 돌아가지
못했다. 고향으로 돌아가지 못하는 시름이 베개로 찾아들어 고
독하고 향수에 젖었으며, 고향으로 가고 싶은데 꿈도 못 꾸고
있다. 당시는 전쟁 속이라 삶이 어떻게 될지 모른다. 그런 상황
에서도 은근한 달빛이 창안으로 들어와 밤마다 늙은 얼굴을
비추어 주고 있다.)

7

近師者는 貴賣라 貴賣하면 則百姓財竭이라 財竭
하면 則急於丘役이라

☞ **주석** 〖竭〗다하다 갈 〖丘〗四邑이 하나의 丘 〖丘役〗부역
　　　　〖急〗빠르다 급

☞ **국역** 군대와 가까운 지역은 물가가 뛴다. 물가가 뛰면 백성
　　　　의 재산은 고갈된다. 재물이 다하면 부역을 빠르게 한다.

－『耳談續纂』 "嶺踰越嶺이요 川涉越深이라(고개는 넘을수록
  높고, 내는 건널수록 깊다: 〖踰〗 넘다 유)"

－"藥念(몸에 유익한 영양소를 약으로 생각하여 음식에 첨가
  한 것으로, 음식의 주재료는 아니지만, 주재료의 맛을 좌우
  하는 중요한 요소이다. 執政者가 주재료라면 백성은 양념일
  것인데, 필요한 경우에는 활용하지만 필요가 없는 경우에는
  값어치가 없는 것으로 치부해버린다. 마치 양념한 배추를 씻
  어서 먹듯이)"

－許筠(1569, 선조 2～1618, 광해군 10)「記見」四首

其一

老妻殘日哭荒村	늙은 아낙이 해 저무는 황량한 마을에서 통곡하니
蓬鬢如霜兩眼昏	쑥대머리 서리 같고 두 눈은 어두워라
夫欠債錢囚北戶	지아비는 빚 갚을 돈 모자라 북호에 갇혀 있고
子從都尉向西原	아들은 도위 따라 서원으로 떠나갔네

(〖蓬〗 쑥 봉 〖鬢〗 귀밑털 빈 〖欠〗 모자라다 흠 〖債〗 빚 채
  〖都尉(도위)〗 각 군에 軍事나 警察을 맡은 벼슬 〖西原(서
원)〗 淸州의 古號)

其二

| 家經兵火燒機軸 | 가옥은 병화 겪어 세간살이도 다 타버리고 |
| 身竄山林失布褌 | 몸을 산속에 숨기다 베잠방이 잃었다오 |

| 産業蕭然生意絶 | 살아날 길 막막하여 살 마음조차 끊겼는데 |
| 官差何事又呼門 | 관청 아전은 무슨 일로 또 문에서 부르나? |

(〖軸〗북 축 〖褌〗잠방이(가랑이가 짧은 고의) 곤 〖蕭然(소연)〗쓸쓸한 모양 〖差〗사신 보내다 차: 이 시는 본대로 기록한 것으로, 임진왜란 후 백성들의 피폐한 삶에 대해 노래하고 있다. 則急於丘役)

8

力屈財殫하면 中原內虛於家라 百姓之費는 十去其七하고 公家之費에 破車罷馬하며 甲冑矢弩와 戟盾蔽櫓와 丘牛大車는 十去其六이라

☞**주석** 〖屈〗쇠하다 굴 〖中原〗평원의 가운데로, 物産이 풍부한 곳 〖費〗재화 비 〖冑〗투구 주 〖弩〗쇠뇌 노 〖戟〗창 극 〖蔽櫓(폐로)〗蔽는 바람과 티끌을 막아주는 수레 덮개. 櫓는 큰 방패(蔽櫓를 큰 방패로 보기도 함)

☞**국역** 군사력이 약화되고 재정이 다하면 물산이 풍부한 곳에서도 인가가 안으로 텅 비게 된다. (전쟁이 나면) 백성들의 재물은 10분의 7은 없어지고, 국가의 재물 중에는 수레가 파괴되고 말이 피곤하며, 갑옷과 투구·활과 쇠뇌, 창과 방패·덮개와 큰 방패, 부역의 소와 큰 수레는

10분의 6이 없어진다.

- 『旬五志』 "鯨戰鰕死(고래 싸움에 새우 죽는다: 〖鯨〗 고래 경 〖鰕〗 새우 하)"

- 黃庭堅, 「贈張叔和詩」 "百戰百勝은 不如一忍이라(백번 싸워 백번 이기는 것은 한 번 참는 것만 못하다)"

- 『稼亭集』 "自周衰而春秋하고 春秋而戰國하여 爭城爭地하여 日相攻戰하니 財用不足하여 而民之生始厲矣니이다 此魯之哀公有二猶不足之言者也니이다(周나라가 쇠미해지면서부터 춘추 시대에 돌입하고 다시 춘추 시대에서 전국 시대로 바뀌었습니다. 그리하여 이 사이에 성을 다투고 땅을 다투느라 날마다 서로 공격하며 전쟁을 하다 보니 재용이 부족해지면서 백성의 생활이 각박해지기 시작하였습니다. 그래서 '십분의 이를 받아도 부족하다'라는 노나라 애공의 말이 나오게 되었던 것입니다: 〖厲〗 괴롭다 려 〖二猶不足〗 노나라 애공이 흉년이 들어 財用이 부족하다고 하자, 공자의 제자 有若이 徹法을 쓰라고 권유하니, 애공이 10분의 2를 거두어도 부족하다고 불평하였는데, 이에 유약이 '백성이 풍족하면 임금 혼자 부족한 채로 남겨지지 않을 것이며, 백성이 부족하면 임금 혼자 풍족하게 누릴 수 없을 것입니다[百姓足 君孰與不足 百姓不足 君孰與足]'라고 대답한 말이 『논어』 「顏淵」에 나옴.)"

9

故智將은 務食於敵이라 食敵一鐘은 當吾二十鐘이
요 芑秆一石은 當吾二十石이라

☞ **주석** 〖鐘〗 640升 종 〖芑〗 콩대 기 〖秆〗 볏짚 간 〖石〗 120근 석

☞ **국역** 그러므로 지략 있는 장수는 적에게서 먹기(적의 것을
빼앗아 먹는 것)를 힘쓴다. 적의 1종을 먹는 것은 우리
나라(에서 수송해 온) 20종에 해당하며, (적의 말먹이
인) 콩대와 볏짚 1석은 우리나라(에서 수송해 온) 20석
에 해당한다.

☞ **보완**

-『通鑑節要』"漢王欲捐成皐以東하고 屯鞏洛하여 以距楚하니
酈生曰 知天之天者는 王事可成이니이다 王者以民爲天하고
民以食爲天이니이다 夫敖倉은 天下轉輸久矣하여 藏粟甚多
니이다 楚人拔滎陽하여 不堅守敖倉하고 乃引而東하니 此天
所以資漢也니이다 願足下急進兵하여 收取滎陽하고 據敖倉
之粟하고 塞成皐之險하고 杜太行之路하고 距蜚狐之口하고
守白馬之津하여 以示諸侯形制之勢하면 則天下知所歸矣니이
다 하니 王從之하여 乃復謀取敖倉이라(한왕이 성고로부터
동쪽을 버리고 공과 낙땅에 진을 치고서 초나라를 막고자
하니, 역생[酈食其]이 말하기를 '자연의 天理를 아는 자는 왕
업을 이룰 수 있습니다. 왕은 백성을 하늘로 삼고, 백성은 먹
을 것을 하늘로 삼습니다. 대저 오창은 천하에서 곡식을 옮

겨온 지가 오래되어 저장된 곡식이 매우 많습니다. 그런데 초나라 사람은 형양을 빼앗고서 오창을 굳게 지키지 않고 마침내 군사를 이끌고 동쪽으로 향하고 있습니다. 이것은 하늘이 한나라에 밑천으로 주는 것입니다. 원컨대 족하께서는 급히 군대를 출정하여 형양을 탈취하고 오창의 곡식을 차지하며 성고의 험준함을 막고 태항의 길을 막고 비호의 입구를 막고 백마의 나루를 지켜 제후들에게 형세 있는 땅을 차지하고 적을 제압하는 기세를 보여주시면 천하는 따를 곳을 알게 될 것입니다'라 하니, 왕이 그의 말을 따라 이에 다시 오창을 차지할 모의를 하였다: 〖捐〗 버리다 연 〖屯〗 진 치다 둔 〖距〗 막다 거 〖天之天〗 自然의 天理 〖輸〗 옮기다 수 〖收取〗 =奪取 〖據〗 차지하다 거 〖形制〗 形勢 있는 땅을 차지하고 적을 제압함 〖埶〗 =勢. 智將 務食於敵)"

－『西厓先生集』 "禿城斥候將金嶸이 探賊이라가 過無限城한대 見城空軍粮數千石在하고 恐餌賊하여 悉焚之라 數日에 賊兵自退라(독성 척후장 김영이 적의 정황을 탐색하다가 무한산성을 지났는데 성은 빈 채 군량미 수천 석이 방치되어 있는 것을 보고 적이 차지하여 먹을까 두려워 모두 불을 질렀다. 며칠 뒤에 적병이 스스로 물러갔다: 〖餌〗 먹다 이. 智將 務食於敵)"

10

故殺敵者면 怒也며 取敵之利者면 貨也라 故車戰
에 得車十乘已上이면 賞其先得者라 而更其旌旗
하고 車雜而乘之라 卒善而養之라 是謂勝敵而益
强이라

☞주석 〖故〗=夫. 문장 앞에서 의논하려 함을 나타냄 〖怒〗기
　　세가 대단하다 노 〖貨〗재물을 주다 화 〖車戰〗兵車의
　　合戰 〖已上〗=以上

☞국역 무릇 적을 죽이려면 (士卒들을) 노하게 해야 하며(기세
　　가 드높아야 하며), 적의 이익을 얻으려면 (사졸들에게)
　　재물을 상으로 주어야 한다. 그러므로 兵車의 싸움에서
　　수레 10승 이상을 얻었으면 먼저 얻은 자에게 상으로
　　주어야 한다. 그리고 그 깃발을 바꾸고(수레에 달렸던
　　적의 깃발을 아군의 깃발로 바꾸어 달다), 아군의 수레
　　에 섞어서 탄다. 포로는 잘 대우해주어서 아군으로 양
　　성한다. 이것을 '적에게 이겨서 더욱 강해진다'라고 하
　　는 것이다.

☞보완

－金誠一(1538～1593)『鶴峯全集』"忠義所激하면 弱可使强이
　　요 寡可敵衆이니 只在一轉移之間耳라(충의가 북받치면 약한
　　자도 강해질 수 있고, 적은 군사로도 많은 군사를 대적할 수
　　있으니, 단지 마음을 한 번 다르게 먹기에 달려 있을 뿐이다.

〚激〛 떨치다 격 〚敵〛 대적하다 적 〚轉〛 구르다 전 〚移〛
옮기다 이 〚耳〛 ～뿐이다 이. 殺敵者 怒也)

－『老子』 “善戰者不怒라(싸움을 잘하는 자는 화내지 않는다:
殺敵者 怒也)”

－『耳談續纂』 “我有美女라야 乃擇佳壻라(나에게 아름다운 딸
이 있어야 좋은 사위를 고른다[조건이 갖추어져야 원하는
것을 얻을 수 있다]: 〚壻〛 사위 서. 取敵之利者 貨也)”

－『通鑑節要』 “信曰 臣嘗事之하니 請言項王之爲人也니이다
項王見人하면 恭敬慈愛하고 言語嘔嘔하고 人有疾病이면 涕
泣分食飲하나 至使人有功하여 當封爵者면 印刓敝토록 忍不
能予하니 此所謂婦人之仁也니이다(韓信이 말하기를 ‘제가
일찍이 項羽를 섬겼으니, 청컨대 항왕의 사람됨에 대해 말씀
드리겠습니다. 항왕이 사람을 보면 공경하고 자애스럽고 말
이 따뜻하며 사람 중에 질병에 걸린 자가 있으면 눈물을 흘
리며 음식을 나누어 먹습니다. 그런데 만약 사람에게 공이
있어 마땅히 봉작할 자가 있으면 도장이 닳아 해지도록 차
마 주지 못하니, 이것은 말하자면 부인의 인이라는 것입니
다’라 하였다: 〚嘔〛 기뻐하다 후(嘔嘔 친절한 모양) 〚涕〛 눈
물 체 〚使〛 만약 〚刓〛 닳다 완 〚敝〛 해지다 폐 〚忍〛 차마
인 〚予〛 주다 여. 取敵之利者 貨也)”

－『通鑑節要』 “項羽旣定河北하고 率諸侯兵하고 欲西入關이러
니 秦降卒多怨言이라 羽乃夜擊坑秦卒二十餘萬人新安城南이
라(항우가 이미 하북을 평정하고 제후의 군사들을 거느리고
서쪽으로 가서 함곡관에 들어가고자 하니, 진나라 항복한 병

사 중에 원망하는 말이 많았다. 항우가 이에 밤에 신안성 남쪽에 진나라 병사 20만 명을 쳐서 묻어버렸다: 〚定〛 평정하다 정 〚坑〛 묻다 갱. 卒善而養之)"

– 『通鑑節要』 "項梁使項羽로 別攻襄城하나 襄城堅守不下하니 已拔하여 皆坑之라(항량이 항우로 하여금 별도로 양성을 공격하게 하였으나, 양성이 견고히 지키면서 항복하지 않자, 이미 빼앗은 뒤에는 모두 그들을 묻어버렸다: 〚下〛 항복하다 하 〚拔〛 쳐서 빼앗다 발 〚坑〛 묻다 갱. 卒善而養之)"

– 『通鑑節要』 "沛公至霸上하니 秦王子嬰素車白馬로 係頸以組하고 封皇帝璽符節하고 降軹道旁이라 諸將或言誅秦王이라 하니 沛公曰 始懷王遺我는 固以能寬容이라 且人已降한대 殺之不祥이라 하고 乃以屬吏라(패공이 패상에 이르니, 진왕 자영이 흰 수레에 흰 말로[흰 수레와 흰 말은 喪人의 복장으로, 자영이 스스로 중죄를 지어 죽음에 해당된다는 의미를 지님] 목에 인끈을 걸고[목에 인끈을 걸쳤다는 것은 포로로 잡혔다는 것을 의미] 황제의 옥새와 符信와 符節을 봉하고 는 지도 곁에서 항복하였다. 여러 장수 중에 어떤 사람은 진왕을 죽이라고 하니, 패공이 말하기를 '처음 초나라 회왕이 나를 보낸 것은 진실로 관용할 수 있었기 때문이다. 게다가 사람이 이미 항복하였는데, 그를 죽이는 것은 상서롭지 못하다'라 하고는 마침내 그를 관리에게 맡겼다: 〚素〛 희다 소 〚係〛 걸치다 계 〚組〛 (인장 등을 매는)끈 조 〚璽〛 옥새 새 〚符〛 부신 부 〚節〛 부절(사신이 가지고 가던 신표) 절 〚軹 道(지도)〛 亭子이름으로, 섬서성 咸陽縣에 있음 〚屬〛 맡기

다 촉. 卒善而養之)”

11

故兵貴勝이요 不貴久라 故知兵之將은 民之司命하
고 國家安危之主也라

☞주석 〖知〗맡다 지 〖司命〗별의 이름으로, 운명·수명을 관
장함

☞국역 무릇 전쟁에서는 승리가 귀중한 것이고, 지구전은 귀하
지 않은 것이다. 그렇기 때문에 전쟁을 맡은 장수는 국
민의 목숨을 관장하고, 국가 안위의 주재자인 것이다.

☞보완

-丁若鏞 「肩輿歌」 “人知坐輿樂이라도 不識肩輿苦라(사람들
은 가마 타는 즐거움은 알아도, 가마 메는 괴로움을 알지 못
한다: 〖輿〗가마 여 〖肩〗견디다 견. 知兵之將)”

-『亂中雜錄』 “扈從典涓署別坐慶尙道高靈人金應禎이 所傳變
後消息云云이라 當初聞變하고 諸務蒼黃히며 又無一人可將
者하여 李鎰浪戰하여 初敗大軍하고 申砬非韓信인대 而行背
水陣法하여 又殞擧國壯士라 上及朝廷이 常以申李爲長城이
라가 及聞二將之敗하고 人心驚遑하고 一二執政이 首倡西幸
之議하여 以致京城不守하고 大駕離國이라(호종 전연서 별좌
경상도 고령 사람 김응정이 전하는 변란 후의 소식은 다음
과 같다. 당초에 변란을 듣고는 모든 일이 창황하였고, 또 한

사람도 장수 될 만한 사람이 없어 이일은 함부로 싸워서 처음으로 대군이 패하였고, 신립은 한신도 아니면서 배수진법을 쳐서 또 온 나라의 장사를 다 죽였다. 주상과 조정은 항상 신립과 이일을 장성으로 여겼다가, 두 장수가 패한 것을 듣고는 인심이 놀라고 당황하였고, 한두 정승이 처음으로 서도로 파천할 의론을 내어 경성이 지켜지지 못하고 대가가 도성을 떠나시게 되었다: 〚蒼黃(창황)〛 갑작스럽다 〚浪〛 방자하다 랑 〚申砬非韓信 而行背水陣法〛 임진왜란 때 신립이 鳥嶺을 지키자는 金汝物의 말을 듣지 않고 韓信의 병법을 본받는다고 충주의 撻川을 뒤에 두고 배수진을 쳤다가 패하였다. 한신이 趙나라와 싸울 때에 배수진을 쳐서 이기자, 싸운 뒤에 여러 장수들이 묻기를, "병법에, '오른쪽과 등 뒤에는 산과 언덕을 두고 앞과 왼편에는 물을 끼고 진을 친다.' 하였는데, 오늘 장군이 물을 등 뒤에 두고 진을 쳐서 이긴 것은 어떤 까닭입니까?" 하였다. 한신이 말하기를, "내가 한 방법도 병법에 있으니, 군사를 죽을 땅에 집어넣어야 힘껏 싸워서 이길 수 있는 것이다. 더구나 오늘 제군들은 내가 평소 어루만져 길러온 부하들이 아니니 장판의 사람을 몰아서 싸우는 것과 같다. 편리한 땅에 진을 치면 모두 도망할 것이 아닌가. 그런데 등 뒤에 물이 있어 갈 데가 없으니 전진이 있었을 뿐이다." 하였다. 신립은 경우와 사세가 다른 데도 이 병법을 잘못 썼다가 패하여 죽었음: 〚殞〛 죽다 운 〚遑〛 허둥대다 황 〚倡〛 선도하다 창 〚幸〛 천자의 거동 행. 民之司命 國家安危之主也)"

-『洌上方言』 "豆腐喫라가 齒或落이라(두부 먹다가 이 빠진다
[분명하게 처리해야 할 일에 뜻밖의 실수를 저지름]: 〖喫〗
먹다 끽. 民之司命 國家安危之主也)"

<h1 style="text-align:right">「謀攻篇」³⁾ 第三</h1>

1

孫子曰　凡用兵之法은　全國爲上이요　破國次之라
全軍爲上이요　破軍次之라　全旅爲上이요　破旅次之
라　全卒爲上이요　破卒次之라　全伍爲上이요　破伍
次之라　是故百戰百勝은　非善之善也요　不戰而屈人
之兵은　善之善者也라

☞주석 〖軍〗 1만 2천5백 명 〖旅〗 5백 명 〖卒〗 1백 명 〖伍〗 5명

☞국역 손자가 말했다. 무릇 군대를 사용하는 법은 적국을 온
전히 하여 (굴복시키는 것이) 최상이요, 적국을 깨뜨려
서 (굴복시키는 것이) 다음이다. 적의 군을 온전히 하여
(굴복시키는 것이) 최상이요, 적의 군을 부수어서 (굴복
시키는 것이) 다음이다. 적의 여를 온전히 하여 (굴복시

---

3) '謀攻'은 계책으로 적을 공격한다는 의미이다.

키는 것이) 최상이요, 적의 여를 부수어서 (굴복시키는
것이) 다음이다. 적의 졸을 온전히 하여 (굴복시키는 것
이) 최상이요, 적의 졸을 부수어서 (굴복시키는 것이)
다음이다. 적의 오를 온전히 하여 (굴복시키는 것이) 최
상이요, 적의 오를 부수어서 (굴복시키는 것이) 다음이
다. 그러므로 백 번 싸워 백 번 이기는 것이 최선의 것
이 아니요, 싸우지 않고 남의 군대를 굴복시키는 것이
최선이다.

☞ 보완

─『通鑑節要』 "燕師乘勝長驅하니 齊城이 皆望風奔潰라 樂毅
修整燕軍하여 禁止侵掠하고 求齊之逸民하여 顯而禮之하고
寬其賦斂하며 除其暴令하고 修其舊政하니 齊民이 喜悅이라
祀桓公管仲於郊하고 表賢者之閭하고 封王蠋之墓하여 六月
之間에 下齊七十餘城하여 皆爲郡縣하다(연나라 군대가 승세
를 타고 길게 몰아가니, 제나라 성이 모두 보기만 해도 달아
나고 무너졌다. 그러자 악의가 연나라 군사들을 정돈하여 약
탈을 금지시키고 제나라의 뛰어난 사람을 찾아서 그를 드러
내어 예우하고, 세금을 깎아주고 포악한 법을 제거해주며 그
옛 정치를 닦으니, 제나라 백성들이 기뻐하였다. 환공과 관
중을 교외에서 제사지내고 어진 사람의 마을을 정려하고 왕
촉의 묘를 봉해주었다. 그러자 6월 사이에 제나라 70 여성이
항복하여 모두 군현으로 삼았다: 〖望風〗 멀리서 바라봄, 바
람 소리를 들음 〖奔〗 달아나다 분 〖潰〗 무너지다 궤 〖掠〗
노략질하다 략 〖逸民(일민)〗 節行이 뛰어난 사람 〖祀〗 제사

지내다 사 〖郊〗 성 밖 교 〖表閭(표려)〗 마을 입구에 旌閭門
을 세우고 공덕을 드러냄 〖王蠋〗 『通鑑節要』에 '毅聞畫邑人
王蠋賢하고 令軍中하여 環畫邑三十里無入하고 使人請蠋한
대 蠋謝不往이어늘 燕人이 曰 不來면 吾且屠邑하리라 蠋이
曰 忠臣은 不事二君이오 烈女는 不更二夫라 하나니 齊王이
不用吾諫이라 故退而耕於野러니 國破君亡에 吾不能存하고
而又欲劫之以兵하니 吾與其不義而生으론 不若死라 하고 遂
經其頸而死하다'라는 구절이 이 내용 바로 앞에 있음 〖下〗
항복하다 하. 用兵之法 全國爲上)"

–「三十六計」

＊ [勝戰計] : 아군의 형세가 충분히 승리할 수 있는 조건을
갖추고 있을 때 승기를 타고 적을 압도하는 작
전을 말한다.

1計: "瞞天過海(하늘을 속이고 바다를 건너간다: 〖瞞〗 속이다
만)."

唐 太宗이 바다를 무서워하자 장사귀가 큰 배를 만들어 흙을
깔고 집을 지어 당 태종을 초대하여 "여기는 육지입니다"라고 하
고, 잔치를 즐기는 사이에 바다를 건넜다는 이야기에서 유래한
것으로, 일상 속에 숨겨진 계획은 탄로 나기 어렵다는 것이다.

2計: "圍魏救趙(위나라를 포위하여 조나라를 구하다)."

戰國시대 韓나라가 魏나라 대군에게 공격을 받자, 韓나라는 齊
나라에 도움을 청하니, 齊나라는 魏나라 도읍을 공격하여 韓나라

를 구원하고, 아울러 趙나라도 구하게 되었다는 것으로, 많고 강한 적을 이기기 위해서는 적을 분산시켜 공격하거나 적의 급소를 불의에 공격하여 적을 혼란에 빠트린다는 것이다.

3計: "借刀殺人(적의 칼을 빌려 사람을 죽인다)."
상대를 공격할 때 자기가 직접 공격하지 않고 다른 상대의 힘을 가지고 공격하는 戰法, 즉 敵의 敵을 이용하거나 敵의 內亂을 야기 시켜 自滅하게 하는 것이다.

4計: "以逸待勞(편안함으로써 피로에 지친 적을 기다린다: 〖逸〗 안락하게 지내다 일)."
아군을 쉬게 하고 적군을 지치게 하여 싸우는 것을 말한다.

5計: "趁火打劫(불에 나가 쳐서 빼앗다: 〖趁〗 쫓다 진 〖打〗 치다 타 〖劫〗 빼앗다 겁)."
적이 불난 틈을 이용하여 도적질하는 것으로, 적이 위기에 처했을 때를 틈타 적을 공격한다는 것을 말한다. 다시 말해, 상대의 약점을 발견하면 지체 없이 공격하여 상대를 무력하게 만드는 것이다.

6計: "聲東擊西(동쪽을 향해 소리치고 서쪽을 공격한다)."
상대방의 주의를 다른 곳으로 유인하고 공격하라는 말이다.

※ [敵戰計] : 아군과 적군의 세력이 비슷할 때, 기묘한 계략으

로 적군을 미혹시켜 승리를 이끄는 작전이다.

7計: "無中生有(없음 가운데 있음을 만든다.)"

있어도 없는 것처럼 보이라는 虛虛實實을 말한다. 唐나라 安祿山이 반란을 일으켜 옹구성이 포위를 당했다. 이때 성 내에 장순이라는 장수가 성을 지키고 있었다. 화살이 다 떨어지고 성이 함락당하기 일보 직전이었을 때, 장순은 한 가지 계책을 생각해냈다. 그는 부하들을 시켜 천 개의 허수아비에 군복을 입혀 진짜 병사인 것처럼 꾸몄다. 그런 다음 허수아비 천 개를 새끼줄에 엮어 캄캄한 밤중 성 밖으로 떨어뜨렸다. 이것을 본 적군은 진짜 병사인 줄 알고 수없이 화살을 쏘아댔다. 장순의 계략에 완전히 말려든 것이다. 장순은 인형에 꽂힌 수만 개의 화살을 적에게 내보이며 자신의 계략을 과시했다. 이후 장순은 이번에는 볏짚 인형 대신에 진짜 병사들을 성 밖으로 내려보냈다. 전에 한 번 속은 적군의 병사들은 이번에는 속지 않으려고 한 개의 화살도 쏘지 않았다. 성 밖으로 내려간 병사들은 반란군을 급습하여 크게 무찔러 버렸다. 속임수를 이용하여 상대방을 혼란시킨 후, 다음에 이를 역으로 이용했던 것이다. 허와 실을 교묘히 엇바꾸어 적을 혼란에 빠뜨리고 쳐부수는 책략이다.

8計: "暗渡陳倉(어두움 속에서 진창을 건너다: 〖陳倉〗 진창은
　　　 地名)"

劉邦의 부하였던 명장 韓信이 관중을 쳐들어 갈 때 정면에서 공격하는 척하다가 몰래 진창이라는 성을 공격한 사실에서 유래

한 것으로, **迂廻** 작전을 의미한다.

9計: "**隔岸觀火**(언덕을 사이에 두고 불을 쳐다본다.)"

이것은 5計인 "**趁火打劫**"과 반대로, 여기서 불이란 내분을 의미한다. 내분상태에 있는 적군을 기습하면 오히려 적군이 단결하게 되어 거꾸로 아군이 손해를 보게 된다. 그러므로 어느 정도 시간을 가지고 적군의 자멸을 기다리는 것이 좋다는 것이다.

10計: "**笑裏藏刀**(웃음 속에 칼이 있다)."

부드러운 외형에 강한 내면을 숨기고 있다는 것이다. **宋**나라 **曹瑋**는 어느 날 전장에서 자기 쪽 병사들이 적군 쪽으로 도망쳤다는 보고를 받았다. 그러나 그는 조금도 동요의 빛을 보이지 않고 오히려 빙긋이 웃으며 이렇게 말했다. "걱정 말게, 그들은 모두 내가 지시한 대로 행동한 것뿐일세." 이 이야기를 들은 적군은 도망쳐 온 병사들을 의심하여 모조리 목을 베었다고 한다.

11計: "**李代桃僵**(오얏나무가 복숭아나무를 대신해 죽다: 〖僵〗 쓰러지다 강)."

복숭아나무 옆에 오얏나무를 심었더니, 복숭아나무에 있던 벌레들이 오얏나무로 옮겨가 오얏나무가 죽었다는 것에서 유래하여, 작은 것을 희생하여 큰 것을 얻는다는 의미이다.

12計: "**順手牽羊**(손에 잡히는 대로 양을 끌고 오다: 〖牽〗 끌다 견)."

양치기가 양을 몰고 가다가 좁은 길을 만났는데, 나그네가 그곳에 서 있다가 양떼들 사이에 휩싸이더니, 손에 양 한 마리가 들려 있었다. 그런데 그 나그네는 너무도 당당하게 들고 있었기에 양치기는 알지 못했다는 이야기에서, 쉽게 손에 들어오는 작은 이익이라도 취하여야 한다는 의미이다.

* [攻戰計] : 자신을 알고 적을 안 다음 계책을 모의하여 적을 공격하는 전략이다.

13計: "打草驚蛇(풀을 쳐서 뱀을 놀라게 한다: 〖打〗 치다 타)."
이것은 안 보이는 적의 動靜을 살펴 드러내게 하는 책략이다.

14計: "借屍還魂(남의 시체를 빌려 혼을 돌아오게 한다: 〖屍〗 주검 시)."
이것은 세상에서 가치 없다고 버려진 것들을 다시 이용하여 가치 있는 것으로 만들거나, 어떠한 것이라도 이용할 수 있으면 이용하라는 것이다.

15計: "調虎離山(호랑이를 길들여 산에서 떠나게 한다: 〖調〗 길들이다 조)."
산은 호랑이가 거처하는 곳이기 때문에 호랑이에게는 절대적으로 유리한 곳이므로, 평지로 유인하면 훨씬 처치하기에 용이하다. 이처럼 성을 지키고 있는 적을 밖으로 유인하여 쳐부수는 것을 의미한다.

16計: "欲擒姑縱(사로잡으려면 잠시 놓아주어라: 〖擒〗 사로잡다 금 〖姑〗 잠시 고 〖縱〗 놓다 종)."

적이 궁지에 몰리면 필사적으로 저항하게 되어 있다. 그러므로 오히려 달아날 수 있는 길을 조금 열어주면 세력이 약해져 적을 쉽게 처치할 수 있게 된다.

17計: "抛塼引玉(벽돌을 던져서 구슬을 끌어온다: 〖抛〗 던지다 포 〖塼〗 벽돌 전)."

이것은 미끼를 던져서 상대를 유혹하는 계략이다. 매우 유사한 것으로 적을 유혹시킨 후 공격하라는 것이다.

18計: "擒賊擒王(적을 사로잡으려면 왕을 잡아라: 〖擒〗 사로잡다 금)."

이것은 상대방의 中樞를 공격하여 적의 중심을 괴멸시키는 것으로, 순서를 생각하면서 일을 추진하라는 것이다.

✻ [混戰計]: 적이 혼란한 외중을 틈타 승기를 잡는 전략이다

19計: "釜底抽薪(가마솥 밑의 장작을 치워라: 〖釜〗 가마솥 부 〖底〗 밑 저 〖抽〗 빼다 추 〖薪〗 땔나무 신)."

땔나무를 없애면 가마솥이 끓을 수 없듯이, 적의 보급로를 차단하여 적을 싸울 수 없게 만드는 것이다.

20計: "混水摸魚(물을 혼탁하게 하여 물고기를 찾아낸다: 〖混〗

흐리게 하다 혼 〚摸〛 더듬어 찾다 모).”

이것은 적의 내부를 혼란시켜 전력을 약화시킨 다음 원하는
것을 얻는다는 의미이다.

21計: “金蟬脫殼(금매미가 허물을 벗어 버리고 알맹이만 빠져
　　　　나간다: 〚蟬〛 매미 선(金蟬은 매미의 美稱) 〚殼〛 껍질 각).”

아군이 후퇴를 할 때 겉으로는 성을 지키며 끝까지 전투 자세
를 보이면서 적군이 움직이지 못하는 틈을 이용하여 은밀하게
후퇴한다는 의미이다.

22計: “關門捉賊(문을 닫아 잠그고 도적을 잡는다: 〚關〛 잠그
　　　　다 관 〚捉〛 잡다 착).”

16계의 “欲擒姑縱”과는 정반대로, 적의 병력이 후에 큰 화근이
될 우려가 있을 경우에 쓰는 것이며, 적군이 아군보다 약할 때에
는 인정사정없이 철저하게 섬멸하라는 의미이다.

23計: “遠交近攻(멀리 있는 나라와는 손잡고 가까이 있는 나라
　　　　는 공격하라는 뜻).”

秦나라 范雎가 한 말로, 멀리 떨어진 나라와는 손잡아 외교를
맺고, 가까이 있는 나라는 공격하여 가까운 나라에서부터 점차적
으로 세력을 확대하라는 의미이다.

24計: “假道伐虢(길을 빌려 괵나라를 멸망시킨다).”

괵은 春秋시대의 한 작은 나라로, 큰 나라인 晉나라가 작은 나

라인 虞나라에 길을 빌려 괵나라를 공격하였는데, 돌아오는 길에 우나라마저 멸망시킨 사실에서 유래되었다. 기회를 빌미로 세력을 확장시킨다는 의미이다.

✻ [幷戰計] : 상황의 推移에 따라 언제든지 적과 아군이 될 수 있는 불의의 상황에 대비하는 전략이다.

25計: "偸梁換柱(대들보를 훔치고 기둥을 바꾼다: 〖偸〗 훔치다 투 〖梁〗 대들보 량 〖換〗 바꾸다 환 〖柱〗 기둥 주)."

秦나라 시황제는 齊나라 재상 后勝 등 많은 이들을 매수해 '秦나라는 강대하다'라는 인식을 제나라에 퍼지게 하여, 진나라가 제나라를 공격하자 제나라는 감히 대항하지 못했다는 것으로, 적국의 내부에 간첩을 이용하여 나라를 멸망시킨다는 것이다.

26計: "指桑罵槐(뽕나무를 가리키면서 홰나무를 꾸짖는다: 〖罵〗 꾸짖다 매 〖槐〗 홰나무 괴)."

직접적으로 꾸짖지 못하고 간접적으로 꾸짖는다는 것으로, 友好國이나 부하에게 직접적으로 꾸짖지 못하여 간접적으로 꾸짖을 때 사용하는 것이다. 우호국에게 직접적으로 비판을 가한다거나 부하를 면전에서 꾸짖으면 배반할 위험이 있으므로, 다른 나라나 사람을 간접적으로 꾸짖으면 더욱 효과적이라는 의미이다.

27計: "假痴不癲(거짓 바보인 듯하나 미치지는 않았다: 〖痴〗 어리석다 치 〖癲〗 미치다 전)."

매는 발톱을 숨기듯이, 속으로는 치밀한 계산을 하면서도 밖으로 나타내지 않아서 바보같이 행동하면서 상대가 방심하도록 유도하는 꾀이다.

28計: "上屋抽梯(지붕 위에 올라가게 하고 사다리를 뺀다: 〚抽〛 빼다 추 〚梯〛 사다리 제)."
사다리를 통해 지붕 위로 사람을 올려보내고 사다리를 제거하면 내려올 수 없듯이, 적을 유인하여 함정에 빠트리거나, 아군에 대해서는 背水陣을 치고 決死抗戰하라는 것을 의미한다.

29計: "樹上開花(나무 위에 꽃을 피운다)."
아군이 열세일 경우 허풍을 떨어 열세를 극복하는 것으로, 깃발·창·칼·북·꽹과리 등으로 아군의 병력이 많은 것처럼 꾸미는 꾀이다.

30計: "反客爲主(손님이 도리어 주인이 되다: 〚反〛 도리어 반)."
틈이 생기면 그 틈을 이용하여 조금씩 영향력을 확대해 가다가 주도권을 잡는다는 의미이다. 이러한 꾀가 성공하려면 조금씩 단계를 밟아서 실행해야 된다.

* [敗戰計] : 상황이 가장 불리한 경우 쓰는 전략이다.

31計: "美人計(아름다운 여인을 이용한 책략)."
吳나라 夫差에게 패한 越나라 句踐은 西施를 이용하여 오나라를 멸망시킨 것에서 유래되었다.

32計: "空成計(성을 비우는 책략)."
29計인 "樹上開花"와는 정반대로, 『三國志』에 실린 다음과 같은 이야기가 '空城計'이다. 司馬仲達의 대군이 공격해 왔을 때 諸葛孔明은 성문을 모두 열어 놓고 자신은 도사 차림으로 누각에 올라 한가롭게 거문고를 타면서 적군이 오기를 기다렸다. 이것을 본 사마중달은 '저 꾀 많은 공명이 어딘가에 복병을 숨겨놓았을 것이 틀림없다'라고 생각해 서둘러 군사를 철수시켰다.

33計: "反間計(간첩을 역이용하는 책략)."
이것은 간첩을 역이용하여 적을 혼란하게 하는 수법이다.

34計: "苦肉計(자기 몸을 괴롭히는 책략)."
『삼국지』에 曹操의 대군과 대결하던 주유의 장수 黃蓋가 군율을 어겼다고 가짜로 꾸며 매를 맞고 조조의 군대에 항복하여 거짓 정보로 조조를 속여 대패하게 한 것으로, 아군의 희생을 통해 승리를 얻는 계책이다.

35計: "連環計(고리를 연결하는 책략: 〖環〗 고리 환)."
赤壁大戰에서 曹操에게 水上에서 익숙하지 않은 水兵을 위해 魏나라 배들을 쇠사슬 고리에 연결시켜 자유롭게 움직일 수 없게 만든 蜀나라의 군사 龐統이 생각해 낸 것으로, 강한 적의 기동성을 둔화시키거나 적들끼리 싸우게 하는 것이다.

36計: "走爲上(달아나는 것이 상책)."

사람이 죽으면 승리도 패배도 없으므로, 불리할 때 일단 퇴각하여야 한다. 그런 뒤에 戰力을 보완하여 다시 싸울 수 있기 때문이다.

- 『맹자』 "有人曰 我善爲陳하며 我善爲戰이라 하면 大罪也니라 國君이 好仁이면 天下에 無敵焉이니 南面而征에 北狄怨하며 東面而征에 西夷怨하여 曰 奚爲後我오하니라(어떤 사람이 말하기를 '내가 진을 잘 치며, 내가 전쟁을 잘한다'라고 하면 그는 큰 죄인이다. 나라의 임금이 仁을 좋아하면 천하에 대적할 자가 없는 것이다. [湯王이] 남쪽을 향하여 정벌함에 북쪽에 있는 오랑캐가 원망하며, 동쪽을 향하여 정벌함에 서쪽에 있는 오랑캐가 원망하여 '어찌하여 우리들을 뒤에 정벌하는가?'라 하였다: 〚陳〛制行伍曰陳 〚戰〛交兵曰戰. 不戰而屈人之兵 善之善者也)"
- 黃庭堅,「贈張叔和詩」"百戰百勝은 不如一忍이라(백 번 싸워 백 번 이기는 것은 한 번 참는 것만 못하다. 百戰百勝은 非善之善也)"

2

故上兵伐謀요 其次伐交요 其次伐兵이요 其下攻城이라

☞주석 〚故〛=夫

 무릇 최상의 전쟁은 (적의) 계획을 쳐부수는 것이요, 그 다음은 (적의) 外交를 부수는 것이요, 그다음은 (적의) 군대를 치는 것이요, 최하는 성을 공격하는 것이다.

– 『墨子』 "公輸盤爲楚하여 造雲梯之械라 成하니 將以攻宋한대 子墨子聞之하고 起于齊하여 行十日十夜하여 而至于郢하여 見公輸盤라 …子墨子解帶爲城하고 以牒爲械라 公輸盤九設攻城之機變하나 子墨子九距之라 公輸盤之攻械盡하나 子墨子之守圉有餘라 公輸盤詘하니 而曰 吾知所以距子矣나 吾不言이라 子墨子亦曰 吾知子之所以距我나 吾不言이라 하니 楚王問其故하니 子墨子曰 公輸子之意는 不過欲殺臣이니이다 殺臣이면 宋莫能守하여 可攻也니이다 然臣之弟子禽滑釐等三百人이 已持臣守圉之器하고 在宋城上하여 而待楚寇矣니 雖殺臣이라도 不能絶也니이다 楚王曰 善哉라 吾請無攻宋矣라 하다(공수반이 초나라를 위하여 운제라는 기계를 만들었다. 운제가 완성되자, 장차 그것으로 송나라를 공격하고자 하니, 묵자가 그것을 듣고 제나라에서 일어나 10일 밤낮을 가서 초나라 수도인 영에 이르러 공수반을 만났다. ……묵자가 띠를 풀어 성을 만들고 널빤지로 기계를 만들었다. 공수반이 9번 성을 공격하는 임기응변의 계책을 내었으나 묵자가 9번 그것을 막아냈다. 공수반은 공격의 꾀가 다하였으나 묵자의 수비는 남음이 있었다. 공수반은 말이 막히자 도리어 말하기를 '나는 그대를 막을 방법을 알지만 나는 말하지 않겠다'라 하니, 묵자도 '나는 그대가 나를 막을 방법

을 알고 있지만 나 역시 말하지 않겠다'라 하였다. 초왕이
그 까닭을 물으니, 묵자가 말하기를 '공수반의 뜻은 저를 죽
이고자 하는 것에 지나지 않습니다. 저를 죽이면 송나라는
지킬 수 없어 공격할 수 있다고 생각하고 있습니다. 그런데
저의 제자 금활리 등 300명이 이미 저의 방어 도구를 지니고
송나라 성 위에 있으면서 초나라가 침입해오기를 기다리고
있습니다. 비록 저를 죽이더라도 멸할 수 없을 것입니다'라
하였다. 초왕은 '좋다. 나는 송나라를 공격하지 않겠다'라 하
였다. 〖雲梯(운제)〗높은 곳에 걸쳐 올라가는 攻城用 사닥다
리 〖堞〗널 첩 〖距〗막다 거 〖圉〗막다 어 〖詘〗말이 막히
다 굴 〖寇〗쳐들어오다 구 〖絶〗멸하다 절. 上兵伐謀)"

-『高麗史節要』"富軾이 與諸將로 誓告于皇天后土와 山川神
祇曰 西京妖人이 相聚謀反하니 臣等祇奉王命하여 率師問罪
니이다 竊念上兵伐謀요 善陣不戰한대 若以萬軍하여 橫行城
中하면 則無辜小民이 橫離兵刃하리니 非弔民伐罪之意니이
다 玆用詔甲休兵하고 諭以逆順禍福然後에 斬渠魁하여 詣闕
乞罪하여 幾乎革面이니이다 然惟反覆不信하고 按書屢下而
不從하고 使臣方至而見害하니 厥罪貫盈하여 理難可宥니이
다 天地神明이 庶幾陰騭하여 使三軍增氣하고 元惡授首하여
以安宗社하고 以戰干戈하소서(김부식이 모든 장수와 더불어
황천후토와 산천신기에 맹세하며 고하기를, '서경의 요망한
사람들이 서로 모여 반역을 모의하니, 저희들이 공경히 왕명
을 받들어 군사를 인솔하고 그 죄를 묻게 되었습니다. 삼가
생각하옵건대, 최상의 전쟁은 적의 계획을 쳐부수는 것이고

진을 잘 치는 이는 싸우지 않고 이긴다 하였는데, 만약 만군을 거느리고 성중을 횡행한다면 죄 없는 소민이 뜻밖의 병화를 만날 것이니, 이것은 백성을 위문하고 죄 있는 자를 치는 본의가 아닙니다. 이에 군대에 싸움을 그치라고 조서를 내리고 거역하면 화를 받고 순종하면 복을 받음으로써 깨우친 뒤에, 그 괴수의 목을 베어 대궐로 나아가 죄를 빌어 거의 허물을 고치는 듯했습니다. 그러나 자꾸 이랬다저랬다 하며 믿지 않고 어루만지는 조서를 누차 내렸으나 따르지 않고, 사신이 바야흐로 갔다가 해를 당하였으니, 그 죄가 가득차서 이치상 용서할 수 없게 되었습니다. 천지신명은 음덕을 내리시어 삼군으로 하여금 사기를 더하게 하시고, 원흉으로 머리를 바치게 하여 종묘사직을 편안케 하시고 전란을 종식케 하옵소서’ 하였다: 〖后土〗땅의 신 〖祇〗토지신 기 〖妖〗괴이하다 요 〖祗〗공경하다 지 〖以〗거느리다 이 〖辜〗허물 고 〖橫〗뜻밖의 횡 〖離〗만나다 리 〖弔〗위문하다 조 〖玆〗이에 자 〖詔〗고하다 조 〖諭〗깨우치다 유 〖渠〗그 거 〖魁〗우두머리 괴 〖詣〗이르다 예 〖幾乎〗거의 〖革面〗철저하게 잘못을 고침 〖按〗어루만지다 안 〖宥〗용서하다 유 〖庶幾〗바라다 〖隲〗음덕 척 〖戢〗그치다 즙. 上兵伐謀)

－『通鑑節要』“齊大夫가 與蘇秦爭寵하여 刺秦殺之하다 張儀說魏襄王曰 梁地는 四平하여 無名山大川之限하고 卒戍楚韓齊趙之境하여 守亭障者不下十萬하니 梁之地勢固戰場也라 夫諸侯之約從에 盟洹水之上하여 結爲兄弟는 以相堅也어니와 今親兄弟同父母도 尙有爭錢財相殺傷이어든 而欲恃反覆

蘇秦之餘謀하니 其不可成이 亦明矣니이다 하니 魏王이 乃倍從約하고 而因儀하여 以請成于秦하니 張儀歸하여 復相秦하다(제나라 대부가 소진과 총애를 다투다가 소진을 찔러 죽였다. 그러자 장의가 위나라 양왕에게 유세하기를 '양나라 땅은 사방이 평평하여 명산대천의 한계가 없고, 병사는 초·한·제·조의 국경에 수자리하고 있어서 정장을 지키는 자가 10만을 밑돌지 않으니, 양나라 땅의 형세는 참으로 전쟁터입니다. 대저 제후들이 合從을 약속하여 원수 가에서 맹약하여 맺어서 형제가 된 것은 서로 견고하려는 때문입니다. 그런데 지금 친형제와 동부모라도 오히려 돈과 재물을 다투어 서로 살상하는 일이 있는데, 이랬다 저랬다 하는 소진의 남은 꾀를 믿고자 하시니, 성공할 수 없을 것은 또한 분명합니다'라 하니, 위왕이 마침내 합종의 약속을 배반하고 장의에 말미암아 진나라에 강화를 청하니, 장의가 돌아와 다시 진나라의 재상이 되었다: 〚寵〛 총애하다 총 〚戍〛 지키다 수 〚亭障〛 亭은 변경의 초소이며, 障은 亭보다 약간 큰 변방의 작은 城 〚以〛 때문 이 〚恃〛 믿다 시 〚覆〛 뒤집히다 복 〚倍〛 배반하다 배 〚成〛 화해 성. 其次伐交)"

☞**주석** 〖櫓〗큰 방패 로 〖轒轀(분온)〗네 바퀴가 달린 성을 공
격할 때 사용하는 수레. 공간이 넓어 흙을 운반하여 참
호를 메우거나, 수십 명의 병사를 태우고 감 〖距〗떨어
지다 거 〖闉〗土山 인(흙을 높이 쌓아 만든 산) 〖忿〗분
한 마음 분 〖蟻〗개미 의 〖拔〗쳐서 빼앗다 발

☞**국역** 성을 공격하는 법은 어쩔 수 없을 경우에 행하는 것이
다. (성을 공격하려면) 큰 방패와 분온을 수리하고 (성
을 공격할) 기계를 준비하는데 3개월 뒤에야 완성된다.
일정한 거리를 두고 土山을 쌓는데 또 3개월 뒤에야 끝
난다. (그러는 동안) 장수가 그 분함을 이기지 못해 士
卒을 개미처럼 적의 성벽에 붙여놓으면 사졸의 3분의
1이 죽게 될 것이다. 그렇게 하고도 성을 쳐서 빼앗지
못한다면 이것이 성을 공격하는 재앙이다.

☞**보완**

-『心田稿』"安市城은 在柵門五里許라 昔唐太宗動天下之兵하
여 東征高句麗하나 安市城主楊萬春이 堅城固守하여 終不能
下라 仍以回軍한대 萬春於城上拜送하니 太宗賜縑以褒之라

時李靖尉遲敬德臨海王道宗等이 百計攻城하여 又得遼東하고 薛仁貴席捲遼野한대 而一片孤城으로 能嬰其鋒하여 使中原戎馬로 不得蹂躪於鴨江以東一步之地하니 豈不壯哉리오 世傳에 太宗於安市之役에 箭中一目하여 因此回軍라한대 而中國史諱之云이라(안시성은 책문 5리쯤 되는 곳에 있다. 옛날 당 태종이 온 나라의 군사를 움직여 동쪽으로 고구려를 쳤으나, 안시성주 양만춘이 성문을 닫고 굳게 지켜 끝내 함락시킬 수가 없었다. 이에 회군을 하였는데, 만춘이 성 위에서 절하고 전송하니, 태종이 비단을 내리어 포상하였다. 그때 이정·울지경덕·임해왕 도종 등이 백 가지 꾀를 써서 성을 공격하여 또 요동을 차지하고, 설인귀가 요동벌을 석권하였는데, 한낱 외로운 성으로 그 창끝을 막아, 중국의 군마로 하여금 압록강 동쪽으로 일보의 땅도 짓밟지 못하게 하였으니, 어찌 장하지 아니한가? 세상에 전하기를 '태종이 안시성 싸움에서 한 눈을 화살에 맞아 이것으로 말미암아 군사를 돌렸다'라고 하지만 중국의 역사는 이것을 숨겨 적지 않았다고 한다: 〖許〗쯤 허 〖下〗항복하다 하 〖縑〗비단 겸 〖褒〗기리다 포 〖嬰〗지키다 영 〖鋒〗칼날 봉 〖蹂躪(유린)〗짓밟음 〖箭〗화살 전 〖中〗맞다 중 〖諱〗숨기다 휘. 此攻之災也)"

4

故善用兵者는 屈人之兵하야 而非戰也하고 拔人之城하야 而非攻也하고 破人之國하야 而非久也라 必以全爭於天下라 故兵不頓하고 而利可全이라 此謀攻之法也라

☞ 주석 〖頓〗 부서지다 돈

☞ 국역 무릇 용병을 잘하는 사람은 적국의 군대를 굴복시키기 위해서 싸움을 벌이지 않고, 적국의 성을 쳐서 빼앗기 위해서 공격하지 않고, 적국을 부수기 위해서 지구전을 벌이지 않는다. 반드시 온전히 하는 것으로 천하에서 다툰다. 그러므로 병기는 부서지지 않고 이익은 온전히 할 수 있다. 이것이 계책으로 공격하는 법이다.

☞ 보완

─『高麗史』"遂至光州西南界潘南縣浦口하여 縱諜賊境이라 時有壓海縣賊帥能昌이 起海島한데 善水戰하여 號曰水獺이라 嘯聚亡命하여 遂與葛草島小賊으로 相結하여 候太祖至하여 欲邀害之라 太祖謂諸將曰 能昌이 已知我至하니 必與島賊謀變이라 賊徒雖小나 若幷力合勢하여 遏前絶後하면 勝負未可知也라 使善水者十餘人으로 擐甲持矛하고 乘輕舫하고 夜至葛草渡口하여 擒往來計事者하여 以沮其謀가 可也라 하다 諸將皆從之한대 果獲一小舸하니 乃能昌也라(드디어 태조 왕건이 광주 서남 지경의 반남현 포구에 이르러 적진에 간첩

을 풀어놓았다. 그때 압해현[압해도] 적의 수령 능창이 바다 섬에서 일어났는데, 수전을 잘하여 수달이라고 불리었다. 그는 망명한 자들을 불러 모아 마침내 갈초도[전라도 영광 지역]의 소수의 적과 서로 맺어 태조가 오는 것을 기다려 태조를 맞이하여 해치고자 하였다. 태조가 여러 장수들에게 이르기를 '능창은 이미 우리가 오는 것을 알고 있으니, 반드시 섬의 도적들과 변란을 모의하였을 것이다. 도적의 무리가 비록 적으나, 만약 힘을 합치고 세력을 규합하여 앞을 막고 뒤를 끊어버리면 승부는 알 수가 없다. 수영을 잘하는 사람 10여 명으로 하여금 갑옷을 입고 창을 지니고 작은 배를 타고 밤에 갈초도 나루 포구로 가서 왕래하며 일을 모의하는 자를 사로잡아 그 계획을 막는 것이 좋겠다'라고 하니, 여러 장수들이 모두 그를 따랐는데, 과연 한 작은 배를 잡으니, 바로 능창이었다: 〖諜〗 염탐꾼 첩 〖獺〗 수달 달 〖嘯〗 부르짖다 소 〖候〗 기다리다 후 〖邀〗 맞이하다 요 〖遏〗 막다 알 〖擐〗 입다 환 〖舫〗 배 방 〖沮〗 막다 저 〖舸〗 큰 배 가. 屈人之兵 而非戰也)"

─ 曹松(당나라) 「己亥歲(875년)」

澤國江山入戰圖	수향의 이 강산이 싸움터 되니
生民何計樂樵蘇	백성들이 무슨 수로 생업을 이어갈까?
憑君莫話封侯事	그대여 출세하겠다 말하지 마오
一將功成萬骨枯	한 장수 공 세우려면 만백성 뼈 빠진다오

(〖澤國〗 水鄉으로, 지금의 강소성 안휘성 일대 〖樵〗 나무하다 초 〖蘇〗 풀베다 소 〖憑〗 맡기다 빙: 屈人之兵 而非戰也)

- 『通鑑節要』 "以宗室女爲公主하여 嫁匈奴冒頓單于라 是時에 冒頓方彊하여 爲書하여 遺高后한대 辭極褻嫚이라 高后大怒하여 議斬其使者하고 發兵擊之라 ……季布曰 ……且夷狄譬如禽獸니 得其善言이라도 不足喜이요 惡言이라도 不足怒也니이다 하다 高后曰 善이라 하고 報書한대 深自謙遜以謝之하니 冒頓復使使하여 來謝하고 因獻馬하고 遂和親이라(종실의 딸을 공주로 삼아 흉노의 묵특선우에게 시집보냈다. 이때 묵특이 바야흐로 강대하여 글을 써서 고후에게 보내왔는데, 말이 매우 무례했다[묵특이 보내온 글에 고후도 혼자이고 나 역시 혼자이니, 두 임금이 즐거움이 없으니, 서로 가지고 있는 것을 없는 것과 바꾸자는 것으로, 결혼하자는 내용이었다]. 고후가 매우 화가 나 그 사자를 죽이고 군대를 내어 그들을 칠 것을 의논하였다. ……계포가 말하길 '……게다가 이적은 비유하자면 금수와 같습니다. 좋은 말을 들어도 기뻐할 만하지 않고, 나쁜 말을 들어도 노할 만하지 않습니다'라 하니, 고후도 '좋다'고 하고 답서를 보냈는데, 깊이 스스로 겸손하게 하면서 감사를 표했다. 묵특이 다시 사신을 보내와서 사례하고는 말을 바쳤으며 마침내 화친하였다: 〖高后〗漢 高祖의 부인 〖褻〗버릇없다 설 〖嫚〗업신여기다 만 〖譬如〗비유하자면~와 같다 〖謙〗겸손하다 겸. 必以全爭於天下)"

- 『淮南子』 「兵略訓」 "聖人之用兵也는 若櫛髮耨苗하여 所去者少하고 而所利者多라(성인의 용병은 마치 머리를 빗고 싹을 김매는 것과 같아서 제거하는 것은 적고 이롭게 하는 것은 많다: 〖櫛〗빗다 즐 〖耨〗김매다 누 〖苗〗싹 묘. 利可全)"

5

故用兵之法은 十則圍之하고 五則攻之하고 倍則分
之하고 敵則能戰之하고 少則能逃之하고 不若則能
避之라 故小敵之堅이면 大敵之擒也라

☞주석 〚圍〛둘러싸다 위 〚敵〛대등하다, 상대방 적 〚逃〛守
의 의미로 풀이함 〚不若〛＝不及

☞국역 무릇 용병의 방법은 (아군의 병력이 적군보다) 10배가
되면 적을 포위하고, (아군의 병력이 적군보다) 5배가
되면 적을 공격하고, (아군의 병력이 적군보다) 배가 되
면 적군을 분산시키고, (아군의 병력이 적군과) 대등하
면 적군과 싸울 수 있고, (아군의 병력이 적군보다) 적
으면 자신을 굳게 지킬 수 있고, (아군의 병력이 적군에)
미치지 못하면 도피할 수 있다. 그러므로 열세인 편인데
(도피하지 않고) 견강한 체하면 우세한 편의 포로가 될
것이다(열세일 때는 도피할 수 있어야 보존할 수 있다).

☞보완

－『北史』"單則易折이나 衆則難摧라(하나면 부러뜨리기 쉬우
나, 여럿이면 꺾기 어렵다: 〚單〛홑 단 〚易〛쉽다 이 〚折〛
꺾다 절 〚摧〛꺾다 최. 倍則分之)"

－『孟子』"惟仁者라야 爲能以大事小하고 惟智者라야 爲能以
小事大라(오직 인자라야 큰 것으로 작은 것을 섬길 수 있는
것이요, 오직 지혜로운 자라야 작은 것으로 큰 것을 섬길 수

있는 것이다: 小敵之堅 大敵之擒也)"

－『簡易集』"王京之賊은 爲因平壤之大敗과 碧蹄之小衄하고 邦人幸州之戰에 又挫其勢니이다 故始有遁志니이다 而去城之時에 以講款爲名하나 其實非有所畏면 則萬萬不去也니이다(왕경에 있던 왜적은, 평양에서 대패를 당하고 나서 벽제에서 조금 좌절을 맛보았고, 게다가 우리나라 군대와의 행주 싸움에서 또 형세가 꺾였기 때문에, 처음부터 도망칠 생각을 품고 있었습니다. 그들이 성을 버리고 떠날 때 講和를 도모하기 위해서라는 명분을 내걸었습니다만, 실제로 그들이 두려워하는 마음을 지니고 있지 않았다면 무슨 일이 있어도 떠나지 않았을 것입니다: 〖衄〗 꺾이다 뉵 〖挫〗 꺾다 좌 〖遁〗 달아나다 둔 〖款〗 문서, 항목 관)"

－『象村稿』「諸將士難初陷敗志」"四月二十六日至忠州에 兵纔數千人인대 陣於丹月驛傍岸이라 遇李鎰한대 以鎰爲先鋒하여 使之自效라 或言賊勢極大하니 難以嬰鋒이라 進至鳥嶺하여 伏兵峽中하고 竢賊入谷口라가 我據兩岸하여 乘高射之면 可以取勝이라 하나 砬以爲彼步我騎니 迎入廣野하여 以鐵騎蹙之면 蔑不濟矣라 하다 賊已於鳥竹兩嶺에 潛師而入하여 至忠州城中한대 而砬不覺矣이라(4월 26일 [신립의 군대가] 충주에 도착했을 때 병력이 겨우 수천 명밖에 안 되었는데 이 군사로 단월역 근방의 언덕에 진을 쳤다. 이때 이일을 만났는데, 이일로 선봉을 삼아 그로 하여금 공적을 세워 보답하게 하였다. 어떤 사람이 말하기를 '적의 세력이 지극히 성대하니, 그 예봉에 직접 맞서기는 어렵다. 나아가 조령에 이

르러 협곡 안에 군사를 매복하고 적이 골짜기 입구로 들어
오기를 기다렸다가 우리가 양쪽 언덕에 의거하여 높은 곳에
서 활을 쏘면 승리를 거둘 수 있다'라고 하였으나, 신립은
말하기를 '그들은 보병이고 우리는 기병이니, 넓은 들판으로
끌어들여 철기로 짓밟아버리면 성공하지 못할 리가 없다'라
고 하였다. 그러나 적은 이미 조령과 죽령의 양쪽 길을 거쳐
군사를 잠입시켜 충주 성중에 이르렀는데도 신립은 이를 깨
닫지 못하였다. 〔纔〕 겨우 재 〔效〕 공 효 〔嬰〕 닿다 영 〔峽〕
골짜기 협 〔竢〕 기다리다 사 〔據〕 의거하다 거 〔躞〕 쫓다
축 〔蔑〕 없다 멸.)"

6

夫將者는 國之輔也라 輔周면 則國必强하고 輔隙
이면 則國必弱이라

☞ **주석** 〔輔〕 덧방나무(수레의 양쪽 옆에서 바퀴가 빠지지 않
　　　도록 버티어주는 것) 보 〔周〕 치밀하다 주 〔隙〕 틈 극
☞ **국역** 장수는 나라의 덧방나무이다. 덧방나무가 주밀하면 나
　　　라는 반드시 강해질 것이요, 덧방나무가 틈이 있으면
　　　나라는 반드시 약해질 것이다.

☞ **보완**
－『通鑑節要』 "齊威王魏惠王이 會田於郊할새 惠王曰 齊亦有
　　寶乎아 威王曰 無有로라 惠王曰 寡人國雖小나 尚有徑寸之

珠하여 照車前後各十二乘者十枚한대 豈以齊大國而無寶乎아
威王曰 寡人之所以爲寶者는 與王異하니 吾臣에 有檀子者하
니 使守南城하면 則楚人不敢爲寇하고 泗上十二諸侯皆來朝
하고 吾臣에 有盼子者하니 使守高唐하면 則趙人不敢東漁於
河하고 吾吏에 有黔夫者하니 使守徐州하면 則燕人祭北門하
고 趙人祭西門하고 徙而從者七十餘家요 吾臣에 有種首者하
니 使備盜賊하면 則道不拾遺라 此四臣者는 將照千里니 豈
特十二乘哉리오 惠王有慚色이러라(제나라 위왕과 위나라 혜
왕이 교외에서 만나 사냥할 때, 혜왕이 말하기를 ‘제나라에
도 보배가 있습니까?’라 하니, 위왕이 ‘없습니다’라 하였다.
혜왕이 말하기를 ‘과인의 나라는 비록 작으나 그래도 지름
이 1촌이나 되는 구슬이 있어 수레 앞뒤로 각각 12대나 비출
수 있는 것이 10개나 있는데, 어찌 제나라처럼 대국으로서
도리어 보배가 없단 말입니까?’라 하니, 위왕이 말하기를
‘과인이 보배로 삼은 것은 왕과 다릅니다. 제 신하 중에 단
자라는 자가 있는데, 그로 하여금 남성현을 지키게 하면 초
나라 사람이 감히 도적질을 하지 못하고, 사상의 12 제후가
모두 와서 조회를 합니다. 그리고 저의 신하 중에 반자라는
사람이 있는데 그로 하여금 고당을 지키게 하면 조나라 사
람이 감히 동쪽으로 와서 黃河에서 고기를 잡지 못합니다.
제 신하 중에 검부라는 사람이 있는데, 그로 하여금 서주를
지키게 하면 연나라 사람들이 북문에서 제사 지내고 조나라
사람은 서문에서 제사 지내고 이사하여 따르는 자가 70여
가나 됩니다. 제 신하 중에 종수라는 자가 있는데, 그로 하여

금 도적을 방비하게 하면 길에서 떨어진 물건을 줍지 않습
니다. 이 네 신하는 장차 천 리를 비출 것이니, 어찌 다만 12
대의 수레뿐이겠습니까?'라고 하니, 혜황은 부끄러운 기색을
띠었다: 〖田〗사냥하다 전 〖徑〗지름 경 〖枚〗낱 매 〖而〗
도리어 이 〖燕人祭北門 趙人祭西門〗연나라와 조나라 사람
들이 제나라가 침입해올 것을 두려워하기 때문에 제사를 지
내서 복을 구하는 것임 〖拾〗줍다 습 〖遺〗버리다 유 〖特〗
다만 특 〖慚〗부끄러워하다 참)"

—『象村集』「用兵篇」 "均燕卒也나 而樂毅用之則勝하고 騎劫
代之則敗라 均趙卒也나 而廉頗領之則全하고 趙括代之則死
니 將得其將하면 兵不虛兵하여 止如斬足하고 行如流水라(똑
같은 燕나라 군사이지만 악의가 부리면 이기고 기겁이 그를
대신하면 패했으며, 똑같은 趙나라 군사이지만 염파가 거느
리면 온전하고 조괄이 그를 대신하면 죽었으니, 장수 중의
장수다운 장수를 얻으면 군사 중에 헛된 군사가 되지 않아
서, 그칠 때는 발을 벤 것 같고 행군할 때는 흐르는 물과 같
은 것이다)"

7

故君之所以患於軍者三이라 不知軍之不可以進한대
而謂之進하고 不知軍之不可以退한대 而謂之退하
면 是爲縻軍이라 不知三軍之事한대 而同三軍之政
者면 則軍士惑矣요 不知三軍之權한대 而同三軍之
任하면 則軍士疑矣라 三軍旣惑且疑면 則諸侯之難
이 至矣리라 是謂亂軍引勝이라

☞**주석** 〖縻〗 매다 미 〖三軍〗 周나라의 軍制. 天子六軍 大國三
軍 次國二軍 小國一軍 〖同〗 함께 하다, 간섭하다 〖權〗
꾀 권

☞**국역** 무릇 임금이 군대에 근심이 되는 경우가 세 가지 있다.
군대가 전진해서는 안 되는 것을 알지 못하고서 군대
를 전진하라 하고, 군대가 후퇴해서는 안 되는 것을 알
지 못하고서 군대를 후퇴하라고 말하면, 이것은 군대를
얽어매는 것이다. 大軍의 일을 알지 못하면서 대군의
행정에 간섭한다면 군사가 미혹될 수 있다. 대군을 통
솔하는 꾀를 알지 못하면서 대군의 임무에 간섭한다면
군사가 의심을 품을 수 있다. 대군을 이미 미혹시키고
의심을 품게 한다면 제후의 환란이 이를 것이다. 이것
은 군대를 혼란하게 만들어 승리를 끌어들이는 것이라
말한다.

- 중국 속담, "鯨知海大하여 無量飮하고 鵬信天高하여 任意飛라(고래는 바다가 넓은 줄을 알아 마음껏 물을 들이켜며, 붕새는 하늘이 높은 줄을 믿고 한없이 날아가네: 〖鯨〗 고래 경 〖鵬〗 붕새 붕. 장수의 능력도 중요하지만, 그 능력을 발휘하게 할 수 있게 하는 것은 현명한 군주만이 가능함)
- 『明心寶鑑』 "疑人莫用하고 用人勿疑하라(사람이 의심스러우면 쓰지 말고, 사람을 썼다면 의심하지 말라)"

8

故知勝有五라 知可以戰與不可以戰者勝하고 識衆寡之用者勝하고 上下同欲者勝하고 以虞待不虞者勝하고 將能而君不御者勝이라 此五者는 知勝之道也라

☞ 주석 〖虞〗 헤아리다 우 〖御〗 부리다, 견제하다 어

☞ 국역 무릇 승리를 알 수 있는 것에 다섯 가지가 있다. 싸워야 할 경우와 싸워서는 안 되는 경우를 아는 자는 승리한다. 병력의 많고 적음의 사용법을 아는 자는 승리한다. 윗사람과 아랫사람이 바라는 것이 같은 자는 승리한다. 미리 헤아림으로써 헤아리지 못하는 자를 기다리는 자는 승리한다. 장수가 유능하고 임금이 간섭하지 않는 자는 승리한다. 이 다섯 가지는 승리를 아는 도이다.

☞ 보완

- 『三峰集』「陣法. 十一必戰」 "一疾風大寒에 早興夙遷한대 剖氷濟渡則戰이라 二盛夏炎熱에 興役無間한대 風驅飢渴則戰이라 三務取於遠師하여 久無糧則戰이라 四士衆怨怒하고 妖祥疑惑한대 上下不能止則戰이라 五軍須旣竭하고 時多霖霪하여 欲掠이라도 無便則戰이라 六師衆不多하고 土地不利하여 人馬疾瘦則戰이라 七道遠日暮하여 士卒勞倦한대 飢未及食이라가 解甲而食則戰이라 八將薄吏輕하여 士卒無固則戰이라 九三軍數驚하고 師徒無助則戰이라 十陣而未定하고 舍而未畢則戰이라 十一行坂涉險한대 半出半隱則戰이라(1. 적이 빠른 바람과 혹독한 추위에 일찍 일어나서 옮겨가는데, 얼음을 깨고 물을 건너가면 싸운다. 2. 적이 한여름 심한 더위에 부역을 시켜 틈이 없는데, 바람이 몰듯 몰아쳐서 굶주리고 목말라하면 싸운다. 3. 적이 먼 곳에서 이익을 취하는데 힘써서 오래 나가 있어서 식량이 떨어졌으면 싸운다. 4. 적의 사병들이 원망과 분노하고 괴상한 일들이 생겨서 의혹심을 가지고 있는데, 윗사람과 아랫사람이 제지할 수 없으면 싸운다. 5. 적이 군수품은 이미 떨어지고 때마침 장맛비가 많이 내려 약탈하려 해도 할 수 없게 되면 싸운다. 6. 적이 군대도 많지 않고 지형도 불리하여 사람과 말이 병들고 여위었으면 싸운다. 7. 적이 갈 길은 멀고 날은 저물어서 사졸들이 피로에 지쳤는데, 배가 고파도 먹일 사이가 없다가 갑옷을 벗고 먹으면 싸운다. 8. 적의 장수는 각박하고 軍吏는 경솔하여 사졸들에게 고정된 것이 없으면 싸운다. 9. 적의

大軍이 자주 놀라고 사졸들에게 구원 부대가 없으면 싸운다. 10. 적이 진을 치고 아직 안정되지 못했거나, 막사 짓기를 아직 끝내지 못했으면 싸운다. 11. 적이 비탈길을 지나가고 험한 물을 건너는데, 반쯤은 나오고 반쯤은 보이지 않으면 싸운다: 〖疾〗 빠르다 질 〖剖〗 가르다 부 〖渴〗 목마르다 갈 〖妖〗 괴이하다 요 〖祥〗 재앙 상 〖竭〗 다하다 갈 〖須〗 사용하다 수 〖霖〗 장마 림 〖霪〗 장마 주 〖瘦〗 여위다 수 〖倦〗 지치다 권 〖薄〗 경박하다 박 〖數〗 자주 삭 〖坂〗 비탈 판. 可以戰與不可以戰)"

－『通鑑節要』 "趙王이 歸國하여 以藺相如로 爲上卿하니 位在廉頗之右라 廉頗曰 我見相如면 必辱之리라 하니 相如聞之하고 每朝에 常稱病하고 不欲爭列이러라 出而望見하면 輒引車避匿하니 其舍人이 皆以爲恥어늘 相如曰 子視廉將軍컨대 孰與秦王고 曰 不若이니이다 相如曰 夫以秦王之威로도 而相如廷叱之하고 辱其羣臣하니 相如雖駑나 獨畏廉將軍哉아 顧吾念之컨대 彊秦之所以不敢加兵於趙者는 徒以吾兩人在也라 今兩虎共鬪면 其勢不俱生이니 吾所以爲此者는 先國家之急하고 而後私讐也로라 廉頗聞之하고 肉袒負荊하여 至門謝罪하고 遂爲刎頸之交하다(조왕이 나라로 돌아와 인상여를 상경으로 삼으니, 자리가 염파의 위에 있었다. 염파가 이르기를 '내가 인상여를 보면 반드시 그를 욕보이겠다'라 하니, 인상여가 그 말을 듣고 조회 때마다 늘 병이라 핑계 대고 서열을 다투려고 하지 않았다. 밖으로 나와서도 멀리서 그를 보면 번번이 수레를 끌고 피하여 숨으니, 그 집 사람들

이 모두 부끄럽다고 여겼다. 인상여가 말하기를 '그대들이 보기에 염장군과 진왕 중에 누가 더 낫다고 생각하는가?' 그 집사람들이 '염장군이 진왕만 못합니다'라 하였다. 인상여가 말하기를 '대저 진왕의 위엄으로써도 도리어 내가 그를 조정에서 꾸짖고 그 여러 신하들을 욕보였는데, 내가 비록 노둔하지만 어찌 염장군을 두려워하겠는가? 오직 내가 생각해 보건대, 강한 진나라가 감히 조나라를 공격하지 못하는 것은 다만 우리 두 사람이 있기 때문이다. 지금 두 마리 호랑이가 함께 싸운다면 그 형세상 둘 다 살 수는 없으니, 내가 이렇게 하는 것은 국가의 위급함을 먼저 생각하고 개인의 원한을 뒤로 생각하기 때문이다'라 하였다. 염파가 그 말을 듣고 윗옷을 벗고 가시를 지고서 문에 이르러 사죄하고, 마침내 목을 잘라줄 수 있는 사귐을 맺었다: 〖避〗피하다 피 〖匿〗숨다 닉 〖舍人〗戰國시대 大夫는 舍人을 둘 수 있었는데, 舍人은 大夫의 私臣임 〖A孰與B〗A와 B중에 누가 더 나은가 〖而〗도리어 이 〖叱〗꾸짖다 질 〖相如廷叱之 辱其羣臣〗 『通鑑節要』에 다음과 같은 내용이 실려 있다. 壬午三十六年이라 秦王이 會趙王於河外澠池러니 王이 與趙王으로 飮酒酣에 秦王이 請趙王鼓瑟한대 趙王이 鼓之어늘 藺相如復請秦王擊缶한대 秦王이 不肯이어늘 相如曰 五步之內에 臣이 請得以頸血로 濺大王矣리이다 左右欲刃相如어늘 相如張目叱之하니 左右皆靡라 王이 不豫하여 爲一擊缶하고 罷酒하다 秦이 終不能有加於趙하고 趙人이 亦盛爲之備하니 秦不敢動이러라 〖駑〗둔하다 노 〖獨〗어찌 독 〖顧〗=惟

〚讐〛 원수 수 〚袒〛 웃통을 벗다 단 〚荊〛 가시 형 〚刎〛 목 베다 문 〚頸〛 목 경. 知可以戰與不可以戰者勝)"

－『通鑑節要』"王이 問於將軍李信曰 吾欲取荊하노니 於將軍度에 用幾何人而足고 李信이 曰 不過用二十萬이니다 問王翦한대 王翦이 曰 非六十萬人이면 不可라 하니 曰 王將軍이 老矣로다 何怯也오하고 遂使李信蒙恬으로 將二十萬人하여 伐楚하다 丙子라 王賁이 伐魏하니 魏王假降이어늘 殺之하고 遂滅魏하다 楚人이 大敗李信하니 李信이 犇還이어늘 王翦이 曰 必不得已用臣인댄 非六十萬人이면 不可라한대 於是에 將六十萬人하여 伐楚하다(秦나라 왕이 장군 이신에게 묻기를 '내가 초나라를 취하고자 하는데, 장군이 헤아리기에 몇 사람을 쓰면 충분할 것 같은가?'라 하니, 이신이 대답하기를 '불과 20만 명만 쓰면 됩니다'라 하였다. 왕전에게 물으니, 왕전이 대답하기를 '60만 명이 아니면 할 수 없습니다'라 하니, 왕이 '왕장군은 늙었다. 어찌 겁을 내는가?'라 하였다. 드디어 이신과 몽염으로 하여금 20만 명을 거느리게 하여 초나라를 쳤다. 병자년 왕분이 위나라를 치니, 위왕 가가 항복하자 그를 죽이고 마침내 위나라를 멸망시켰다. 초나라 사람이 이신을 크게 부수니, 이신이 도망하여 돌아왔다. 왕전이 말하기를 '반드시 어쩔 수 없이 저를 등용하시려면 60만 명이 아니면 할 수 없습니다'라 하니, 이에 60만 명을 거느리고 초나라를 쳤다: 〚荊〛 땅이름[초나라 땅이므로, 초나라를 가리킴] 형 〚度〛 헤아리다 탁 〚怯〛 겁내다 겁 〚將〛 거느리다 장 〚犇〛 달아나다 분. 識衆寡之用者勝)"

－『通鑑節要』“智伯이 怒하여 帥韓魏之甲하고 以功趙氏하니
襄子將出曰 吾何走乎오 從者曰 長子近하고 且城厚完하니이
다 襄子曰 民罷力而完之하고 又斃死以守之면 其誰與我리오
從者曰 邯鄲之倉庫實하니이다 襄子曰 浚民之膏澤하여 以實
之한데 又因而殺之면 其誰與我리오 其晋陽乎인져 先主之所
屬也요 尹鐸之所寬也니 民必和矣라 하고 乃走晋陽하다 三
家以國人으로 圍而灌之하니 城不浸者三版이요 沈竈産蛙호
대 民無叛意러라(지백이 노하여 한나라와 위나라의 군대를
이끌고 조씨를 공격하니, 조양자가 장차 달아나면서 이르기
를 '우리는 어디로 달아나야 하는가?'라 하니, 따르는 사람
이 '장자는 가깝고도 성이 완전하고 두텁습니다'라 하니, 조
양자가 말하기를 '백성들이 힘을 다 쏟아서 그것을 완성했
는데, 또 죽음으로써 그곳을 지키게 한다면 그 누가 나와 함
께하겠는가?'라 했다. 따르는 사람이 이르기를 '한단의 창고
가 꽉 차있습니다'라 하니, 조양자가 말하기를 '백성의 기름
을 빼앗아서 그곳을 채웠는데, 또 말미암아 그들을 죽인다면
그 누가 나와 함께하겠는가? 아마 진양일 것이다. 진양은 선
주인 趙簡子께서 맡기신 곳이며, 윤탁이 관용을 베푼 곳이
니, 백성들이 반드시 화합할 것이다'라 하고 마침내 진양으
로 달아났다. 지백·한나라·위나라 3가가 나라 사람들을
이끌고 그곳을 포위하여 물을 대니, 잠기지 않은 성이 3판뿐
이며, 부엌이 물에 잠겨 개구리가 나왔으나 백성들은 배반할
뜻이 없었다: 〖長子〗山西省 서쪽에 있음 〖帥〗거느리다 솔
〖甲〗갑옷을 입은 군사 갑 〖罷〗고달프다 피 〖斃〗쓰러지

다 폐 〖浚〗 빼앗다 준 〖膏澤(고택)〗 기름 〖其~乎〗 아마 ~
일 것이다 〖先主〗 大夫의 家臣들이 大夫를 主라 하고, 죽으
면 先主라 함 〖屬〗 맡기다 촉 〖尹鐸之所寬也〗 조간자가 윤
탁으로 하여금 진양을 다스리게 했는데, 윤탁이 호구 수를
줄여 세금을 감해주었음 〖以〗 거느리다 이 〖灌〗 물대다 관
〖版〗 2자 판 〖竈〗 부엌 조 〖蛙〗 개구리 와 〖叛〗 배반하다
반. 上下同欲者勝)"

- 『論語』"人無遠慮면 必有近憂니라(사람이 원대한 생각이 없
  으면 반드시 가까운 근심이 생긴다: 以虞待不虞)."

- 『司馬法』"進退有時니 無曰寡人하라(진격하고 물러남은 때
  가 있을 뿐이니, 과인을 말하지 말라: 君不御)"

- 『六韜』"國不可從外治요 軍不可從中御(나라는 밖으로부터
  다스려져서는 안 되고, 군대는 안으로부터 견제되어서는 안
  된다: 君不御)"

- 『通鑑節要』"樂毅圍二邑三年에 未下러니 或이 譖之於燕昭
  王曰 樂毅는 智謀過人하여 伐齊呼吸之間에 尅七十餘城하고
  今不下者兩城爾니 非其力不能拔이라 欲久仗兵威하여 以服
  齊人하여 南面而王爾이라한대 昭王이 於是에 置酒大會하고
  引言者斬之하고 遣國相하여 立樂毅爲齊王하니 毅惶恐不受
  라고 拜書하고 以死自誓라 由是로 齊人이 服其義하고 諸侯
  畏其信하여 莫敢復有謀者러라(연나라 장수 악의가 제나라의
  두 읍을 포위한 지 3년에 아직 항복시키지 못하니, 어떤 사
  람이 연소왕에게 그를 참소하기를 '악의는 지혜와 꾀가 남
  보다 뛰어나 제나라를 쳐서 잠깐 사이에 70여 성을 부수었

습니다. 지금 항복시키지 못한 것이 두 성뿐입니다. 이것은 그의 힘이 빼앗을 수 없어서가 아닙니다. 오래 군대의 위세에 기대어 제나라 사람을 복종시켜 남쪽을 바라보고 왕이 되고자 할 뿐입니다'라 하니, 소왕이 이에 술자리를 베풀고 크게 사람을 모아 말한 사람을 끌어다 참하고, 나라의 재상을 보내어 악의를 세워 제왕으로 삼으니, 악의가 두려워하여 받지 못하고 글에 절하고 죽음으로써 맹세하였다. 이것으로 말미암아 제나라 사람들은 그의 의에 감복하고 제후들은 그의 신을 두려워하여 감히 다시는 모의하는 자가 없었다: 〖下〗 항복시키다 하 〖讒〗 참소하다 참 〖呼〗 숨을 내쉬다 호 〖吸〗 숨을 들이쉬다 흡 〖剋〗 이기다 극 〖拔〗 쳐서 빼앗다 발 〖仗〗 기대다 장 〖惶〗 두려워하다 황. 將能而君不御者勝)"

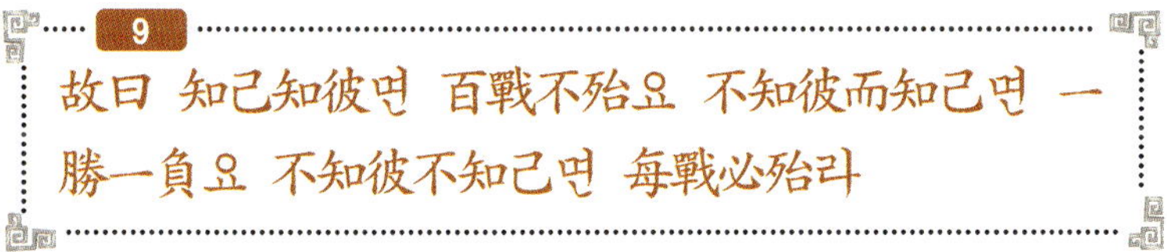

☞국역 그러므로 자기를 알고 적을 알면 백 번 싸워도 위태롭지 않고, 적을 알지 못하고 자기만 알면 한 번은 이기고 한 번은 지며, 적도 모르고 자신도 모르면 늘 싸울 때마다 반드시 위태로울 것이다.

☞보안

─『三峰集』「陣法. 料敵制勝四計」 "一不明敵人之攻이면 不能

加兵이라 二不明敵人之積이면 不能約誓라 三不明敵人之將
이면 不能先軍이라 四不明敵人之士면 不能先陣이라(1. 적이
공격해 올 것을 분명히 알지 못하면 먼저 공격을 가할 수 없
다. 2. 적의 저축을 분명히 알지 못하면 서로 조약을 맺을 수
없다. 3. 적의 장수를 분명히 알지 못하면 먼저 군사를 부릴
수 없다. 4. 적의 군사를 분명히 알지 못하면 먼저 진을 칠
수 없다. 知彼)"

—『通鑑節要』"匈奴數爲邊患이어늘 鼂錯上言이라 ……以蠻夷
攻蠻夷는 中國之形也니이다 今匈奴地形技藝는 與中國異하
니 上下山阪하며 出入溪澗는 中國之馬弗與也요 險道傾仄에
且馳且射는 中國之騎弗與也요 風雨罷勞하고 飢渴不困은 中
國之人弗與也니 此匈奴之長技也니이다 若夫平原易地에 輕
車突騎하면 則匈奴之衆易撓亂也요 勁弩長戟으로 射疏及遠
하면 則匈奴之弓弗能格也요 堅甲利刃으로 長短相雜하며 遊
弩往來하여 什伍俱前하면 則匈奴之兵弗能當也요 材官騶發
에 矢道同的하면 則匈奴之革笥木薦弗能支也요 下馬地鬪에
劍戟相接하고 去就相薄하면 則匈奴之足弗能給也니 此中國
之長技也니이다 以此觀之컨대 匈奴之長技三이요 中國之長
技五이니 帝王之道는 出於萬全하나이다(흉노가 자주 변방의
근심이 되자, 조조가 말을 올리기를 …… '오랑캐로서 오랑
캐를 공격하는 것이 중국의 형세입니다. 지금 흉노의 지형과
재주는 중국과 다릅니다. 산과 비탈을 오르내리고 시내를 출
입하는 것은 중국의 기마가 흉노만 못하고, 험한 길과 비탈
진 곳을 달리면서 활을 쏘는 것은 중국의 기병이 흉노만 못

하고, 비바람에 지치고 굶주림과 목마름에도 곤란 받지 않는 것은 중국 사람이 흉노만 못하니, 이것은 흉노의 장기입니다. 만약 평원과 평지에서 가벼운 수레와 날쌘 기병을 활용한다면 흉노의 무리는 쉽게 교란시킬 수 있고, 굳센 쇠뇌와 긴 창으로 넓고 멀리 쏘면 흉노의 활은 이를 수 없을 것이요, 단단한 갑옷과 날카로운 무기로 길고 짧은 것을 서로 섞고, 다니는 쇠뇌로 왕래하여 십오가 다 전진하면 흉노의 군대는 당할 수 없을 것이요, 재관이 말을 달리며 쏘아 한 표적을 맞히면 흉노의 갑옷과 방패는 버틸 수 없을 것이요, 말에서 내려 땅에서 싸워 칼과 창이 서로 맞붙고 밀고 밀리는 것이 서로 급박하면 흉노의 다리는 미칠 수 없을 것이니, 이것이 중국의 장기입니다. 이것으로 보건대, 흉노의 장기는 세 가지요, 중국의 장기는 다섯 가지입니다. 제왕의 도는 만전에서 나와야 합니다: 〖數〗 자주 삭 〖蠻〗 오랑캐 만 〖阪〗 비탈 판 〖澗〗 시내 간 〖仄〗 기울다 측 〖且~且〗 동시상황 〖易〗 평탄하다 이 〖突騎(돌기)〗 날쌔게 돌격하는 기병 〖撓〗 어지럽히다 뇨 〖勁〗 군세다 경 〖弩〗 쇠뇌 노 〖戟〗 창 극 〖疏〗 길다 소 〖格〗 이르다 격 〖什伍(십오)〗 5명이 伍, 二伍가 什 (軍制의 최소단위) 〖材官〗 말을 달리며 활을 쏘는 군관 〖騶〗 달리다 추 〖矢道同的〗 활솜씨가 좋아 한 표적을 맞히는 것 〖革笥(혁사)〗 가죽으로 만든 갑옷 〖木薦(목천)〗 나무로 만든 방패 〖支〗 버티다 지 〖薄〗 붙다 박 〖給〗 미치다 급. 知己知彼 百戰不殆)"

「軍形篇」4) 第四

1

孫子曰 昔之善戰者는 先爲不可勝하고 以待敵之可
勝이라

☞**국역** 손자가 말했다. 예전에 싸움을 잘하는 자는 먼저 (적이
아군을) 이길 수 없도록 하고, (아군이) 적을 이길 수 있
을 때를 기다렸다.

☞**보완**

-『孟子』"得道者는 多助하고 失道者는 寡助라 寡助之至에는
親戚畔之하고 多助之至에는 天下順之니라(도를 얻은 자는
도와주는 이가 많고, 도를 잃은 자는 도와주는 이가 적다. 도
와주는 이가 적음의 지극함에는 친척이 배반하고, 도와주는
이가 많음의 지극함에는 천하가 순종하는 것이다: 昔之善戰

---

4) '軍形'은 군대의 배치 형태를 말한다.

者는 먼저 道를 얻어야 함)

- 「圍棋十訣」 “我生然後에 殺他라(내가 산 뒤에 남을 죽인다: 先爲不可勝)”

- 『象村稿』「諸將士難初陷敗志」 “又以韓應寅爲諸道都巡察使하여 代金命元하여 進駐臨津하고 徵平安道江邊土兵八百名하여 使之添助聲勢라 時李陽元李鎰申恪金友臯等在大灘하고 韓應寅權徵申硈李薦李贇劉克良邊磯等在臨津한대 約以五月十八日會戰이라 議者曰 我軍雖多하나 擧皆疲弱이고 所恃者는 江邊土兵인대 而土兵遠來疲弊하니 若緩數日하여 待其休息이라가 擧事면 則可以取勝라 하나 諸將不聽이라 十七日에 乘夜渡軍한대 左衛將李薦이 遇賊於上流江岸하여 急擊之敗績하며 劉克良死之하고 申硈亦敗沒하니 賊渡臨津矣라(또 한응인을 제도 도순찰사로 삼아 김명원을 대신해서 임진에 나아가 주둔하게 하고, 평안도 강변의 토병 8백 명을 동원하여 성세를 돕게 하였다. 당시 이양원·이일·신각·김우고 등은 대탄에 있고, 한응인·권징·신할·이천·이빈·유극량·변기 등은 임진에 있었는데, 5월 18일에 만나 싸우기로 약속하였다. 이때 의논하는 자가 말하기를 ‘우리 군사가 많다고는 하지만 거의 대부분이 지치고 약한 병졸이고, 믿을 수 있는 것은 강변의 토병뿐인데 토병이 멀리서 오느라고 지쳐 있으니, 만약 며칠쯤 늦추어 그들이 휴식을 취할 때까지 기다렸다가 거사한다면 승리를 거둘 수 있을 것이다’라 하였으나, 여러 장수들이 듣지 않았다. 그리하여 17일 야음을 틈타 군사를 도하시켰는데, 좌위장 이천이 상류 강 언덕

에서 적군을 만나 급히 치다 대배를 당하였으며, 유극량도
죽고 신할도 패배하여 죽으니, 적이 마침내 임진을 건너오게
되었다: 〚駐〛 머무르다 주 〚徵〛 부르다 징 〚疲〛 지치다 피
〚恃〛 믿다 시 〚緩〛 늦추다 완 〚敗績〛 ＝大敗"

2

☞**국역** (적이 아군을) 이길 수 없도록 하는 것은 자신에게 달려
있고, (아군이) 적을 이길 수 있는 것은 적에게 달려 있
다. 그러므로 싸움을 잘하는 자는 (적이 아군을) 이길
수 없도록 할 수 있으나, (아군이) 적을 반드시 이길 수
있게 할 수는 없다. 그러므로 승리를 알 수는 있으나 그
렇게 만들 수는 없다고 하는 것이다.

☞**보완**

－『三國志』 "제갈공명이 준비한 火攻이 비가 내려 실패하자
다음과 같은 말을 했다. 謀事在人이나 成事在天이라(일을 모
의하는 것은 사람에게 달려 있지만, 일을 성공시키는 것은
하늘에 달려있다: 勝可知 而不可爲)"

3

不可勝者守也요 可勝者攻也라 守則不足이요 攻則
有餘라 善守者는 藏於九地之下하고 善攻者는 動
於九天之上이라 故能自保而全勝也라

☞주석 〖九〗 많다, 지극하다

☞국역 (적이 아군을) 이길 수 없는 것은 (아군이) 지키고 있기
때문이요, (아군이) 적을 이길 수 있는 것은 공격할 (틈
이 있기) 때문이다. 지키는 것은 (힘이) 부족하기 때문
이요, 공격하는 것은 (힘이) 남아 있기 때문이다. 수비
를 잘하는 자는 매우 깊은 땅속에 감춘 것 같고, 공격
을 잘하는 자는 매우 높은 하늘에서 움직이는 것 같다.
그런 까닭에 자신을 보전하고 승리를 온전히 할 수 있
는 것이다.

☞보완

-『通鑑節要』 "二世東行郡縣이라가 夏至咸陽이라 謂趙高曰
人生世間이 譬猶騁六驥過決隙也라 吾欲悉耳目之所好하고
窮心志之所樂하여 以終吾年壽한대 可乎아 하니 高曰 陛下
嚴法而刻刑하사 盡除先帝之故臣하시고 更置陛下之所親信하
시면 則高枕肆志寵樂矣리라 하다 二世然之하여 乃更爲法律
하여 務益刻深하니 大臣諸公子라도 有罪면 輒僇死라(2세 황
제가 동쪽의 군현을 순행하다 여름에 함양에 이르렀다. 조고
에게 이르기를 '인간이 세상을 살아가는 것이 비유하자면

여섯 필의 천리마를 타고 틈을 지나는 것과 같다. 나는 귀와 눈이 좋아하는 것을 다하고 싶고, 마음과 뜻이 즐기는 것을 다 하면서 내 수명을 마치고 싶은데, 가능하겠는가?'라 하니, 조고가 대답하기를 '폐하께서는 법을 엄하게 하시고 형벌을 각박하게 하시어 선제께서 남긴 옛 신하들은 다 제거하고 폐하께서 가까이하고 믿는 신하들로 바꾸어 두신다면 베개를 높이고 뜻을 마음대로 하며 마음껏 즐기실 수 있을 것입니다'라 하였다. 2세 황제가 그렇다고 생각하여 이에 다시 법률을 만들어 더욱 각박하게 하기를 힘쓰니, 대신이나 여러 공자라도 죄가 있으면 번번이 죽였다: 〖譬〗 비유하다 비 〖騁〗 달리다 빙 〖驥〗 천리마 기 〖刻〗 각박하다 각 〖肆〗 마음대로 하다 사 〖寵〗 얻다 총 〖僇〗 =戮 죽이다 륙. 可勝者攻也 틈)"

4

見勝이 不過衆人之所知는 非善之善者也요 戰勝한대 而天下日善은 非善之善者也라 故擧秋毫라도 不爲多力하고 見日月이라도 不爲明目하고 聞雷霆이라도 不爲聰耳라 古之所謂善戰者는 勝於易勝者也라 故善戰之勝也는 無智名하고 無勇功이라

☞**주석** 〖霆〗 번개 정

☞**국역** 승리를 보는 것이 여러 사람이 알 수 있는 것에 불과한

것은 최선의 것이 아니다. 싸움에서 이겼는데 천하 사람들이 잘했다고 말하는 것은 최선의 것이 아니다. 그러므로 가을 털을 들었다고 해서 힘이 많다고 하지 않고, 해와 달을 보았다고 해서 눈이 밝다고 하지 않으며, 우레나 천둥소리를 들었다고 해서 귀가 밝다고 하지 않는다. 옛날 이른바 싸움을 잘한다고 하는 자는 이기기 쉬운 싸움에서 이기는 자이다. 그러므로 싸움을 잘하는 자가 승리했을 때에 지혜롭다는 명성이 없고, 용감하다는 공도 없다.

☞ 보완

- 『三峰集』「陣法. 三釋」"一釋實하고 攻虛이라 二釋堅하고 攻耗라 三釋難하고 攻易라(1. 실한 곳은 놓아두고 허한 곳을 공격한다. 2. 튼튼한 곳은 놓아두고 허술한 곳을 공격한다. 3. 어려운 곳은 놓아두고 쉬운 곳을 공격한다:〔耗〕소비하다, 어지럽다 모. 善戰者 勝於易勝者也)"
- 『孟子』"善戰者服上刑이니라(전투를 잘하는 자가 극형을 받아야 한다)"

5

故其戰勝은 不忒이라 不忒者는 其所措必勝이니
勝己敗者也라 故善戰者는 立於不敗之地하여 而不
失敵之敗也라 是故로 勝兵先勝而後에 求戰하고
敗兵先戰而後에 求勝이라

☞ 국역 그러므로 그 싸움에서 승리는 틀림이 없다. 틀림이 없
는 것은 그가 조치한 것이 반드시 승리하도록 기획되
어 있었으므로, 이미 패한 자에게 이기는 것이다. 그러
므로 싸움을 잘하는 자는 자기가 패하지 않을 곳에 서
서 적의 패배를 놓치지 않는 것이다. 이런 까닭에 이기
는 군대는 먼저 이긴 뒤에 싸움을 찾고, 지는 군대는
먼저 싸운 뒤에 승리를 찾는다.

☞ 보완

─『高麗史節要』 "遣上將軍李祿千大將軍金台壽錄事鄭俊尹惟翰
軍候魏通元等하여 自西海路로 領兵船五十艘하여 助討西賊
이라 祿千至鐵島하여 欲徑趣西京한대 會日暮潮退라 兵船判
官鄭襲明曰 水道狹淺하니 宜乘潮而發이라 하다 祿千不聽하
고 行至半途하여 水淺舟膠라 西賊以小船十餘艘에 載薪灌油
火之하여 隨潮而放하고 先於路旁叢薄間에 伏弩數百하고 約
以火發則同時齊擧라 及火船相薄에 迎燒戰艦하고 衆弩俱發
하니 祿千狼狽하여 不知所圖라 兵船器仗皆燒하고 軍士溺沒
殆盡하며 台壽及鄭俊皆死라 祿千蹈積屍登岸하여 僅以身免
이라 由是로 西賊始輕官軍이라(상장군 이녹천, 대장군 김태
수, 녹사 정준·윤유한, 군후 위통원 등을 보내어 서해의 해
로로부터 병선 50척을 인솔하여 서경의 적들을 토벌하는 데
돕게 하였다. 녹천이 철도에 이르러 곧장 서경으로 향하려고
하였는데, 때마침 날은 저물고 조수도 물러갔다. 병선판관
정습명이 말하기를, '수로가 좁고 얕으니, 마땅히 조수를 타

고 출발해야 한다'라 하였다. 녹천이 듣지 않고 가다가 중간에 이르러 물이 얕아 배가 바닥에 붙고 말았다. 서경의 적이 작은 배 10여 척에 섶을 싣고는 기름을 뿌리고 불을 질러 조수를 따라 놓아 보내고, 먼저 길가의 수풀 속에 궁수 수백 명을 매복시키고, 불이 일어나면 때를 같이하여 일제히 활을 쏘기로 약속했던 것이다. 불을 실은 배가 전함과 서로 맞닿자 전함은 연소되고 매복한 궁노수의 화살이 함께 날아오니, 녹천이 크게 낭패하여 어찌할 바를 몰랐다. 병선과 병장기가 모두 불에 타고, 군사들은 거의 다 물에 익사하였으며 김태수와 정준도 모두 전사하였다. 녹천은 쌓인 시체를 밟고 언덕에 올라 겨우 자기 몸만 빠져나왔다. 이로 말미암아 서경의 적들이 비로소 관군을 경시하게 되었다: 〚艘〛 척 소 〚徑〛 곧 경 〚趣〛 향하다 취 〚會〛 마침 회 〚狹〛 좁다 협 〚膠〛 붙다 교 〚灌〛 물대다 관 〚薄〛 덮다, 접근하다 박 〚弩〛 쇠뇌 노 〚艦〛 싸움배 함 〚狽〛 이리 패(狼狽: 허겁지겁하여 어찌할 줄 모름) 〚溺〛 빠지다 닉 〚蹈〛 밟다 도 〚僅〛 겨우 근. 其所措必勝)"

－『象村集』「用兵篇」"計定于內면 則兵出無恐하고 明于敵情이면 則遇敵敢前하여 行若風雨하고 擧若飛鳥라 若據虛하고 若搏景하여 始乎無端하고 卒乎無窮하여 而勝在戰先矣라(계획이 안에서 결정되면 군사를 출동할 때 두려움이 없고, 적의 실정에 밝으면 적을 만나도 용감하게 전진할 수 있어서, 비바람처럼 행동하고 나는 새처럼 신속히 처리하므로, 마치 빈 곳을 점령하고 그림자를 치듯이 단서 없이 시작하고 끝

도 없이 마무리 지어 싸우기 전에 이기게 될 것이다: 〖搏〗
치다 박 〖景〗=影 그림자 영. 其所措必勝)"

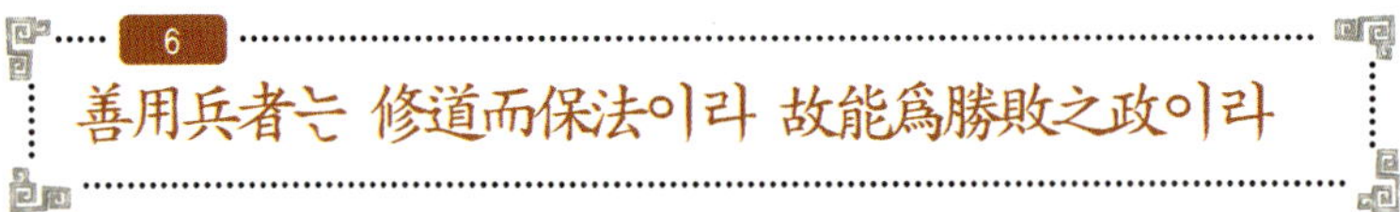

☞주석 〖道〗「시계편」에서 말한 道 〖法〗「시계편」에서 말한 法
☞국역 용병을 잘하는 자는 도를 닦고 법을 보전한다. 그러므
로 이기고 지는 정치를 할 수 있는 것이다.

☞보완

- 『淮南子』"修政於境內하면 而遠方慕其德이라 制勝於未戰하
면 而諸侯服其威하여 內政治也라(나라 안에서 정치를 잘 닦
으면 먼 곳에서 그 덕을 흠모하게 된다. 싸우기도 전에 승리
를 제어하게 되면 제후들이 그 위엄에 복종하여 국내의 정
치가 잘 다스려진다: 修道而保法)"

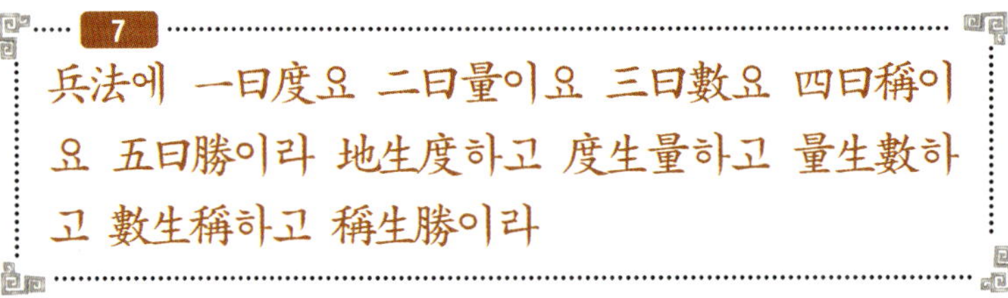

☞주석 〖度〗地形의 長短을 계산하는 것 〖量〗전장의 용적을
계산하는 것 〖數〗군대 배치의 많고 적음을 계산하는

것〔稱〕 戰力의 우열을 비교하는 것

 병법에, 첫째는 도, 둘째는 양, 셋째는 수, 넷째는 칭, 다섯째는 승이라 하였다. 지형이 도를 낳고(지형에 따라 넓은지 좁은지를 결정하고), 도가 양을 낳고(지형에 따라 전장의 용적을 결정하고), 양이 수를 낳고(전장의 용적에 따라 군대 배치의 수를 결정하고), 수가 칭을 낳고(배치된 수에 따라 전력의 우열을 결정하고), 칭이 승을 낳는다(전력의 우열에 따라 승리를 결정한다).

―『三峰集』「陣法. 用軍八數」“一聚財로 軍需支用이라 二論工으로 造機械라 三制器로 兵甲堅利하고 旗麾精明이라 四選士로 勇怯智愚이라 五政敎로 號令嚴明하고 賞罰必信이라 六服習으로 明旗麾金鼓之節하고 習進退擊刺之宜라 七知勢로 地勢險易와 主將工拙과 士卒勇怯과 師衆多寡라 八機數로 因時制宜하고 臨機設變이라(1. 재물을 모아놓는 것으로, 군수품에 사용한다. 2. 공장을 논하는 것으로, 기계를 만든다. 3. 병기를 만드는 것으로, 병기와 갑옷은 튼튼하고 예리하게 하며, 기휘는 선명하게 한다. 4. 병사를 뽑는 것으로, 용감하고 비겁한 자와 슬기롭고 어리석은 자를 골라낸다. 5. 행정과 교육으로, 호령은 엄숙하고 분명하게 하며, 상벌은 반드시 공정하게 한다. 6. 연습으로, 기휘와 징과 북의 절차를 분명하게 하고, 진퇴와 치고 찌르는 마땅함을 연습한다. 7. 형세를 아는 것으로, 지세의 험하고 평탄한 것과 임금과 장수의 재주가 있고 없는 것과 사졸의 용감하고 비겁한 것

과 군대의 많고 적은 것을 안다. 8. 기수로, 때에 말미암아 올바른 방법을 사용하며, 어떤 시기에 가서는 변법을 쓴다: 〖需〗 소용되는 물품 수 〖支〗 지출 지 〖服〗 익다 복 〖易〗 평평하다 이 〖機數〗 권모술수, 꾀 〖機〗 때 기. 地生度 度生 量 量生數 數生稱 稱生勝)"

8

故勝兵은 若以鎰稱銖하고 敗兵은 若以銖稱鎰이라
勝者之戰民也는 若決積水於千仞之溪者니 形也라

☞주석 〖鎰〗 스물넉 냥 일 〖銖〗 1냥의 24분의 1(24銖가 1兩, 24兩이 1鎰) 수 〖仞〗 길 인

☞국역 그러므로 승리하는 군대는 일로써 수를 저울질하는 것과 같고(무거운 것으로 가벼운 것을 저울질하는 것과 같음), 패배하는 군대는 수로써 일을 저울질하는 것과 같다. 승자는 백성을 싸우게 하는 것이 천 길 높은 계곡에서 쌓아둔 물을 터트리는 것과 같게 하니, 이런 것이 형세이다.

「兵勢篇」5) 第五

1

孫子曰 凡治衆如治寡는 分數是也요 鬪衆如鬪寡는
形名是也요 三軍之衆이 可使必受敵而無敗은 奇正
是也요 兵之所加가 如以碬投卵者는 虛實是也라

☞**주석** 〔分數〕 군대의 수를 나누는 것으로, 군대의 편제와 인
원수를 말함 〔形名〕 지휘 방식으로, 깃발로 지휘하는
것을 形이라 하고, 북으로 지휘히는 것을 名이라 함 〔奇
正〕 奇는 變攻法이고, 正은 正攻法을 말함. 즉 正이 정
면이나 낮에 공격하는 것이라면 奇는 측면이나 밤에 공
격하는 것 〔碬〕 숫돌 하 〔虛實〕 虛는 준비가 안 된 것,
實은 준비가 된 것

☞**국역** 손자는 말한다. 무릇 많은 군사를 다스리는 것을 적은

---

5) ‘兵勢’는 군대의 형세에 대해 말하고 있다.

군사를 다스리는 것과 같게 하는 방법은 수를 나누는 것이 이것이다. 많은 군사를 싸우게 하는 것을 적은 군사를 싸우게 하는 것과 같게 하는 방법은 명령하는 신호가 이것이다. 대군의 많은 군사가 반드시 적과 마주하여 패함이 없게 하는 방법은 기와 정이 이것이다. 군사가 공격하는 것이 숫돌로써 알을 치는 것과 같게 하는 방법은 허와 실(아군의 實로써 적군의 虛를 공격한다)이 이것이다.

☞보완

─『한비자』"兵陣之間엔 不厭詐僞라(군대의 진 사이에는 속임과 거짓을 싫어하지 않는다: 奇正)"

> ### 2
> 凡戰者는 以正合하고 以奇勝이라 故善出奇者는
> 無窮如天地하고 不竭如江河라 終而復始는 日月是
> 也요 死而復生은 四時是也라

☞주석 〚合〛 =對 〚竭〛 다하다 갈

☞국역 모든 싸움은 정공법으로 맞서고 변공법으로 승리한다. 그러므로 변공법을 잘 구사해내는 자는 천지처럼 무궁하고 강하처럼 다하는 일이 없다. 마쳤다가 다시 시작하는 것이 해와 달과 같고, 죽었다가 다시 살아나는 것이 사계절과 같다.

-『三峰集』「陣法」 "接戰以正勝以奇하여 臨時操縱無常形이라
(정공법으로 싸우고 변공법으로 승리하여, 시기에 따라 조종
에 변화무궁하다)"

-『通鑑節要』 "秦左庶長王齕이 伐韓하여 攻上黨하여 拔之하
니 上黨民이 走趙어늘 趙廉頗軍於長平하여 以按據上黨民하
니 王齕이 因伐趙한대 趙軍이 戰數不勝이라 廉頗堅壁不出
이어늘 趙王이 以頗로 失亡多而更怯不戰이라 하여 怒數讓
之한대 應侯使人으로 反間曰 秦之所畏는 獨畏馬服君之子趙
括이 爲將爾니 廉頗는 易與니 且降矣리라한대 趙王이 遂以
趙括로 代頗將하니 藺相如曰 王이 以名使括하시니 若膠柱
鼓瑟이랏다 括은 徒能讀其父書傳이오 不知合變也니이다 王
이 不聽하다……趙師大敗하여 卒四十萬人이 皆降이라(진나
라의 좌서장 왕흘이 한나라를 쳐서 상당을 공격하여 그곳을
쳐서 빼앗았다. 상당의 백성들이 조나라로 달아나니, 조나라
염파가 장평에 진을 치고 상당의 백성들을 마음 놓고 살게
했다. 왕흘이 이 일에 말미암아 조나라를 쳤는데, 조나라 군
대가 자주 싸웠으나 이기지 못하였다. 염파가 성벽을 단단히
하고 나오지 않으니, 조나라 왕이 염파는 잃은 군사가 많고
게다가 겁이 많아 싸우지 않는다고 여겨 노하여 자주 그를
꾸짖었다. 응후가 사람으로 하여금 반간하게 하기를 '진나라
가 두려워하는 것은 오직 마복군의 아들인 조괄이 장수가
되는 것을 두려워할 뿐이다. 염파는 함께하기가 쉬우니, 장
차 항복할 것이다'라 하니, 조왕이 마침내 조괄로 염장군을

대신하게 하였다. 인상여가 말하기를 '왕께서 명성만으로 조괄을 임명하시니, 기러기발에 아교를 붙여놓고 거문고를 타는 것과 같습니다. 조괄은 다만 그의 아버지 서전이나 읽었을 뿐 임기응변을 모릅니다'라 하였으나, 왕이 듣지 않았다. …… 조나라 군사가 크게 패하여 병사 40만 명이 모두 항복하였다: 〖拔〗 쳐서 빼앗다 발 〖軍〗 진을 치다 군 〖按據(안거)〗 그곳에서 마음 놓고 편안히 살게 함 〖以〗 생각하다 이 〖怯〗 겁내다 겁 〖讓〗 꾸짖다 양 〖且〗 장차 차 〖膠柱鼓瑟(교주고슬)〗 기러기발에 아교를 붙여놓고 거문고를 타는 것으로, 고지식하여 조금도 융통성이 없음에 비유 〖書傳〗 古人이 저술할 책 〖合變〗 =臨機應變. 戰者 以正合 以奇勝)"

―『通鑑節要』"田單이 乃身操版鍤하여 與士卒로 分功하고 妻妾을 編於行伍之間하고 盡散飮食하여 饗士하고 令甲卒로 皆伏하고 使老弱女子로 乘城約降하니 燕軍益懈어늘 田單乃收城中하여 得牛千餘하여 爲絳繒衣호대 畵以五采龍文하고 束兵刃於其角하고 而灌脂束葦於其尾하여 燒其端하고 鑿城數十穴하여 夜縱牛하고 壯士五千人이 隨其後하니 牛尾熱하여 怒而犇燕軍한대 燕軍이 大驚視牛하니 皆龍文이라 所觸에 盡死傷하고 而城中이 鼓譟從之하고 老弱이 皆擊銅器爲聲하니 聲動天地라 燕軍이 大敗走어늘 齊人이 殺騎劫하고 追亡逐北하니 所過城邑이 皆叛燕하고 復爲齊하여 齊七十餘城이 皆復焉이라 乃迎襄王於莒하여 入臨淄하니 封田單爲安平君하다(전단이 이에 몸소 판과 삽을 들고 사졸들과 공을 나누고, 처첩은 항오의 사이에 편입하고 음식을 다 뿌려 군

사들에게 먹이고 갑옷 입은 병사들로 하여금 모두 숨어있게 하고, 노약자와 여자들로 하여금 성에 올라가 항복을 약속하게 하니, 연나라 군대가 더욱 해이해졌다. 전단이 이에 성 안에서 거두어들여 소 천여 마리를 얻어서 붉은색 비단옷을 입혀 오색으로 용무늬를 그리고 그 뿔에다 칼을 묶고 그 꼬리에 기름을 두르고 갈대를 묶어서 그 끝에 불을 붙였다. 그리고는 성에 수십 개의 구멍을 뚫어 밤에 소를 풀어놓고 장사 5천 명이 그 뒤를 따르니, 소는 꼬리가 뜨거워지자 노하여 연나라 군대로 달려가니, 연나라 군대가 매우 놀라 소를 보니 모두 용의 무늬였다. 부딪친 사람은 다 죽거나 다쳤고, 성 안 사람들이 북을 치며 따르고 노약자들은 모두 구리 기구를 쳐서 소리를 내니 소리가 천지를 진동시켰다. 연나라 군대가 크게 패하여 달아나자, 제나라 사람들이 기겁을 죽이고 도망한 자를 뒤쫓으니, 지나는 곳의 성읍이 모두 연나라를 배반하고 다시 제나라가 되어 제나라 70여 성이 모두 회복되었다. 이에 거땅에서 양왕을 맞이하여 임치로 들어가니, 양왕이 전단을 봉하여 안평군으로 삼았다: 〖版鍤(판삽)〗 흙을 나르는 널빤지와 삽 〖行伍(항오)〗 25인을 行, 5인을 伍라 하는데, 군대를 의미함 〖懈〗 게으르다 해 〖饗〗 대접하다 향 〖絳〗 진홍색 강 〖繒〗 비단 증 〖采〗 =彩 채색 채 〖文〗 무늬 문 〖灌〗 붓다 관 〖葦〗 갈대 위 〖燒〗 사르다 소 〖端〗 끝 단 〖鑿〗 뚫다 착 〖譟〗 시끄럽다 조. *以奇勝*)"

3

聲不過五나 五聲之變은 不可勝聽也요 色不過五
나 五色之變은 不可勝觀也요 味不過五나 五味之
變은 不可勝嘗也라 戰勢不過奇正하나 奇正之變
은 不可勝窮也라 奇正相生이 如環之無端하니 孰
能窮之리오

☞주석 〚勝〛다 승 〚環〛고리 환

☞국역 소리는 宮商角徵羽 다섯 가지에 지나지 않지만 다섯 가
지 소리가 변화하여 만들어내는 소리는 다 들을 수 없
다. 색은 靑黃赤黑白 다섯 가지에 지나지 않지만 다섯
가지 색이 변화하여 만들어내는 색은 다 볼 수 없다. 맛
은 甘鹹辛酸苦 다섯 가지에 지나지 않지만 다섯 가지
맛이 변화하여 만들어내는 맛은 다 맛볼 수 없다. 전쟁
의 형세도 변공법과 정공법에 지나지 않지만 변공법과
정공법이 변화하여 만들어내는 전략과 전술은 끝이 있
을 수 없다. 변공법과 정공법은 서로 낳는 것이 고리에
실마리가 없는 것과 같으니, 누가 그것을 다할 수 있겠
는가?

－『三峰集』「陣法」"治兵以信하고 求勝以奇라 信不可易이나
戰無常規이라 可握則握하고 可施則施하여 千變萬化하여 敵
莫能知라(信義로써 군대를 다스리고, 변공법으로 승리를 구
한다. 신의는 언제고 變改할 수 없지만 전쟁에는 고정된 법

칙이 없는 것이다. 단속할 수 있으면 바짝 잡아 쥐고, 풀어줄
수 있으면 풀어놓아 천변만화하여 적이 알 수 없게 한다:
〖規〗 법 규 〖握〗 쥐다 악.)"

☞ 주석 〖激〗 물결이 부딪쳐 흐르다 격 〖漂〗 뜨다 표 〖鷙〗 맹
    금 지 〖毁〗 헐다 훼 〖節〗 절도, 법도, 순간적인 기회 〖短〗
    빠르고 민첩하다 단 〖彍〗 당기다 확 〖弩〗 쇠뇌 노
    〖機〗 쇠뇌 위에 화살을 발사하는 장치

☞ 국역 부딪치는 물이 빨리 흘러 돌을 뜨게 하기에 이르는 것
    은 기세 때문이다. 사나운 새가 빨리 날아 다른 새의
    몸을 부수는 것은 순간적인 기회 때문이다. 그러므로
    싸움을 잘하는 자는 그 기세가 맹렬하고 그 순간적이
    기회가 빠르다. 기세는 당겨 놓은 쇠뇌 같고, 순간적인
    기회는 화살을 쏘는 것과 같다.

☞ 보완

-『高麗史節要』 "崔瑩이 與楊廣道都巡問使崔公哲助戰元帥康
    永兵馬使朴壽年等으로 至鴻山하니 倭先據險隘라 三面皆絶
    壁이고 唯一路可通하니 諸將畏怯不進이라 瑩身先士卒하여

盡銳突進하니 賊披靡라 有一賊隱林中하여 射瑩中脣하니 血
淋漓하나 神色自若하고 射賊하여 應弦而倒라 乃拔矢하고
戰益力하여 遂大敗之하여 將所殆盡이라 遣人獻捷하니 賜瑩
衣酒鞍馬라(최영이 양광도 도순문사 최공철, 조전원수 강
영·병마사 박수년 등과 함께 홍산에 이르니, 왜적이 먼저
험하고 좁은 곳을 차지하고 있었다. 삼면이 모두 절벽이고
오직 한 길만이 통할 수 있었으니, 여러 장수들이 두려워하
고 겁내어 전진하지 못하였다. 최영이 몸소 군사들의 앞장을
서서 날카로운 기세로 돌격하니, 적이 쓰러졌다. 한 적이 숲
속에 숨어서 최영을 쏘아 입술을 맞히니 피가 철철 흘렀지
만 정신과 얼굴빛이 조금도 변하지 않고 적을 쏘아 활시위
소리에 따라서 거꾸러뜨렸다. 그제서야 화살을 뽑고 더욱 세
차게 싸워서, 드디어 크게 깨뜨려서 사로잡고 베어 거의 섬
멸시켰다. 사람을 보내어 승전 보고를 드리니, 최영에게
옷·술·안장 갖춘 말을 주었다: 〖隘〗 좁다 애 〖突〗 갑작스
럽다 돌 〖披〗 쓰러지다 피 〖靡〗 쓰러지다 미 〖脣〗 입술 순
〖淋漓(림리)〗 줄줄 흐름 〖自若〗 예전 그대로임 〖弦〗 시위
현 〖倒〗 거꾸러지다 도 〖拔〗 빼다 발 〖殆〗 거의 태 〖捷〗
이기다 첩 〖鞍〗 안장 안. 其勢險)"

5

紛紛紜紜하여 鬪亂而不可亂也요 渾渾沌沌하여 形
圓而不可敗也라

 〖紛〗 어지럽다 분 〖紜〗 어지럽다 운 〖渾渾(혼혼)〗 수
레바퀴가 매우 어지러운 모습 〖沌沌(돈돈)〗 급히 달리
는 모양 〖形圓〗 옛 진법은 井字 모양으로 方形인데, 圓
形이 되었다는 것은 질서가 흐트러진 상태를 의미함

 깃발이 어지러워 싸움이 어지러운 것 같으나 아군은 어
지러워져서는 안 되며, 수레가 어지러워 陣形이 원형인
것 같으나 아군이 패배되어서는 안 된다.

-『三峰集』「陣法. 四理」"一居則有禮하고 動則有威라 二進不
可當이요 退不可追라 三前却如節하고 左右應麾라 四雖絶이
라도 成陣이요 雖散이라도 成行이라(1. 가만히 있을 때는 禮
儀가 있고, 움직이면 위엄이 있는 것이다. 2. 전진하면 감당
할 수 없고, 후퇴하면 따라갈 수 없는 것이다. 3. 앞으로 나
아가고 뒤로 물러서는 것을 절차에 맞게 하고, 좌·우로 휘
를 따르는 것이다. 4. 비록 중간이 끊어져도 진의 모양을 이
루고 있고, 비록 흩어져도 대열의 형태를 이루고 있는 것이
다: 〖麾〗 기 휘 〖行〗 줄 항. 紛紛紜紜 鬪亂而不可亂也)"

6

亂生於治하고 怯生於勇하고 弱生於强이라 治亂은
數也요 勇怯은 勢也요 强弱은 形也라

 〖亂生於治〗 깃발이 어지러워 혼란한 것 같고 陣形이

圓形이어서 질서가 흐트러진 것 같지만, 실제는 혼란한 것이 아니라 正奇의 전술을 운용하기 위한 것으로, 보기에는 어지러운 것 같으나 실제로는 군대의 數(편성)과 形(신호)에 의하여 통솔하고 있다. 혼란이 잘 갖추어졌기 때문에 자유자재로 다스릴 수 있다는 의미임. 〖怯生於勇 弱生於强〗 이것도 앞의 의미와 같음

☞ **국역** 혼란은 다스려짐에서 나오고, 비겁함은 용기에서 나오며, 약함은 강함에서 나온다. 다스려짐과 혼란은 수이고(군대의 편성에 달려 있고), 용감과 비겁은 세이며(기세에 달려 있으며), 강함과 약함은 형(軍形에 달려 있음)이다.

☞ **보완**

－『順菴先生文集』「死事贈工曹參議宋公行狀」 "公嘗與爲熊川守者有舊하여 公往訪焉한대 時有倭賊之侵掠者入界라 本倅聞之하고 失色하니 公曰 虛虛實實은 兵之情也니이다 此不過一時冦掠하면 則不可輕擾人心이니 當大開城門而不動이라 賊必疑而去라 하다 倅亦思之하니 倉卒禦無策하여 遂如公言하니 賊果不敢入而退라 由是로 公又以智畧聞이라(金賓이 일찍이 웅천의 수령이 된 자와 전부터 친분이 있었으므로 그를 찾아갔었는데, 그때 약탈을 일삼는 왜적들이 그 고을에 쳐들어왔다. 본관 수령이 그 소식을 듣고 얼굴빛이 변하였다. 이에 공이 말하기를, '허허실실은 兵家의 실정인 것이다. 이들이 한때 약탈하는 것에 지나지 않다면 가벼이 인심을 소요스럽게 하지 않아야 될 것이니, 성문을 활짝 열어 놓고

동요하지 말아야 한다. 그러면 왜적들도 의심하고 물러갈 것이다'고 하자, 수령도 그것을 생각해 보니, 갑자기 방어하는데 있어서 계책이 없었기에 마침내 공의 말대로 하였더니, 적들이 과연 감히 의심하여 들어오지 못하고 물러갔다. 이일로 인하여 공이 또 지략이 훌륭하다고 알려졌다: 〖倅〗 수령 쉬 〖擾〗 어지럽히다 요 〖倉卒〗 갑자기 〖禦〗 막다 어 〖策〗 꾀 책 〖略〗 꾀 략)"

7

故善動敵者는 形之하여 敵必從之요 予之하여 敵
必取之라 以利動之하여 以卒待之라

☞ 주석 〖予〗 주다 여 〖卒〗 갑자기 (돌격하다) 졸

☞ 국역 무릇 적을 잘 조정할 수 있는 사람은 그것을 드러내어
적이 반드시 그것을 따르게 하고, 적에게 그것을 주어
적이 반드시 그것을 취하게 한다. 이익으로 그들을 움
직여서 갑자기 돌격할 것을 기다린다.

☞ 보완

-『通鑑節要』 "燕太子丹이 怨王하여 欲報之러니 將軍樊於期
得罪하여 亡之燕한대 太子受而舍之하다 太子聞衛人荊軻之
賢하고 卑辭厚禮而請見之하여 欲使劫秦王하여 反諸侯侵地
라가 不可어든 因刺殺之러니 軻曰 今行한대 而無信면 則秦
未可親也니 誠得樊將軍首와 與燕督亢之地圖하여 奉獻秦王

이면 秦王이 必說見臣하리니 臣이 乃有以報라 하고 乃私見
樊於期曰 聞購將軍首를 金千斤邑萬家라 하니 願得將軍之首
하여 以獻秦王이면 秦王이 必喜而見臣하리니 臣이 左手로
把其袖하고 右手로 揕其胸이면 則將軍之仇를 報하고 而燕
見陵之愧를 除矣리이다 樊於期曰 此는 臣之日夜에 切齒腐
心也라 하고 遂自刎이어늘 以函盛其首하고 太子豫求天下之
利匕首하여 使工으로 以藥焠之하여 以試人하니 血濡縷에
人無不立死者어늘 乃遣入秦하다(연나라 태자 단이 秦王을
원망하여 그에게 보복하려고 했다. 진나라 장군 번오기가 죄
를 지어 연나라로 도망오니, 태자가 받아들여서 그에게 머무
르게 했다. 태자는 위나라 사람 형가가 어질다는 것을 듣고,
말을 낮추고 예를 후하게 하여 만나기를 청하였다. 형가를
진나라의 사신으로 보내 진왕을 위협하여 제후들의 침략한
땅을 돌려주게 하거나 그렇게 할 수 없으면 그를 찔러 죽이
게 하려고 했다. 형가가 말하기를 '지금 가는데 신표가 없으
면 진나라와 친할 수 없습니다. 진실로 번 장군의 머리와 연
나라 독항의 지도를 얻어서 진왕에게 받들어 바친다면 진왕
은 반드시 기뻐하면서 저를 만나줄 것입니다. 그렇게 되면
제가 이에 보답할 수 있습니다'라 하고, 이에 사사로이 번오
기를 만나 말하기를 '장군의 머리에 금 천근과 읍 만가를 현
상금으로 걸었다고 들었습니다. 원컨대 장군의 머리를 얻어
서 진왕에게 바치면 진왕은 반드시 기뻐하여 저를 만나줄
것이니, 제가 왼손으로 그의 소매를 잡고 오른손으로 그의
가슴을 찌른다면 장군의 원수를 갚는 것이고 연나라가 받은

모욕의 수치도 제거할 수 있습니다'라 하였다. 번오기가 말하기를 '이것은 제가 밤낮으로 이를 갈고 마음을 썩이던 것입니다'라 하고, 마침내 스스로 목을 베니, 상자에 그 머리를 담았다. 태자는 미리 천하에서 날카로운 비수를 구하여 장인으로 하여금 약에 그것을 담금질하게 하여 사람에게 시험하니, 피가 실처럼 뿜어 나와 즉시 죽지 않는 자가 없었다. 이에 형가를 보내 진나라로 들어가게 하였다: 〖怨王 欲報之〗『通鑑節要』에 다음과 같은 내용이 실려 있다. 燕太子丹이 嘗質於趙하여 與王善이러니 王이 卽位에 丹이 爲質於秦하니 王이 不禮焉이어늘 丹이 怒亡歸하다 〖劫〗 위협하다 겁 〖刺〗 찌르다 자 〖購〗 현상금을 걸다 구 〖袖〗 소매 수 〖揕〗 찌르다 침 〖仇〗 원수 구 〖陵〗 업신여기다 릉 〖愧〗 모욕하다 괴 〖刎〗 목베다 문 〖豫〗 미리 예 〖匕〗 비수 비 〖焠〗 담금질하다 쉬 〖濡〗 적시다 유 〖縷〗 실 루 〖立〗 곧 립. *以利動之 以卒待之)*"

8

故善戰者는 求之於勢하고 不責於人이라 故能擇人而任勢라 任勢者는 其戰人也가 如轉木石이라 木石之性은 安則靜하고 危則動하고 方則止하고 圓則行이라 故善戰人之勢는 如轉圓石於千仞之山者로 勢也라

 〖責〗 따져 밝히다 책 〖仞〗 길 인

 무릇 싸움을 잘하는 자는 세에서 승리를 찾고, 병사들에게 책임을 묻지 않는다. 그러므로 사람을 선택하여 세에 맡길 수 있다. 세에 맡긴다는 것은 병사를 싸우게 만드는 것이 나무나 돌을 굴리는 것처럼 한다는 것이다. 나무나 돌의 성질은 안정하면 고요하고, 위태로우면 움직이고, 모나면 정지하고 둥글면 굴러간다. 그러므로 병사들을 잘 싸우게 만드는 형세는 천 길 되는 산에서 둥근 돌을 굴리는 것과 같은 것으로, 이것이 세이다.

-『論語』 "子曰 君子求諸己하고 小人求諸人이라(공자께서 말씀하시길 '군자는 자기에게서 그것을 찾고, 소인은 남에게서 그것을 찾는다' 하셨다: 〖諸〗 之+於의 준말 저. 不責於人〕"

「虛實篇」6) 第六

> **1**
>
> 孫子曰 凡先處戰地而待敵者는 佚하고 後處戰地而
> 趨戰者는 勞라 故善戰者는 致人而不致於人이라
> 能使敵自至者는 利之也요 能使敵不得至者는 害之
> 也라

☞ **주석** 〖佚〗 편안하다 일 〖趨〗 달리다 추 〖致〗 끌어들이다, 부
  르다 치

☞ **국역** 손자는 말한다. 무릇 전쟁터에 먼저 자리 잡고서 적을
  기다리는 자는 편하고, 전쟁터에 늦게 자리 잡고서 싸
  움에 나서는 자는 피로하다. 그러므로 싸움을 잘하는
  자는 적을 끌어들이고, 적에게 끌리지 않는다. 적으로
  하여금 스스로 이르게 할 수 있는 방법은 그들을 이롭

---

6) '虛實'은 대비하지 않음과 대비의 의미이다.

게 여기도록 만드는 것이고(오면 이익이 있을 것으로
여기게 함), 적으로 하여금 스스로 이를 수 없게 하는
방법은 그들을 해롭게 여기도록 만드는 것이다.

☞ **보완**

- 『通鑑節要』 "高前數言 關東盜無能爲也라 하다 及項羽虜王
離等하고 而章邯等軍數敗하여 關東皆畔하니 高恐二世怒하
여 誅及其身하여 乃謝病하고 不朝라 陰與其壻咸陽令閻樂으
로 謀易置上하고 更立子嬰이라 樂將吏卒하고 入望夷宮하여
與二世曰 受命於丞相하여 誅足下라 하고 麾其兵進하니 二
世自殺이라 趙高乃立子嬰爲秦王하고 令子嬰으로 齋當廟見
하고 受玉璽라 子嬰與其子二人謀曰 丞相高殺二世하고 恐羣
臣誅之하여 乃佯以義立我하고 使我齋見廟라 我稱病不行하
면 丞相必自來하리니 來則殺之라 하다 高果自往하니 子嬰
遂刺殺高於齋宮하고 三族高家라(趙高가 전에 자주 '관동의
도적은 할 수 있는 것이 없다'고 하였다. 항우가 왕이 등을
사로잡고 장감 등의 군대가 자주 패해 관동이 모두 배반하
게 되자, 조고는 2세가 노하여 죽음이 그 자신에 미칠까 두
려워 마침내 병이라 핑계 대고 조회에 나오지 않았다. 몰래
그의 사위 함양령 염낙과 더불어 임금을 바꾸어 두고 다시
자영을 세울 것을 모의하였다. 염낙이 관리와 병사들을 거느
리고 망이궁에 들어가 2세에게 말하기를 '승상에게 명을 받
아 족하를 죽이겠습니다'라 하고는 그의 병사를 지휘해 나
아가니, 2세는 자살하였다. 조고가 이에 자영을 세워 진왕으
로 삼고, 자영으로 하여금 목욕 재개하고 사당에 알현하고서

옥새를 받으라고 하였다. 자영은 그의 두 아들과 모의하기를 '승상 조고가 2세를 죽이고 여러 신하들이 자신을 죽일까 두려워 마침내 거짓으로 의로써 나를 세우고, 나로 하여금 재개하고 사당에 알현하라고 한다. 나는 병이라 핑계대고 가지 않으면 승상이 반드시 스스로 올 것이다. 오면 그를 죽이자'라 하였다. 조고가 과연 스스로 오니, 자영이 마침내 재궁에서 조고를 찔러 죽이고, 조고의 집안 삼족을 멸하였다. 〖畔〗 배반하다 반 〖陰〗 몰래 음 〖壻〗 사위 서 〖麾〗 지휘하다 휘 〖子嬰〗 진시황의 손자며, 扶蘇의 아들 〖佯〗 거짓 양 〖廟〗 사당 묘 〖璽〗 옥새 새 〖三族〗 父族·母族·妻族 善戰者 致人而不致於人)"

2

故敵佚하면 能勞之요 飽하면 能飢之요 安하면 能動之라 出其所不趨하고 趨其所不意라 行千里한대 而不勞者는 行於無人之地也요 攻한대 而必取者는 攻其所不守也요 守한대 而必固者는 守其所不攻也라

☞주석 〖佚〗 편하다 일 〖趨〗 달리다 추

☞국역 무릇 적이 편안하면 적을 피로할 수 있게 하고, 배부르면 적을 굶주릴 수 있게 하고, 안정하면 적을 동요하게 할 수 있게 한다. 적이 달려가지 않을 곳으로 나가며,

적이 뜻하지 않을 곳으로 달려간다. 천 리를 가는 데 피로하지 않은 것은 적이 없는 곳으로 가기 때문이요, 공격하는 데 반드시 취하는 것은 적이 지키지 않는 곳을 공격하기 때문이다. 지키는 데 반드시 견고한 것은 적이 공격하지 않는 곳을 지키기 때문이다.

☞ 보완

-『通鑑節要』 "燕將이 攻齊聊城하여 拔之하니 或이 譖之燕王한대 燕將이 保聊城하고 不敢歸라 齊田單攻之하여 歲餘에 不下어늘 魯仲連乃爲書하여 約之矢하여 以射城中하여 遺燕將하여 陳利害러니 燕將見書하고 泣三日에 遂自殺하니 聊城亂이라 田單克聊城하고 歸言魯仲連於齊王하여 欲爵之어늘 仲連逃之海上曰 吾與富貴而詘於人으론 寧貧賤而輕世肆志焉이라 하더라(연나라 장수가 제나라 요성을 공격하여 그곳을 쳐서 빼앗았다. 그러자 어떤 사람이 연나라 왕에게 그를 참소하니, 연나라 장수가 요성을 지키고 감히 돌아가지 못했다. 제나라 전단이 그곳을 공격하여 한 해가 되어도 항복시키지 못하자, 노중련이 이에 글을 써서 화살에 그것을 묶어 성안으로 쏘아 연나라 장수에게 보내어 이익과 손해를 진술하니, 연나라 장수가 글을 보고 3일 동안 울다가 마침내 자살하니, 요성이 어지러워졌다. 전단이 요성을 이기고 돌아와 제나라 왕에게 노중련을 말하여 그에게 벼슬을 주고자 하였다. 노중련이 바닷가로 달아나면서 이르기를 '내가 부귀하면서 남에게 굽히느니, 차라리 빈천하면서 세상을 경시하고 내 뜻대로 살겠다'라 하였다: 〚拔〛 쳐서 빼앗다 발 〚譖〛

참소하다 참 〖下〗 항복하다 하 〖爵〗 작위를 내리다 작 〖逃〗 달아나다 도 〖上〗 가 상 〖與A寧B〗 A하느니 차라리 B하겠다 〖詘〗 굽히다 굴 〖肆〗 멋대로 하다 사. 安 能動之)"

> **3**
>
> 故善攻者는 敵不知其所守하고 善守者는 敵不知其所攻이라 微乎微乎로다 至於無形이여 神乎神乎로다 至於無聲이라 故能爲敵之司命이라

☞**주석** 〖微〗 정묘하다 미

☞**국역** 그러므로 공격을 잘하는 자는 적이 지킬 곳을 알지 못하게 하고, 지키기를 잘하는 자는 적이 공격할 곳을 알지 못하게 한다. 정묘하도다! 정묘하도다! 형태가 없음에 이르렀으니(攻守하는 것을 자유자재로 구사하면 매우 미묘하여 형체를 볼 수가 없다). 신비하도다! 신비하도다! 소리조차 없음에 이르렀으니(또한 매우 신기하여 소리조치 들을 수 없다). 그러므로 적의 목숨을 맡게 될 수 있었다.

☞**보완**

-『高麗史節要』 "李廣宋君斐가 趣靈光하여 約分道擊之한대 蒙兵知而有備라 廣還入島하고 君斐保笠巖山城이라 城中强壯은 悉投於敵하고 唯老幼在라 一日君斐가 佯出羸弱數人於城外하여 以示之하니 蒙兵以爲糧盡하고 引兵至城下라 君斐率

精銳하고 奮擊敗之하여 殺傷甚多라(이광과 송군비가 영광에 달려가 길을 나누어 치기로 약속하였는데, 몽고병이 알고 방비하였다. 이광은 다시 섬으로 들어가고, 군비는 입암산성을 지켰다. 성중의 壯丁은 모두 적에게 투항하고, 오직 늙고 어린 사람만 남아 있었다. 하루는 군비가 거짓 파리하고 약한 몇 사람을 성 밖에 내보내어 보였다. 몽고병은 양식이 다 되었다고 생각하고 군사를 끌고 성 아래에 이르렀다. 군비가 정예 군사를 거느리고 용기를 내어 적을 쳐서 이겨 부상당한 적이 매우 많았다: 〖趣〗 달리다 취 〖還〗 다시 환 〖佯〗 거짓 양 〖羸〗 여위다 리. 善攻者 敵不知其所守의 실패)"

4

進而不可禦者는 衝其虛也요 退而不可追者는 速而不可及也라 故我欲戰하면 敵雖高壘深溝라도 不得不與我戰者는 攻其所必救也요 我不欲戰하면 雖畫地而守之라도 敵不得與我戰者는 乖其所之也라

☞**주석** 〖禦〗 막다 어 〖衝〗 찌르다 충 〖壘〗 진, 성채 루 〖溝〗 해자 구 〖乖〗 어그러지다 괴 〖所之〗 가는 곳으로, 계획하여 군대를 이동하는 것

☞**국역** 아군이 진격하는데 적군이 막을 수 없는 것은 적군의 허를 찌르기 때문이요, 아군이 후퇴하는데 적군이 추격할 수 없는 것은 아군이 빨라서 미칠 수 없기 때문이

다. 그러므로 아군이 싸움을 원하면, 적이 비록 성채를 높이고 해자를 깊게 하더라도(싸움을 거부하더라도) 아군과 싸울 수밖에 없는 것은 적이 반드시 구원해야 할 곳을 공격하기 때문이다. 아군이 싸움을 원하지 않으면, 아군이 땅에 선을 그어놓고 그곳을 지키더라도 적이 아군과 싸울 수 없는 것은 적이 가는 곳을 어긋나게 하기 때문이다(적의 공격을 어긋나게 하기 때문이다).

☞ 보완

―『高麗史節要』“賊徒가 以我土山未就로 不設備라가 諸軍突至하니 惶懼無所措라 富軾與金正純으로 督戰하니 將士皆爭奮하고 諸軍亦鼓譟하며 縱火燒城屋하니 賊兵大潰하고 官軍乘勝하여 恣其斬馘이라(적의 무리가 우리의 토산이 아직 완성되지 않았다고 여겨 방비를 하지 않고 있다가, 여러 군대가 돌연히 진격하니, 당황하고 두려워 어찌할 바를 몰랐다. 김부식이 김정순과 함께 싸움을 독려하니, 장병들이 모두 다투어 분발하고, 모든 군사가 또한 북을 울리고 함성을 울리며 불을 놓아 성안의 집을 불사르니, 적병은 크게 무너지고 관군은 승세를 타고서 마구 적의 목을 베었다: 〖以〗 생각하다 이 〖突〗 갑자기 돌 〖惶〗 당황하다 황 〖措〗 두다 조 〖督〗 권하다 독 〖譟〗 시끄럽다 조 〖潰〗 무너지다 궤 〖馘〗 베다 괵. 衝其虛也)”

故形人而我無形하면　則我專而敵分이라　我專爲一
하고　敵分爲十하면　是以十攻其一也라　則我衆而敵
寡라　能以衆擊寡者면　則吾之所與戰者는　約矣라
吾所與戰之地를　不可知라　不可知면　則敵所備者多
라　敵所備者多면　則吾之所戰者는　寡矣라

☞주석　〖形〗나타나다 형　〖約〗간략하다 약

☞국역　무릇 적군을 드러내고 아군은 드러나지 않으면 아군은
오로지 하고(집중하고), 적군은 분산된다. 아군은 집중
하여 하나가 되고 적군은 분산하여 열이 된다면 이것
은 열로써 그 하나를 공격하는 것이 된다. 그렇다면 아
군은 많고 적군은 적은 것이다. 많은 수로써 적은 수를
공격할 수 있다면 아군이 더불어 싸우기는 쉽다. 아군
이 더불어 싸울 곳을 적군이 알 수 없다(아군은 모습을
드러내지 않기 때문에 적군은 알 수 없는 것이다). 적군
이 알 수 없다면 적군이 대비할 곳은 많아진다. 적군이
대비할 곳이 많아지면 아군이 싸울 적의 병력은 적어
질 것이다.

☞보완

－『通鑑節要』“張耳陳餘曰　秦爲無道하여　暴虐百姓하니　將軍
出萬死之計하여　爲天下除殘이니이다　今始至陳而王之하시면
示天下私니　願將軍毋王하시고　急引兵而西하여　遣人立六國

後하여 自爲樹黨하여 爲秦益敵하소서 敵多則力分하고 與衆
則兵强하니 誅暴秦하고 據咸陽하여 以令諸侯하면 則帝業成
矣니이다 하다 涉不聽하고 自立爲王이라(장이와 진여가 陳
勝[陳涉]에게 말하기를 '진나라는 도가 없어 백성에게 포학
하게 대하니, 장군께서 만 번 죽을 계책을 내어 천하를 위해
잔학함을 제거하고자 합니다. 지금 처음으로 진에 이르러 그
곳에서 왕이 되시면 천하에 사사로움을 보여주는 것이 됩니
다. 원컨대 장군께서는 왕이 되지 말고, 급히 군대를 이끌고
서쪽으로 가서 사람을 보내 6국의 후예를 세워 스스로 무리
를 만들어 진나라에 적이 많아지게 하십시오. 적이 많으면
힘이 분산되고, 대중과 함께하면 군대는 강해집니다. 그래서
포악한 진나라를 베고 함양에 웅거하여 제후에게 명령을 내
리면 황제의 업은 완성될 수 있습니다'라 하였다. 그러나 진
섭을 듣지 않고 스스로 서서 왕이 되었다: 〚殘〛 잔인하다
잔 〚樹〛 세우다 수 〚據〛 웅거하다(땅을 차지하고 막아지키
다) 거. 敵分爲十)"

故備前則後寡하고 備後則前寡하고 備左則右寡하
고 備右則左寡라 無所不備면 則無所不寡라 寡者
備人者也오 衆者使人備己者也라

☞ **국역** 무릇 앞을 대비하면 뒤의 병력은 적어지고, 뒤를 대비

하면 앞의 병력은 적어진다. 좌측을 대비하면 우측의
병력은 적어지고, 우측을 수비하면 좌측의 병력이 적어
진다. (전후좌우) 대비하지 않는 곳이 없으면 (전후좌우
어느 곳이나) 병력이 적어지지 않는 곳이 없을 것이다.
병력이 적은 자는 적을 대비하는 자이고, 병력이 많은
자는 적으로 하여금 아군을 대비하게 하는 자이다.

故知戰之地하고 知戰之日하면 則可千里而會戰이
나 不知戰之地하고 不知戰之日하면 則左不能救右
하고 右不能救左하고 前不能救後하고 後不能救前
이라 而況遠者數十里요 近者數里乎아

☞**국역** 무릇 싸울 곳을 알고 싸울 날을 안다면 천 리를 가서
만나 싸울 수 있지만, 싸울 곳을 알지 못하고 싸울 날
을 알지 못하면 좌측은 우측을 구원할 수 없고, 우측은
좌측을 구원할 수 없으며, 앞은 뒤를 구원할 수 없고,
뒤는 앞을 구원할 수 없을 것이다. 하물며 먼 곳은 수
십 리, 가까운 곳은 몇 리에 있어서랴(구원할 수 있겠
는가).

☞**보완**

-『高麗史節要』 "尹瓘吳延寵이 率精兵八千하고 出加漢村瓶項
小路하니 賊設伏叢薄間이라가 候瓘軍至하여 急擊之하여 軍

卒皆潰하고 唯餘十餘人이라 賊圍瓘等數重한대 延寵中流矢
하여 勢甚危急하니 拓俊京率勇士十餘人하고 將救之라(윤
관·오연총이 정병 8천을 거느리고 가한촌 병목의 작은 길
로 나가니, 적이 군사를 풀숲 사이에 매복하고 있다가 윤관
의 군사가 이르는 것을 기다려서 이를 급히 공격하여, 우리
군졸이 모두 무너지고 다만 10여 명이 남았다. 적이 윤관 등
을 몇 겹으로 포위하였는데 연총은 날아다니던 화살에 맞아
형세가 매우 위급하니, 척준경이 용사 10여 명을 거느리고
이를 구하려 하였다: 〚瓶〛 병 병 〚薄〛 덮다 박 〚候〛 기다리
다 후 〚潰〛 무너지다 궤 〚中〛 맞다 중 〚流矢〛 목적 없이
쏜 화살. 不知戰之地)"

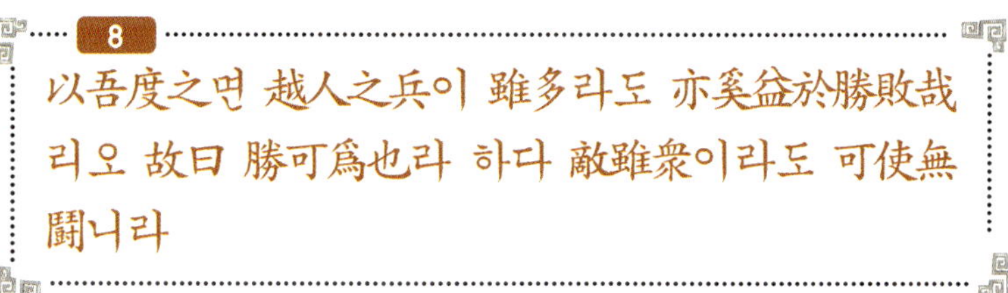

☞주석 〚度〛 헤아리다 탁

☞국역 내 계책으로써 헤아려보자면, 월나라 군대가 비록 많지
  만, 또한 승패에 무슨 도움이 되겠는가? 그러므로 승리
  는 만들 수 있는 것이라 말하는 것이다. 적이 비록 많더
  라도 싸울 수 없게 만들 수 있는 것이다.

故策之하여 而知得失之計하고 作之하여 而知動靜
之理하고 形之하여 而知死生之地하고 角之하여
而知有餘不足之處라

☞ 주석 〚策〛 꾀하다 책 〚作〛 일어나다 작 〚角〛 겨루다 각

☞ 국역 무릇 적의 정세를 계산하여 적의 득실 계산을 알고, 적
을 일어나게 하여 적의 움직이고 멈추는 이치를 알고,
적을 드러나게 하여 (적의 위치가) 죽은 곳인지 살 곳인
지를 알고, 적과 겨루어 적 병력의 여유와 부족한 곳이
있음을 안다.

☞ 보완

─『三峰集』「陣法. 六必避」"一土地廣大하고 人衆富盛則避라
二上愛其下하여 惠施流布則避라 三賞信刑察하고 發止得宜
則避라 四行陣車列한대 任賢使能則避라 五師徒習敎하고 兵
甲精銳則避라 六四隣有助하고 大國來援則避라(1. 적의 토지
가 광대하고 사람이 성대하면 피한다. 2. 적의 윗사람이 그
부하를 사랑하여 혜택이 골고루 베풀어지면 피한다. 3. 적이
상을 공정하게 주고 형벌을 자세히 살핀 뒤에 행하며, 출발
과 정지를 시기에 맞게 하면 피한다. 4. 적이 행진하여 수레
가 열을 짓는데, 현명한 사람에게 맡기고 유능한 사람을 부
리면 피한다. 5. 적의 사졸이 훈련되었고, 무기와 갑옷이 정
예하면 피한다. 6. 적이 사방 이웃 나라의 원조가 있거나 큰

나라가 와서 구원하면 피한다. 知得失之計)”

故形兵之極은 至於無形이라 無形이면 則深間不能窺요 智者不能謀라

☞주석 〔間〕 염탐꾼 간 〔窺〕 엿보다 규

☞국역 무릇 군대를 드러내는 극치는 드러냄이 없음에 이르는 것이다. 아군이 드러냄이 없으면 깊이 침투한 간첩도 (아군의 실정을) 엿볼 수 없을 것이고, 지혜로운 적장도 모의할 수 없을 것이다.

☞보안

─『通鑑節要』“上自將하고 擊韓王信할새 居晉陽이러니 聞冒頓居代谷하고 欲擊之하여 使人覘匈奴한대 冒頓匿其壯士肥牛馬하고 但見老弱及羸畜이라 使者十輩來가 皆言匈奴可擊이라 하니 上復使劉敬往하니 敬還曰 兩國相擊에 此宜夸矜見所長이어늘 今臣往하여 徒見羸瘠老弱하니 此必欲見短하고 伏奇兵하여 以爭利니이다 愚以爲匈奴不可擊이니이다 하다 上怒하여 罵敬曰 齊虜以口舌得官하더니 今乃妄言沮吾軍이라 하고 械繫敬廣武이라 帝先至平城한대 兵未盡到에 冒頓縱精兵四十萬騎하여 圍帝於白登七日이라 帝用陳平秘計하여 厚遺閼氏하여 乃解圍라 上至廣武하여 赦劉敬하고 斬前使十輩라 封敬爲關內侯하고 號爲建信侯라 하다(임금이 스

133

스로 군대를 거느리고 한왕 **韓信**을 치려고 진양에 있었는데,
묵특이 대곡에 있다는 것을 듣고 그를 공격하려 하였다. 임
금이 사람으로 하여금 흉노를 엿보게 하였는데, 묵특이 그의
장사와 살진 소와 말을 감추고 다만 노약자와 파리한 가축
들만 보이게 하였다. 사신으로 갔던 10여 명이 와서 모두
'흉노는 칠 수 있습니다'리고 하였다. 임금이 다시 유경으로
하여금 가게 했는데, 유경이 돌아와 이르기를 '두 나라가 서
로 공격할 이때 마땅히 장점을 자랑하며 드러내야 할 것인
데, 지금 제가 가서는 다만 파리한 것들과 노약자만 보았습
니다. 이것은 반드시 단점을 드러내고 기병을 숨겨 이익을
다투고자 하는 것입니다. 저는 흉노는 쳐서는 안 된다고 생
각합니다'라 하니, 임금이 노하여 유경을 꾸짖으며 말하기를
'제나라의 포로가 구설로 관직을 얻더니, 이제 마침내 망언
으로 우리 군대를 막는구나' 하고는 유경을 광무에 가두었
다. 임금이 먼저 평성에 이르렀는데, 군대가 아직 이르기도
전에 묵특이 정예병 40만 기병을 풀어 백등산에서 7일간 임
금을 포위하였다. 임금은 진평의 신비한 꾀를 써서 연지에게
두터운 예물을 보내고 마침내 포위에서 풀어 날 수 있었다.
임금이 광무에 이르러 유경을 사면하고 전에 사신으로 갔던
10여 명을 베었다. 유경을 봉하여 관내후로 삼고 건신후라
불렀다: 〖上自將擊韓王信〗 『通鑑節要』에 다음과 같은
내용이 실려 있다. 冒頓得自强하여 控弦之士三十餘萬이
라 圍韓王信於馬邑하니 信以馬邑降이라 〖覘〗 엿보다 점
〖匿〗 숨기다 닉 〖羸〗 여위다 리 〖夸〗 자랑하다 과 〖矜〗 자

랑하다 궁 〖瘠〗 파리하다 척 〖罵〗 꾸짖다 매 〖沮〗 막다 저
〖械繫(계계)〗 구금함 〖閼氏(연지)〗 흉노족의 황후를 일컫
는 말 〖赦〗 사면하다 사. 形兵之極 至於無形)"

11

因形하여 而錯勝於衆이라도 衆不能知라 人皆知我
所以勝之形이나 而莫知吾所以制勝之形이라 故其
戰勝不復하고 而應形於無窮이라

☞**주석** 〖錯〗 두다 조

☞**국역** 드러남에 말미암아 대중에게 승리를 두더라도(대중 앞
에서 승리를 취하더라도) 대중은 (그 승리의 근본 원인
을) 알 수 없을 것이다. 적은 모두 내가 승리한 형세는
알지만(승리할 때의 형세는 알지만), 내가 승리를 만들
어낸 형세는 알지 못한다(승리할 수 있도록 상황에 맞
추어 운용한 방법에 대해서는 알지 못한다). 그러므로
싸움에서 이긴 방법은 다시 사용하지 아니하고, (적군
의 정세에 따라) 무궁함에서 형세를 응용해야 한다.

☞**보완**

─『高麗史節要』"前摠兵官鄭世雲이 督令進軍諸將하여 進圍京
城하고 世雲退屯兜率院이라 時方雨雪한대 賊弛備라 餘慶當
崇仁門한대 麾下護軍權僖가 詗知之曰 賊之精銳는 皆聚於此
하니 若出其不意하여 攻之면 可克이라 하다 乙丑昧爽에 僖

率數十騎하고 突入하며 鼓譟奮擊하니 賊衆驚駭라(총병관 정
세운이 모든 장수를 독려하고 진군시켜 나아가 경성을 포위
하게 하고, 정세운은 물러 나와 도솔원에 진을 쳤다. 이때 진
눈깨비가 내리는데, 적의 방비가 해이해졌다. 이여경이 숭인
문을 담당하고 있었는데, 그의 휘하 호군 권희가 적을 정탐
하여 이것을 알고 말하기를, '적의 정예 군사는 모두 여기에
모여 있으니, 만일 우리가 불시에 나아가 공격한다면 이길
수 있을 것입니다' 하였다. 을축일 동틀 무렵에, 권희가 군사
수십 기를 거느리고 돌입해 들어가면서 떠들썩하게 북을 치
며 날쌔게 공격하니, 적의 무리가 깜짝 놀랐다: 〚督〛 권하다
독 〚屯〛 진치다 둔 〚弛〛 느슨하다 이 〚詗〛 염탐하다 형
〚昧〛 어둡다 매 〚爽〛 밝다 상 〚突〛 갑자기 돌 〚譟〛 시끄
럽다 조 〚駭〛 놀라다 해. 應形於無窮)"

夫兵形象水라 水之形은 避高而趨下하고 兵之形은
避實而擊虛라 水因地而制流하고 兵應敵而制勝이
라 故兵無常勢하고 水無常形이라 能因敵變化而取
勝者를 謂之神이라 故五行無常勝하고 四時無常位
하고 日有短長하고 月有死生이라

☞ **주석** 〚趨〛 달리다 추 〚五行〛 水火木金土

☞ **국역** 무릇 군대의 형상은 물을 본뜬 것이어야 한다. 물의 형

상은 높은 곳을 피하고 아래로 달려가며, 군대의 형상은 적의 실을 피하고 허를 쳐야 한다. 물은 땅에 말미암아 흐름을 조절하고 군대는 적의 정세에 응하여 승리를 만드는 것이다. 그러므로 군대는 항상 된 세가 없고 물도 항상 된 형상은 없다. 적의 변화에 말미암아 승리를 취할 수 있는 자를 신이라 일컫는다. 그러므로 오행에는 항상 이기는 것이 없고(相生과 相剋이 상존하고), 사계절은 항상 된 자리가 없다(사계절은 늘 변화하고 있다). 해도 짧아졌다 길어짐이 있고, 달도 기울었다 가득 참이 있다.

☞ 보완

─『三峰集』「陣法. 論將帥」 "一賢將은 悅禮樂하고 敦詩書하며 明信義하고 有威惠하면 士卒樂附하고 賢能效力이라 二智將은 明利害하고 察成敗하며 臨敵出奇하여 因時制變이라 三勇將은 身先士卒하여 親冒矢石하고 出入敵兵하며 摧堅陷陣이라(첫째, 賢將은 예악을 좋아하고 시서에 독실하며, 신의에 밝고 위엄과 은혜가 있게 되면, 사졸은 따르기를 좋아하고 현명하고 능력 있는 사람은 힘을 바친다. 둘째, 智將은 이익과 손해에 밝고 성패를 살피며, 적을 만나면 신기한 꾀를 내어서 때에 따라 변통수를 사용한다. 셋째, 勇將은 자신이 사졸보다 앞장서서 친히 화살과 돌팔매를 무릅쓰고 적진 속을 들락거리며, 견고한 적을 꺾고 진을 함락시킨다: 〚敦〛 돈독하다 돈 〚效〛 바치다 효 〚制〛 부리다 제 〚冒〛 무릅쓰다 모 〚摧〛 꺾다 최. 能因敵變化而取勝者)"

「軍爭篇」7) 第七

> **1**
>
> 孫子曰 凡用兵之法은 將受命於君이면 合軍聚衆하
> 여 交和而舍라 莫難於軍爭이라 軍爭之難者는 以
> 迂爲直하고 以患爲利라 故迂其途하고 而誘之以利
> 하며 後人發하여 先人至면 此知迂直之計者也라

☞주석 〔和〕軍門(軍門曰和) 〔舍〕주둔하다 사 〔迂〕길이 멀
다 우 〔患〕=害 〔迂直之計〕우회하여 적을 방심시킴으
로써 直行하는 자보다 앞질러 목적지에 도착하는 계책

☞국역 손자는 말한다. 무릇 용병의 방법은 장수가 임금에게
명령을 받으면 군대를 모으고 무리를 모아서 軍門에
서로 대치하면서(아군과 적군의 진영을 서로 마주 봄)

---

7) 이전까지를 實戰에 대한 序論이라면, 이편부터는 實戰에 대한 本論이라 할 수 있
다. '軍爭'은 군대에서의 싸워 승리를 얻음을 의미한다.

주둔한다(전투가 시작되는 것이다). 어떠한 것도 싸워 이기는 것보다 어려운 것이 없다(다음 두 가지의 어려운 책략을 시행해야 하기 때문이다). 싸워 이기기가 어렵다는 것은 迂廻하는 것을 곧바로 가는 것으로 삼고(적군보다 먼저 戰場에 도착해야 전투에 유리하다. 그런데 적군과 아군이 서로 빨리 도착하고자 할 때 일부러 우회하여 적군을 안정시킨 다음 먼저 전장에 도착해야 한다. 우회하지만 直行을 앞질러야 한다), 해로운 것을 이로움으로 삼기 때문이다(아군에게 해롭다면 적군에게는 이로운 것이다. 일부러 아군에게 해로운 체하고 적군에게 작은 이로움을 주지만 결국 아군이 큰 이익을 쟁취해야 한다). 그러므로 그 길을 우회하고, 이익으로써 적을 유인하며, 남보다 뒤에 출발하여 남보다 먼저 도착한다면 이것은 우직의 계획을 아는 자이다.

☞ 보완

－「三十六計」 8計: "暗渡陳倉(어둠 속에서 진창을 건너다: 〖陳倉〗 진창은 地名)"

劉邦의 부하였던 명장 韓信이 관중을 쳐들어갈 때 정면에서 공격하는 척하다가 몰래 진창이라는 성을 공격한 사실에서 유래한 것으로, 迂廻 작전을 의미한다.

故軍爭爲利하고 軍爭爲危라 擧軍而爭利면 則不及
이오 委軍而爭利면 則輜重捐이라 是故卷甲而趨한
대 日夜不處하고 倍道兼行하여 百里而爭利면 則擒
三將軍하고 勁者先하고 疲者後하여 其法十一而至
라 五十里而爭利면 則蹶上將軍이며 其法半至라
三十里而爭利면 則三分之二至라 是故軍無輜重則
亡하고 無糧食則亡하고 無委積則亡이라

☞**주석** 〖委〗버리다 위 〖輜重(치중)〗군수품 〖捐〗버리다 연
〖甲〗갑옷 갑 〖處〗머물러 있다 처 〖三將軍〗上將
軍·中將軍·下將軍 〖勁〗군세다 경 〖疲〗지치다 피
〖蹶〗넘어지다 궐 〖糧〗양식 량 〖委〗쌓다 위

☞**국역** 무릇 싸워서 이기는 것은 이로움이 되기도 하고 싸워서
이기는 것이 위험이 되기도 한다. 군대를 모두 동원하
여 이익을 다투면 (행군이 느려서) 적진에 이르지 못할
것이고, 군대를 일부 버려두고 이익을 다투면 치중은
버려질 것이다. 이런 까닭으로 갑옷을 걷어붙이고 달려
가는데 밤낮을 쉬지 않고 행군을 배로 하여 100리를 가
서 이익을 다투면 세 장군이 사로잡힐 것이며, 병사 중
에 건강한 자는 먼저 가고, 지친 자는 뒤에 처져서 원칙
적으로 10분의 1만이 이를 것이다. 50리를 가서 이익을
다투면 상장군이 넘어질 것이며, 원칙적으로 절반만이

이를 것이다. 30리를 가서 이익을 다투면 3분의 2만이
이를 것이다. 이런 까닭에 군대에 치중이 없으면 패배
하고, 식량이 없으면 패배하고, 저축한 군수물자가 없
으면 패배한다.

☞ 보완

―『通鑑節要』 "(孫子曰) 兵法에 百里而趣利者는 蹶上將하고
五十里而趣利者는 軍半至라 하고 乃使齊軍으로 入魏地하여
爲十萬竈하고 明日에 爲五萬竈하고 又明日에 爲二萬竈하니
龐涓이 行三日에 大喜曰 我固知齊軍怯이로다 入吾地三日에
士卒亡者過半矣라 하고 乃棄其步軍하고 與其輕銳로 倍日并
行逐之하다 ([손자가 말하기를] '병법에 100리를 가서 이익
을 향하는 자는 상장군을 잃고, 50리를 가서 이익을 향하는
자는 군사가 반만 이른다'라 하고, 이에 제나라 군사로 하여
금 위나라에 들어가서 10만 개의 아궁이를 만들게 하고 다
음날에는 5만 개의 아궁이를 만들게 하고, 또 다음날에는 2
만 개의 아궁이를 만들게 했다. 방연이 행군한지 3일 만에
매우 기뻐하며 말하길 '내가 본래 제나라가 군대가 겁이 많
다는 것을 알았다. 우리 땅에 들어온 지 3일 만에 사졸 중에
도망한 자가 반을 넘는다'라 하고, 마침내 보병을 버리고 그
정예병과 2배의 속도로 그들을 쫓아갔다: 〚趣〛 향하다 취
〚竈〛 부엌 조. 倍道兼行 百里而爭利 則擒三將軍)"

―『通鑑節要』 "列侯畢已受封에 詔定元功十八人位次한대 皆曰
平陽侯曹參은 身被七十創하고 攻城略地하여 功最多하니 宜
第一이니이다 하다 鄂千秋進曰 羣臣議皆誤니이다 夫曹參雖

有野戰略地之功이나 此特一時之事니이다 上與楚相距五歲에 失軍亡衆하여 跳身遁者數矣어늘 蕭何嘗從關中遣軍補其處하고 又軍見無糧하니 蕭何轉漕關中하여 給食不乏하고 陛下雖數亡山東이나 何常全關中하여 以待陛下하니 此萬世之功也니이다 今雖亡參等百數라도 何缺於漢이리까 奈何欲以一旦之功으로 而加萬世之功哉오 蕭何第一이요 曹參次之니이다 하다 上曰 善이라 하다(열후가 이미 봉함 받기를 마치자, 조서를 내려 원공 18인의 차례를 정하게 하니, 모두 ‘평양후 조참은 몸소 70여 군데나 상처를 입었고, 성을 공격하여 땅을 빼앗아 공이 가장 많으니, 마땅히 제일입니다’라 하였다. 악천추가 나서며 말하기를 ‘여러 신하들의 논의는 모두 틀렸습니다. 대저 조참은 비록 야전하여 땅을 빼앗은 공은 있지만, 이것은 다만 한때의 일일 뿐입니다. 임금께서 초나라와 서로 버틴 것이 5년인데, 군대를 잃고 많은 군사를 잃어 몸을 날려 도망한 것이 여러 번입니다. 소하는 일찍이 관중으로부터 군사를 보내 그곳에 보충하게 하였고, 또 군대에 양식이 떨어지자 소하는 관중에서 배로 실어 날라 보내주어 급식이 떨어지지 않게 했습니다. 폐하께서 비록 자주 산동으로 도망했지만 소하가 늘 관중을 온전히 하여 폐하를 기다렸으니, 이것은 만세의 공입니다. 지금 비록 조참 등 100명이 없더라도 한나라에 무엇이 모자라겠습니까? 어찌하여 하루아침의 공으로 도리어 만세의 공 위에 두려고 하십니까? 소하가 제일이요, 조참은 그다음입니다’라 하니, 임금이 ‘옳다’고 했다: 〖列侯〗 왕자가 아닌 자로 諸侯에 封 받은 자

〔詔〕 조서 조 〔略〕 빼앗다 략 〔特〕 다만 특 〔距〕 겨루다 거 〔跳〕 달아나다 도 〔遁〕 피하다 둔 〔漕〕 배로 실어 나르다 조 〔乏〕 모자라다 핍 〔缺〕 모자라다 결. 無糧食則亡)"

3

故不知諸侯之謀者면 不能豫交요 不知山林險阻沮澤之形者면 不能行軍이요 不用鄕道者면 不能得地利라

☞주석 〔豫〕 참여하다 예 〔阻〕 막히다 조 〔沮〕 습한 땅 저 〔鄕道〕 길을 안내하는 토착민

☞국역 무릇 제후들의 모의를 알지 못하면 국교를 맺을 수 없으며, 산림의 험난한 곳과 막힌 곳, 늪의 지형을 알지 못하면 군대를 가게 할 수 없으며, 토착인의 길잡이를 이용할 수 없다면 지세의 이로움을 얻을 수 없을 것이다.

☞보완

－『農巖集』「德山縣監金公墓誌銘」"文忠公은 事宣仁兩朝하며 致位三事라 丙子亂入江都하여 見帥臣恃險玩寇하며 不爲守戰備하고 又不奔問行在하고 數引大義하여 責之나 不聽이라 事急하자 登譙門自焚한대 一孫一僕同死라 當是時에 中外死義者若千人인대 文忠公爲之首라(문충공 金尙容은 宣祖와 仁祖 두 임금을 섬기며 벼슬이 삼정승에까지 올라갔다. 병자호란 때에 강도에 들어가서, 수신 金慶徵이 험한 지형을 믿고

적을 구경만 하며 방어하며 싸울 준비를 하지 않고, 또 행재
소에 달려가 문안하지 않는 것을 보고는 여러 차례 **大義**를
들어 꾸짖었으나 김경징은 듣지 않았다. 사태가 급해지자 초
루 문에 올라가 스스로 분신하였는데, 손자 하나와 종 하나
가 함께 죽었다. 당시에 京鄕 각지에서 義를 위해 죽은 자가
약간 명이었는데, 문충공이 맨 처음 순국한 것이다: 〖三事〗
=三公 〖帥臣〗=主將 〖恃〗 믿다 시 〖玩〗 놀다 완 〖奔〗 달
리다 분 〖行在〗 거동 때 임금이 머무르는 곳 〖譙〗 문루[성
문 위의 망루] 초. 不能得地利)"

4

故兵以詐立하고 以利動하고 以分和爲變者也라 故
其疾如風하고 其徐如林하고 侵掠如火하고 不動如
山하고 難知如陰하고 動如雷震이라

☞**주석** 〖掠〗 노략질하다 략 〖震〗 벼락 진

☞**국역** 무릇 싸움은 적을 속임으로써 성립하고, 이익으로써 움
직이고, 병력을 분산하거나 합하는 것으로 임기응변을
삼는 것이다. 그러므로 바람처럼 빠르기도 하고, 숲처
럼 느리기도 하고, 불처럼 침략하기도 하며, 산처럼 움
직이지도 않으며, 그늘처럼 알기 어렵기도 하며, 우레
와 벼락처럼 움직이기도 한다.

-『通鑑節要』"成安君常自稱義兵하고 不用詐謀奇計라 韓信使人間視하고 知其不用廣武君策하고 大喜라 乃敢引兵하고 遂下하여 未至井陘口三十里하여 止舍라 夜半에 傳發하여 選輕騎二千人하여 人持一赤幟하고 從間道하여 望趙軍하며 誡曰 趙見我走하면 必空壁逐我하리니 若疾入趙壁하여 拔趙幟하고 立漢赤幟하라 하다 令其裨將傳餐曰 今日破趙會食하리라 하다 諸將皆莫信하나 佯應曰 諾이라 하다 乃使萬人으로 先行出하여 背水陣이라 趙軍望見하고 而大笑라 平朝에 信建大將旗하고 鼓行하며 出井陘口하니 趙開壁擊之어늘 大戰良久에 信與張耳는 佯棄鼓旗하고 走水上軍한대 趙果空壁하고 爭漢旗鼓하며 逐信耳라 信耳已入水上軍하니 軍皆殊死戰하여 不可敗라 信所出奇兵二千이 遂馳入趙壁하여 皆拔趙旗하고 立漢赤幟라 趙軍已不能得信等하여 欲還歸壁하니 壁皆漢幟라 見而大驚하여 兵亂遁走어늘 漢兵夾擊하여 大破趙軍하고 斬成安君泜水上하고 禽趙王歇이라(성안군은 늘 스스로 의병이라 칭하고 속이는 꾀와 기이한 계책을 쓰지 않았다. 한신이 사람으로 하여금 엿보게 하고서 그가 광무군의 계책을 쓰지 않은 것을 알고 매우 기뻐하였다. 마침내 감히 군사들을 이끌고 드디어 내려와 정형구 30리에 미치지 못해 멈추어 쉬었다. 한밤중에 전령을 내어 날랜 기병 2천 명을 뽑아 사람마다 하나의 붉은 깃발을 지니고 사잇길을 따라 조나라 군영을 바라보게 하면서 경계하기를 '조나라는 우리가 달아나는 것을 보면 반드시 보루를 비우고 우리를 쫓을 것

이다. 너희들은 빨리 조나라 보루에 들어가 조나라 깃발을 뽑고 한나라의 붉은 깃발을 세워라'라고 하였다. 그의 비장으로 하여금 음식을 나르게 하면서 '오늘 조나라를 부수고 회식하겠다'라고 하였다. 여러 장수들이 모두 믿지 않으면서 건성으로 '예'라고 응답하였다. 이에 만 명으로 하여금 먼저 가서 배수진을 치게 했다. 조군이 멀리서 바라보다가 크게 비웃었다. 다음 날 아침 한신은 대장기를 세우고 북을 치며 행군하여 정형구를 나오니, 조군이 보루를 열고 공격하여 한참 동안 크게 싸웠다. 한신과 장이는 거짓 북과 깃발을 버리고 물가의 군대로 달려갔다. 조군은 과연 보루를 비우고 한나라의 깃발과 북을 다투며 한신과 장의를 쫓아왔다. 한신과 장이가 이미 물가의 군대에 들어가니, 군대가 모두 죽음을 무릅쓰고 싸워 패하지 않았다. 한신이 보낸 기병 2천이 마침내 조나라 보루로 달려 들어가 모두 조나라 깃발을 빼고 한나라 붉은 깃발을 세웠다. 조군이 이미 한신 등을 잡을 수 없자, 보루로 돌아가고자 하였다. 보루가 모두 한나라 깃발인 것을 보고서 매우 놀라 군대가 혼란하여 달아났다. 한나라 군대가 양쪽에서 쳐서 조군을 크게 부수었다. 성안군을 저수가에서 참수하고 조왕 헐을 사로잡았다: 〚廣武君策〛 정형구가 수레가 나란히 갈 수 없고 騎馬가 열을 지어 갈 수 없는 곳이므로, 3만의 기병을 빌려주면 한신의 군대를 분리시킬 수 있다는 계책 〚間〛 엿보다 간 〚幟〛 기 치 〚若〛 너약 〚裨〛 돕다 비 〚餐〛 음식 찬 〚平朝〛 날이 밝아올 때 〚良久〛 한참 동안 〚上〛 가 상 〚殊死(수사)〛 죽음을 각오함 〚遁〛

달아나다 둔 〖夾〗 끼다 협 〖泜水(저수)〗 恒山에서 흘러나온
강. 兵以詐立)"

5

掠鄕하면 分衆하고 廓地하면 分利하고 懸權而動
이라 先知迂直之計者는 勝이라 此軍爭之法也이라

☞**주석** 〖廓〗 넓히다 확 〖懸〗 매달다 현 〖權〗 저울 권

☞**국역** 마을을 침략하면(전리품을 얻으면) 병사들에게 나누어
주고, 땅을 넓혔으면 이익을 나누며, 득실을 저울질하
여 행동한다. 우직의 계책을 먼저 아는 자는 승리한다.
이것이 싸워 승리하는 방법이다.

☞**보완**

－『六韜』"太公曰 天下非一人之天下요 乃天下之天下也니이다
同天下之利者면 則得天下하나 擅天下之利者면 則失天下니
이다 天有時하고 地有財한대 能與人共之者가 仁也니이다
仁之所在가 天下歸之니이다 免人之死하고 救人之患하고 濟
人之急者가 德也니이다 德之所在가 天下歸之니이다 與人同
憂同樂하고 同好同惡가 義也니이다 義之所在가 天下赴之니
이다 凡民者는 樂生而惡死하고 惡危而歸利한대 能生利者가
道也니이다 道之所在가 天下歸之니이다(강태공이 文王에게
대답하기를 '천하는 군주 한 사람의 천하가 아니라, 바로 천
하 만민의 천하입니다. 천하의 이득을 만민과 함께 나눈다면

천하를 얻을 수가 있습니다. 그러나 천하의 이득을 혼자 독
점한다면 천하를 잃게 됩니다. 하늘에는 춘하추동 네 계절이
있고, 대지에는 재물이 있습니다. 이 하늘의 때와 땅의 재물
을 사람들과 함께 나눌 수 있는 것이 仁입니다. 仁이 있는
곳에 천하는 돌아가는 것입니다. 사람이 죽게 된 것을 건져
주고, 환난을 당한 사람을 도와주며, 사람의 위급함을 구제
해 주는 것은 德입니다. 덕이 있는 곳에 천하는 돌아가는 것
입니다. 사람들과 시름을 같이 하고 즐거움을 같이 하며, 좋
아하는 것을 함께하고 미워하는 것을 함께하는 것이 義입니
다. 의가 있는 곳에 천하는 쏠리게 됩니다. 모든 사람은 사는
것을 즐거워하고 죽는 것을 싫어하며, 위험을 싫어하고 이득
을 따르는데, 사람을 살리며 사람을 이롭게 할 수 있는 것이
道입니다. 도가 있는 곳에 천하의 인심은 귀의하는 것입니
다'라 하였다: 〖擅〗 멋대로 하다 천 〖赴〗 향하여 가다 부
〖凡〗 모두 범. 掠鄕分衆)"

☞**주석** 〔軍政〕戰國時代 이전의 兵書 〔金〕징 금 〔怯〕겁내
다 겁

☞**국역** 군정에 이르기를, "(전장에서) 말은 서로 들리지 않기
때문에 징과 북을 사용하며, 보아도 서로 보이지 않기
때문에 깃발을 사용한다"라고 하였다. 저 징과 북과 깃
발은 병사들의 눈과 귀를 통일시키는 도구이다. 병사
들이 이미 오로지 하나가 되었다면 용맹한 자도 혼자
전진할 수 없고, 비겁한 자도 혼자 후퇴할 수 없다. 그
러므로 밤의 싸움에서는 불과 북을 많이 사용하고 낮
의 싸움에서는 깃발을 많이 사용하는데, 이것은 병사
들의 눈과 귀에 맞게 변화하려는 때문이다. 그러므로
삼군의 기를 빼앗을 수 있고 장군의 마음을 빼앗을 수
있는 것이다.

☞**보완**

―『三峰集』「陣法」"臣道傳按컨대 講武之道는 有二焉이니이
다 以金鼓旗麾로 明進退坐作之節은 所以一衆心也요 以槍劍
弓矢로 習擊刺射御之便은 所以一衆力也니이다 衆心不一하
면 無以整部伍요 衆力不一하면 無以勝敵人이니이다(신 鄭道
傳은 상고하건대, 강무하는 방법에는 두 가지가 있습니다.
징과 북과 기를 가지고 나아가고 물러서고 앉고 서는 절차
를 분명히 하는 것은 여러 사람의 마음을 통일시키기 위해
서이며, 창·칼·활·화살을 가지고 치고 찌르고 활 쏘고 말
달리는 기술을 연습하는 것은 여러 사람의 힘을 통일시키기
위해서입니다. 여러 사람의 마음이 통일되지 않으면 隊伍를

정돈할 수 없고, 여러 사람의 힘이 통일되지 않으면 적을 이
길 수 없습니다: 〖講武〗 무술 연습 〖槍〗 창 창)"

–『三峰集』「陣法」

麾色有五旗亦五	휘색은 다섯 가지 색, 기도 다섯 가지 색
指揮以麾應以旗	휘로 지휘하고 기로 응답하네
中黃後黑前則赤	가운데는 황색, 뒤는 흑색, 앞은 적색
左靑右白各隨宜	좌는 청색, 우는 백색으로, 모두가 마땅함을 따르네
東西南北視麾指	동서남북의 방향은 휘가 가리키는 것을 보아라
擧則軍動伏止之	들면 군대는 출동이요 내리면 정지로다
揮則騎步皆戰鬪	휘두르면 기병과 보병 모두 싸우고
或徐或疾將所期	간혹 느리고 빠른 것은 장군의 의도라네
將不知此棄其兵	장수가 이것을 모르면 그 병사를 버리는 것이요
兵不知此亦失時	병사가 이것을 모르면 또한 시기를 놓친다네
多多益辨非他事	많을수록 더 판별해야 하는 것은 다른 일이 아니라
細聽金鼓明旗麾	징과 북소리를 자세히 듣고 지휘를 분명히 보는 것뿐일세

(〖麾〗 陣에 표시로 세우는 기 휘 〖揮〗 휘두르다 휘 〖疾〗 빠르다 질 〖辨〗 판별하다 판)

－『三峰集』「陣法」

兩軍相接	양군이 서로 싸우면
煙塵漲天	연기와 먼지가 하늘을 가린다
呼吸之間	숨 한 번 쉬는 사이에
機變倍千	임기응변이 수없이 생긴다
左右進退	좌로 우로 앞으로 뒤로
紛紛紜紜	눈코 뜰 새 없다
令之莫及	명령도 미치지 않고
叫之莫聞	고함도 들리지 않는다
毫釐或差	털끝만큼만 틀려도
千里是違	천 리의 차이가 난다
何以整之	무엇으로 그들을 정돈하는가?
金鼓旗麾	징과 북, 기휘다
進之以鼓	나갈 때는 북을 사용하고
退之以金	물러설 때는 징을 사용한다
麾指角警	기로 지시하고 뿔피리로 경고하여
萬夫一心	많은 사람의 마음을 한데 모은다
善陣不戰	진을 잘 치면 싸우지 않아도 이기고
善敗不亡	계획성 있게 패하면 망하지 않는다
陣無常形	진은 항상된 모양이 없으니
後賢詳之	후에 어진 사람은 자세히 살펴라

(〖漲〗가득 차다 창 〖呼〗내쉬다 호 〖吸〗들이쉬다 흡 〖機變〗임기응변의 책략 〖紛〗어지럽다 분 〖紜〗어지럽다 운 〖叫〗부르짖다 규 〖毫釐(호리)〗조금, 약간 〖違〗어긋나다 위)

7

是故朝氣銳하고 晝氣惰하고 暮氣歸라 故善用兵者
는 避其銳氣하고 擊其惰歸라 此治氣者也라

☞주석 〔惰〕 소홀히 하다 타

☞국역 이 때문에 아침에는 士氣가 날카롭다가, 낮에는 사기가
해이해지고, 저녁에는 사기가 군영으로 돌아갈 것만 생
각한다. 그러므로 용병을 잘하는 자는 그 날카로운 사
기를 피하고 그 해이해지고 돌아가려는 때에 공격한다.
이것이 사기를 다스리는 방법이다.

☞보완

−Body Time: 사람의 정신과 육체를 지배하는 자연의 리듬으
로, 저녁에 상태가 나빠져 몸이 피곤하고 사고의 능력이 저
하되며 긴장감도 떨어진다.

以治待亂하고 以靜待譁라 此治心者也라

☞주석 〔譁〕 시끄럽다 화

☞국역 아군의 다스려짐으로써 적군의 혼란을 기다리며, 아군
의 고요함으로써 적군의 시끄러움을 기다린다. 이것이
마음을 다스리는 방법이다.

以近待遠하고 以佚待勞하고 以飽待飢라 此治力者也라

☞ **주석** 〚佚〛 편안하다 일

☞ **국역** 가까운 곳에서 멀리서 온 적군을 기다리고, 편안한 것으로 적군의 피로를 기다리고, 아군의 배부름으로 적군의 굶주림을 기다린다. 이것이 체력을 다스리는 방법이다.

☞ **보완**

- 『三峰集』「陣法. 四擊」 "一以衆擊寡라 二以治擊亂이라 三以富擊貧이라 四以敎卒鍊士로 擊驅衆白徒라(1. 많은 군대로 적은 군대를 공격하는 것이다. 2. 정돈된 군대로 어지러운 군대를 공격하는 것이다. 3. 부자 나라로 가난한 나라를 공격하는 것이다. 4. 교육받은 군사와 훈련받은 병사로 아무것도 모르는 군대를 공격하는 것이다. 以佚待勞)"

- 「三十六計」 4計: "以逸待勞(편안함으로써 피로에 지친 적을 기다린다: 〚逸〛 안락하게 지내다 일. 以佚待勞)."

  아군을 쉬게 하고 적군을 지치게 하여 싸우는 것을 말한다.

- 『高麗史節要』 "妙淸이 請營新宮於西京하니 富儀上疏하여 極言不可라 及妙淸反하자 出師討之하니 富儀乃上平西十策한대 其大槩은 以爲西京城險糧足하여 不可卒拔하리니 當以逸待罷하여 以計取勝耳라 하니 王嘉納之라 及平西에 皆如其策하니 特賜金帶一腰라(묘청이 새 궁궐을 서경에 건축하

기를 청하니, 김부의가 소를 올려 불가함을 강력히 말하였
다. 묘청이 반역하자 군사를 내어 토벌하니, 부의가 이에 서
경의 적을 평정할 열 가지 방책을 올렸는데, 그 대략을 말하
면, '서경은 성이 험하고 군량이 풍족하여 단시간에 공격하
여 취하지는 못할 것이니, 마땅히 우리 군사를 편안히 쉬게
하고 적이 피로하기를 기다려 꾀로써 승리를 취해야 할 것
입니다'라 하니, 왕이 가상히 여겨 받아들였다. 서경을 평정
하는 데 모두 그 계책대로 하였다. 특별히 금띠 하나를 하사
하였다: 〖槩〗 대략 개 〖卒〗 갑자기 졸 〖嘉〗 가상히 여기다
가 〖腰〗 허리에 차는 물건의 수사 요)"

☞주석 〖邀〗 맞이하다 요 〖堂〗 당당하다 당

☞국역 정렬된 깃발을 들고 오는 적을 요격하지 않으며, 당당
한 진을 공격하지 않는다. 이것이 변화를 다스리는(변
화에 맞추어 적을 공격하는) 방법이다.

☞보완

─『三峰集』「陣法. 五亂」"一法令不明이라 二賞罰不信이라 三
聞鼓不進이라 四聞金不止라 五在陣而囂라(1. 법령이 분명하
지 않은 것이다. 2. 상벌이 공정하지 않은 것이다. 3. 북소리

를 듣고도 나아가지 않는 것이다. 4. 징소리를 듣고도 정지
하지 않는 것이다. 5. 진 속에 있으면서 떠드는 것이다:
〖嚚〗 시끄럽다 효. 堂堂之陣이 아님)"

「九變篇」8) 第八

1

孫子曰 凡用兵之法은 高陵勿向하고 背丘勿逆하고
佯北勿從하고 銳卒勿攻하고 餌兵勿食하고 歸師勿
遏하고 圍師必闕하고 窮寇勿迫하고 絶地勿留하라

☞ **주석** 〖逆〗 맞이하다 역 〖佯〗 거짓 양 〖餌〗 미끼 이 〖師〗
군사 사 〖遏〗 막다 알 〖闕〗 뚫다 궐

☞ **국역** 손자는 말한다. 무릇 용병하는 법은 다음과 같다. 높은
언덕에 있는 적은 향하지 말라(바라보며 공격하지 말
라). 언덕을 등지고 있는 적은 맞이하지 말라(적은 배후
에 언덕이 있으므로 앞을 향해 戰力을 다 쏟을 것이나,
아군은 앞과 뒤를 다 경계해야 하므로 戰力이 나누어

---

8) '九變'은 아홉 가지 變則이라는 의미이다.

진다). 거짓으로 달아나는 적은 쫓아가지 말라. 정예병은 공격하지 말라. 미끼로 보내는 병사는 먹지 말라. 돌아가는 군대는 막지 말라. 포위된 군대는 반드시 (달아날 구멍을) 뚫어놓아라. 궁핍한 적군은 핍박하지 말라. 끊어진 땅에는 주둔하지 말라(위험한 지형에는 주둔해서는 안 된다).

☞ 보완

- 『菜根譚』 “非分之福과 無故之獲은 非造物之釣餌면 卽人世之機阱이라 此處著眼不高면 鮮不墮彼術中矣리라(분수가 아닌 복과 까닭없는 획득은 조물주의 미끼가 아니면, 바로 인간 세상의 함정이다. 이곳에서 눈을 높지 않은 곳에 두면, 그 꾀 속에 떨어지지 않을 자는 드물 것이다: 〖分〗 분수 분 〖故〗 까닭 고 〖獲〗 얻다 획 〖釣〗 낚시 조 〖餌〗 미끼 이 〖機阱(기정)〗 함정 〖著〗 두다 착 〖鮮〗 드물다 선 〖墮〗 떨어지다 타 〖術〗 꾀 술. 佯北勿從)”

- 『通鑑節要』 “趙括至軍하여 悉更約束하고 易置軍吏하고 出兵擊秦이어늘 武安君이 佯敗而走하고 張二奇兵하여 以刦之러니 趙括이 乘勝하여 追造秦壁하나 堅拒不得入이라 奇兵이 絶趙軍之後하니 趙軍이 食絶四十六日에 皆內陰相殺食이라 趙括自出銳卒하여 搏戰하니 秦人射殺之라(趙나라의 조괄이 장수가 되어 군에 이르러 약속을 다 바꾸고 군리를 바꾸어 두고 군사를 내어 진나라를 공격했다. 秦나라 장수 무안군이 거짓 패하여 달아나고 두 기병을 좌우에 펼쳐서 그를 겁주게 했다. 조괄이 승세를 타고 추격하여 진나라의 성벽에

이르렀으나, 견고하게 방어하여 들어갈 수가 없었다. 기병이 조나라 군대의 뒤를 끊으니, 조나라 군대는 식량이 끊어진 지 46일에 모두 안에서 몰래 서로를 잡아먹었다. 조괄이 몸소 정예병을 내어 치고 싸우니, 진나라 군사가 그를 쏘아 죽였다: 〖佯〗 거짓 양 〖奇兵〗 기습병 〖刦〗 위협하다 겁 〖造〗 이르다 조 〖拒〗 방어하다 거 〖陰〗 몰래 음 〖搏〗 치다 박. 佯北勿從)"

−『春秋左氏傳』 "狐毛設二旆而退之하고 欒枝使輿曳柴而僞遁하니 楚師馳之라(호모는 두 개의 군기를 들고 퇴각하는 체하고, 난지는 수레 뒤에 땔나무를 끌고 먼지를 일으키게 하며 도망가는 척하니, 초나라 군사가 급히 추격하였다: 〖旆〗 기 패 〖曳柴(예시)〗 수레로 땔나무를 땅에 끌고 다녀 먼지가 자욱이 일어나게 함으로써 많은 군사들이 치달리는 것처럼 적군을 속이는 전법 〖遁〗 달아나다 둔. 佯北勿從)"

−『三峰集』 「陣法. 五守」 "一敵兵銳則守之라 二我援將至則守之라 三城堅備具則守之라 四欲老敵師則守之라 五欲觀敵變則守之라(1. 적병이 정예하면 수비한다. 2. 아군의 구원 부대가 장차 오게 되어 있으면 수비한다. 3. 성이 튼튼하고 준비가 갖추어져 있으면 수비한다. 4. 적의 군대를 피로하게 하려면 수비한다. 5. 적의 변동을 보려고 하면 수비한다: 〖老〗 시일을 오래 끌어 피로함. 銳卒勿攻)"

−『通鑑節要』 "又詔徵鄧禹還曰 愼毋與窮寇爭鋒하라 赤眉無穀하여 自當來라 吾以飽待飢하고 以逸待勞라가 折箠笞之니 非諸將憂也라 無得復妄進兵하라(또 조서를 내려 등우에게

돌아오라고 부르며 말하기를 '조심하여 궁지에 빠진 적과 칼끝을 다투지 마라. 적미는 곡식이 없으므로, 저절로 마땅히 올 것이다. 우리는 배부름으로써 적의 굶주림을 기다리고, 우리의 편안함으로써 적의 피로하기를 기다리다가 채찍을 꺾어 그들을 때리면 되니, 여러 장수들의 걱정거리가 아니다. 다시는 망령되어 군대를 진군시키지 말라: 〖詔〗 조서 조 〖徵〗 부르다 징 〖鋒〗 칼끝 봉 〖逸〗 편안 일 〖箠〗 채찍 추 〖笞〗 매질하다 태. 窮寇勿迫)"

—『荀子』"鳥窮則啄(새도 곤궁해지면 (아무나) 쫀다: 〖啄〗 쪼다 탁. 窮寇勿迫)"

2

塗有所不由하고 軍有所不擊하고 城有所不攻하고
地有所不爭하고 君命有所不受라

☞주석 〖塗〗 길 도 〖由〗 =行

☞국역 길에도 가지 말아야 할 곳이 있고, 군에도 공격하지 말아야 할 것이 있고, 성에도 공격하지 말아야 할 것이 있고, 땅에도 다투지 말아야 할 곳이 있고, 임금의 명령에도 받지 말아야 할 것이 있다.

☞보안

—『通鑑節要』"公子再拜問計한대 生曰 吾聞晉鄙兵符在王臥內하고 而如姬最幸이라 하니 力能竊之오 且公子嘗爲報其父仇

하니 如姬欲爲公子死라도 無所辭라 誠一開口면 則得虎符하여 奪鄙兵하며 北救趙하고 西却秦이리니 此는 五伯之功也니이다 하다 公子如其言하여 得兵符하니 侯生曰 將在外에君令을 有所不受하나니 有如鄙疑而復請之면 則事危矣라 臣客朱亥는 力士니 可與俱라가 鄙不聽이어든 使擊之하소서(공자 無忌가 두 번 절하고 그 계책을 물으니, 侯嬴이 말하기를 '저는 진비의 병부가 왕의 침전 안에 있고 여희를 가장 사랑한다고 들었는데, 힘써 그것을 훔칠 수 있고, 또 공자께서 일찍이 그 아비의 원수를 갚아주었으니, 여희가 공자를 위하여 죽더라도 할 말이 없을 것입니다. 만약 한 번 입을 열면 호부를 얻어 진비의 병사를 빼앗을 것이며, 북쪽으로 조나라를 구하고 서쪽으로 진나라를 물리칠 것이니, 이것은 오패의 공입니다'라 하였다. 공자가 그의 말대로 하여 병부를 얻으니, 후생이 말하기를 '장수가 밖에 있을 때에는 임금의 명령도 받지 않는 것이 있으니, 만약 진비가 의심하여 다시 그것을 청하면 일이 위태로워집니다. 저의 손님 중의 주해는 힘이 강한 사람이니, 함께 가서 진비가 듣지 않으면 그를 치게 할 수 있습니다'라 하였다: 〖幸〗 총애하다 행 〖仇〗 원수 수 〖虎符〗 호랑이 모양의 兵符 〖五伯〗 =五霸 〖有如〗 만약 〖俱〗 함께 가다 구. 君命有所不受)"

故將通於九變之利者는 知用兵矣라 將不通於九變
之利者는 雖知地形이라도 不能得地之利矣요 治兵
에 不知九變之術者는 雖知五利라도 不能得人之用
矣라

☞ **주석** 〖故〗＝夫 〖九變〗 高陵勿向 背丘勿逆 佯北勿從 銳卒
勿攻 餌兵勿食 歸師勿遏 圍師必闕 窮寇勿迫 絶地勿留
〖五利〗 塗有所不由 軍有所不擊 城有所不攻 地有所不
爭 君命有所不受

☞ **국역** 무릇 장수가 구변의 이익에 능통한 자는 용병을 아는
자이다. 장수가 구변의 이익에 능통하지 못한 자는 비
록 지형을 알고 있더라도 지형의 이익을 얻을 수 없을
것이다. 군대를 다스리는 데 구변의 기술을 알지 못하
는 자는 비록 다섯 가지 이로움을 알고 있더라도 군사
의 운용을 얻을 수 없을 것이다.

☞ **보완**

－『象村集』「用兵篇」“管子曰 兵未出境에 無敵者八라 財不蓋
天下면 不能正天下하고 財蓋天下라도 而工不蓋天下면 不能
正天下하고 工蓋天下라도 而器不蓋天下면 不能正天下하고
器蓋天下라도 而士不蓋天下면 不能正天下하고 士蓋天下라
도 而敎不蓋天下면 不能正天下하고 敎蓋天下라도 而習不蓋
天下면 不能正天下하고 徧知天下라도 而不明於機數면 不能

正天下니 明於機數者는 用兵之勢也라(관자가 말하기를 '군사를 국경 밖으로 출동하기 전에 상대방에서 대항할 수 없는 것이 여덟 가지가 있다. 재물이 천하에서 제일 많지 않으면 천하를 바로잡을 수 없고, 재물이 천하에서 제일 많아도 장인이 천하에서 제일 우수하지 않으면 천하를 바로잡을 수 없고, 장인이 천하에서 제일 우수하더라도 병기가 천하에서 제일 좋지 않으면 천하를 바로잡을 수 없고, 병기가 천하에서 제일 좋더라도 군사가 천하에서 제일 정예롭지 않으면 천하를 바로잡을 수 없고, 군사가 천하에서 제일 정예로워도 명령이 천하에서 제일 엄하지 않으면 천하를 바로잡을 수 없고, 명령이 천하에서 제일 엄하더라도 훈련이 천하에서 제일 잘 되지 않으면 천하를 바로잡을 수 없고, 천하를 두루 알면서도 기수에 밝지 못하면 천하를 바로잡을 수 없으니, 기수에 밝다는 것은 군사를 쓰는 형세이다'라 하였다: 〖徧〗 두루 편 〖機數〗 臨機應變)"

4

是故智者之慮에 必雜於利害라 雜於利라야 而務可信也요 雜於害라야 而患可解也라

☞ **주석** 〖務〗 일 무 〖信〗 =伸

☞ **국역** 이런 까닭에 지혜로운 자는 생각할 때 반드시 이익과 손해를 아울러 생각한다. 이익을 참작하여야 일을 펼

수 있으며, 손해를 참작하여야 환난을 해결할 수 있다.

- 『荀子』 "見其可欲也면 則必前後慮其可惡也者하고 見其可利
也면 則必前後慮其可害也者하여 而兼權之하고 孰計之然後
에 定其取舍라 如是면 則常不大陷矣리라(그 욕심날 만한 것
을 보면 반드시 앞뒤로 그것이 나쁠 수 있는 것을 생각하고,
이로울 만한 것을 보면 반드시 앞뒤로 그것이 손해될 수 있
는 것을 생각하여 아울러 그것을 저울질해보고 자세히 헤아
려본 뒤에 그 취하고 버릴 것을 정해야 한다. 이렇게 되면
늘 크게 함정에 빠지지 않을 것이다: 〚權〛 저울질하다 권
〚孰〛 =熟. 智者之慮 必雜於利害)"

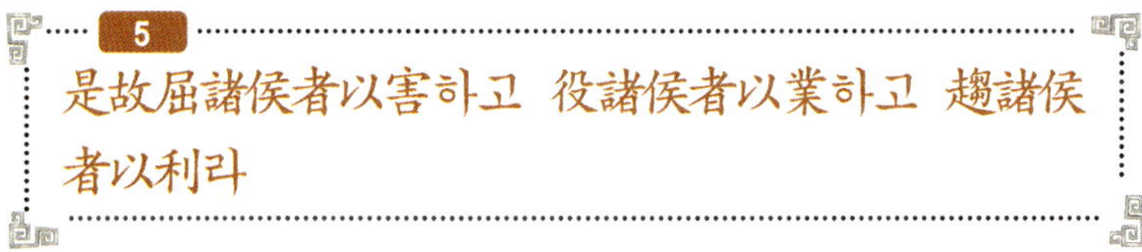

☞ 주석 〚以〛 =用   〚役〛 부리다 역 〚趨〛 쫓다 추

☞ 국역 이런 까닭으로 제후를 굴복시키려면 손해를 사용해야
하고(손해를 보여주게 되면 굴복하게 됨), 제후를 부리
려면 일을 사용해야 하고(제후가 부림을 당하지 않을
수 없는 일을 만들어야 부릴 수 있음), 제후를 쫓아오
게 하려면 이익을 사용해야 한다(이로움을 제시하면
달려와 쫓게 됨).

─『通鑑節要』 "以說趙肅侯曰 當今에 山東之國은 莫彊於趙오 秦之所害도 亦莫如趙나 然而秦不敢伐趙者는 畏韓魏之議其後也라 秦之攻韓魏也에 無有名山大川之限하니 稍蠶食之면 韓魏不能支하여 必入臣於秦하리니 秦無韓魏之規면 則禍中於趙矣리이다 夫衡人者는 皆欲割諸侯之地하여 以與秦하나니 秦成則其身富榮하고 國被秦患이라도 而不與其憂하리다 竊爲大王計컨대 莫若一韓魏齊楚燕趙하여 爲從親하여 以擯秦이니다([蘇秦이] 조나라 숙후에게 유세하며 이르기를 '지금 산동의 나라 중에 조나라보다 강한 나라가 없고, 진나라에 손해를 끼치는 나라도 조나라만 한 나라가 없습니다. 그런데 진나라가 감히 조나라를 치지 못하는 것은 한나라와 위나라가 그 뒤를 모의할까 두려워해서입니다. 진나라가 한나라와 위나라를 공격할 때 명산대천의 한계가 없으니, 조금씩 그 나라를 잠식한다면 한나라와 위나라는 버틸 수 없어서 반드시 진나라에 들어가 신하가 될 것입니다. 진나라에 한나라와 위나라의 경계가 없다면 화는 조나라에 미칠 것입니다. 대저 連橫을 주장하는 사람들은 모두 제후의 땅을 갈라서 진나라에 주고자 하는데, 진나라가 성공하면 그 [연횡을 주장하던] 자신은 부귀영화를 누리고 나라는 진나라의 재앙을 입어도 그 근심에 참여하지 않을 것입니다. 몰래 대왕을 위해 헤아려보건대, 한·위·제·초·연·조나라가 하나가 되어 合從의 친함을 만들어 진나라를 물리치는 것만 한 것이 없습니다'라고 하였다: 〖稍〗점점 초 〖支〗 버티다

지 〖規〗 경계하다 규 〖中〗 맞다 중 〖衡〗 =橫. 連橫으로, 張
儀가 주장한 것인데, 각국이 동서로 서로 연결하여 秦나라를
섬기자는 것 〖從〗 合從으로, 蘇秦이 주장한 것인데, 각국이
縱[從]으로 연결하여 진나라에 대항하자는 것 〖擯〗 물리치
다 빈. 屈諸侯者以害)"

－『通鑑節要』 "漢王南渡平陰津하여 至洛陽新城하니 三老董公
遮하고 說王曰 臣聞順德者昌하고 逆德者亡이라 하니 兵出
無名이면 事故不成이니이다 故曰 明其爲賊이라야 敵乃可服
이라 하니이다 項羽爲無道하여 放殺其主하니 天下之賊也니
이다 夫仁不以勇하고 義不以力이니 大王宜率三軍之衆하고
爲之素服하고 以告諸侯하여 而伐之하소서하다 於是에 漢王
爲義帝發喪하고 告諸侯曰 天下共立義帝어늘 今項羽放殺之
하니 寡人親爲發喪하고 兵皆縞素하여 悉發關中兵하고 收三
河士하고 南浮江漢以下하여 願從諸侯王하여 擊楚之殺義帝
者하리라(한왕이 남쪽으로 가서 평음진을 건너 낙양 신성에
이르니, 삼로 동공이 길을 막고 왕에게 유세하기를 '저는 덕
을 따르는 자는 번창하고 덕을 거스르는 자는 망한다고 들
었습니다. 군대를 내는 데 명분이 없다면 일은 짐짓 이루어
지지 않습니다. 그러므로 적이 됨을 밝혀야 적이 이에 복종
한다고 하는 것입니다. 항우는 무도한 사람이어서 그 임금을
내쫓았다가 죽였으니, 천하의 적입니다. 대저 인은 용맹으로
써 하는 것이 아니고, 의는 힘으로써 하는 것이 아닙니다. 대
왕께서 마땅히 대군의 무리를 거느리고 의제를 위하여 소복
을 입고 제후들에게 고하여 그를 정벌하십시오' 하였다. 이

에 한왕이 의제를 위하여 상을 발하고 제후들에게 고하기를
'천하가 함께 의제를 세웠는데, 지금 항우가 그를 내쫓아 죽
였습니다. 과인이 친히 의제를 위하여 발상을 하고, 군사들
은 모두 흰 옷을 입혀 관중의 군사를 다 징발하고 삼하의 군
사를 거두어 남쪽으로 가서 강한에 배를 띄워 내려가서 제
후왕을 따라 의제를 살해한 초나라 사람을 공격하고자 합니
다' 하였다. 〚遮〛 막다 차 〚放〛 내치다 방 〚素服〛=喪服 〚三
河〛 河南, 河東, 河內 〚縞〛 희다 호. 役諸侯者以業)"

6

故用兵之法은 無恃其不來하고 恃吾有以待也요 無
恃其不攻하고 恃吾有所不可攻也라

☞**주석** 〚恃〛 믿다 시 〚以〛=所以 〚所〛=所以 방법

☞**국역** 무릇 용병하는 법은 적이 오지 않을 것을 믿지 말고, 나
　　　　에게 대비할 방법이 있음을 믿어야 하며, 적이 공격하
　　　　지 않을 것을 믿지 말고, 나에게 적이 공격할 수 없는
　　　　방법이 있음을 믿어야 한다.

☞**보완**

－『簡易集』「平壤士民 呈陳提督(斌)誦功章」 "投危地以爲安이
　　用兵之勝算이요 絕歸途而懲後가 制賊之長猷니이다 凡玆狂
　　兇이 所以凌突에 緊空海之無阻하여 而帆風之是乘하니 未戒
　　其來가 孰圖其去리오(위험한 지역에 투입해도 편안하게 느

끼도록 하는 것이 승리를 거둘 수 있는 용병술이요, 적의 퇴로를 끊고서 뒷날의 후환이 없게 하는 것이 적을 제압하는 원대한 계책이라 할 것입니다. 무릇 이 미친 흉적이 침범해올 적에 아무런 저항도 받지 않고 텅 빈 바다를 건너 순풍에 돛을 달고서 짓쳐 들어왔으니, 그들이 오는 것도 미리 알지 못한 小邦의 처지에서 어떻게 그들이 물러나게 되리라는 것을 생각이나 할 수 있었겠습니까?: 〖筭〗꾀 산 〖懲〗징계하다 징 〖猷〗계략 유 〖茲〗이 자 〖兇〗흉악하다 흉 〖凌〗침범하다 릉 〖緊〗검푸른 비단 예 〖阻〗막다 조 〖帆〗돛 범. 恃其不來)"

—『韓非子』 "恃人不如自恃(남을 믿는 것은 자신을 믿는 것만 못하다.)"

☞주석 〖忿〗성내다 분 〖侮〗업신여기다 모 〖煩〗번거롭다 번 〖災〗재앙 재 〖覆〗멸망시키다 복

☞국역 무릇 장수에게는 다섯 가지 위험이 있다. 반드시 죽고자 하면 살해될 수 있고(피할 방법이 있는데도 반드시

죽고자 하는 성향 때문에 적에게 살해될 수밖에 없다),
반드시 살려고 하면 사로잡힐 수 있다. 성을 잘 내고
참을성이 없는 자는 업신여김을 당할 수 있고, (지나치
게) 청렴결백하면 모욕을 당할 수 있고(지나치게 청렴
결백하면 적의 계략적인 모함에 빠져 오히려 탐욕스럽
다는 모욕을 당할 수도 있음), (지나치게) 백성을 사랑
하는 자는 번거로울 수 있다(적이 백성을 사랑하는 마
음을 이용해 여기저기서 자주 괴롭히면 백성을 사랑하
는 마음 때문에 적을 방어하다 보면 번거롭게 됨). 무릇
이 다섯 가지는 장수의 과실이며, 용병의 재앙이다. 군
대를 멸망시키고 장수를 죽이는 것은 반드시 이 다섯
가지 위험 때문이니, 살피지 않아서는 안 된다.

☞ 보완

- 『老子』 "天下皆知美之爲美하나 斯惡己라 皆知善之爲善나
斯不善己라(천하는 모두 아름다움이 아름답다는 것을 알고
있으나 이것은 추악한 것일 뿐이다. 천하는 모두 선이 선임
을 알고 있으나 이것은 불선일 뿐이다: 將有五危. 全善과 全
惡은 없음)"

- 『吳子』 "必死則生하고 幸生則死라(반드시 죽고자 하면 살고,
살기를 바라면 죽는다: 〖幸〗 바라다 행. 必死 可殺也)"

- 『孟子』 "可以死하고 可以無死에 死면 傷勇이라(죽을 수도
있고 죽지 않을 수도 있을 때 죽으면 용기를 상하는 것이다.
必死 可殺也)"

- 『老子』 "勇於敢則殺하고 勇於不敢則活이라(과감함에 용감

하면 죽고, 과감하지 않음에 용맹하면 산다. *必死 可殺也*)"

―『通鑑節要』 "楚大司馬咎가 守成皐한대 項王令謹守勿戰라 하다 漢數挑戰이라도 楚軍不出하니 使人辱之가 數日에 咎 怒하여 渡兵汜水라 士卒半渡에 漢擊之하여 大破楚軍하고 盡得楚國寶貨하니 咎及司馬欣皆剄이라(초나라 대사마 구가 성고를 지켰는데, 항왕이 삼가 지키기만 하고 싸우지 말라고 명령하였다. 한나라가 자주 싸움을 걸어도 초나라 군대가 나 오지 않자, 사람으로 하여금 초나라 군대에 욕을 퍼붓기를 며칠 동안 하니, 구가 노하여 군사들에게 사수를 건너게 하 였다. 사졸들이 반쯤 건너자, 한나라가 그들을 공격해 초나 라 군대를 크게 부수고, 초나라의 보화를 다 차지하니, 구와 사마흔이 다 목을 베었다: 〖挑〗 돋우다 도 〖及〗 및 급 〖剄〗 목베다 경. *忿速 可侮也*)"

「行軍篇」9) 第九

1

孫子曰 凡處軍相敵은 絶山依谷하고 視生處高하고
戰隆無登이라 此處山之軍也라

☞**주석** 〖處〗 결정하다 처 〖相〗 자세히 보다 상 〖絶〗 건너다
절 〖視〗 視界 〖生〗 生地로 앞이 트인 곳 〖隆〗 높다 륭

☞**국역** 손자는 말한다. 무릇 군대의 일을 처리하고 적의 정세
를 살피는 방법은 다음과 같다. 산을 지날 때는 (나무와
풀이 무성한) 계곡에 의지해야 하고, 시계는 트이고 처
한 곳은 높아야 하며, 적이 높은 곳에서 싸움을 걸면
올라가지 말아야 한다. 이것이 산악지대에 처한 군대의
용병법이다.

---

9) '行軍'은 군대의 행진을 의미한다.

-『淮南子』 "高者爲生이요 下者爲死라(높은 곳을 생지라 하고, 낮을 곳을 사지라 한다: 視生處高)"

2

絶水면 必遠水하고 客絶水而來면 勿迎之於水內하고 令半濟而擊之가 利라 欲戰者면 無附於水而迎客하고 視生處高면 無迎水流라 此處水上之軍也라

☞주석 〖絶〗 건너다 절 〖附〗 붙다 부 〖水流〗 =下流

☞국역 물을 건너면 반드시 물에서 멀리 떨어져야 하고(물에서 멀리 떨어진 곳에 진지를 정해야 한다), 적이 물을 건너오면 물가에서 적을 맞이하지 말고 반쯤 건너게 하고서 적을 공격하는 것이 유리하다. 아군이 싸우고자 하면 물에 붙어서 적을 맞이하지 말고, 적이 시계가 트이고 처한 곳이 높으면 하류에서 맞이해서는 안 된다(적이 싱류에 있고 아군이 하류에 있을 때 싸워서는 안 된다). 이것이 물가에 처한 군대의 용병법이다.

-『通鑑節要』 "楚大司馬咎가 守成皐한대 項王令謹守勿戰라 하다 漢數挑戰이라도 楚軍不出하니 使人辱之가 數日에 咎怒하여 渡兵汜水라 士卒半渡에 漢擊之하여 大破楚軍하고 盡得楚國寶貨하니 咎及司馬欣皆刭이라(초나라 대사마 구가

성고를 지켰는데, 항왕이 삼가 지키지만 하고 싸우지 말라고
명령하였다. 한나라가 자주 싸움을 걸어도 초나라 군대가 나
오지 않자, 사람으로 하여금 초나라 군대에 욕을 퍼붓기를
며칠 동안 하니, 구가 노하여 군사들에게 사수를 건너게 하
였다. 사졸들이 반쯤 건너자, 한나라가 그들을 공격해 초나
라 군대를 크게 부수고, 초나라의 보화를 다 차지하니, 구와
사마흔이 다 목을 베었다: 〖挑〗 돋우다 도 〖及〗 및 급 〖剄〗
목베다 경. 令半濟而擊之)"

—『經世遺表』 "率然之蛇는 擊其首하면 則尾至하고 擊其尾하
면 則首至하며 擊其中하면 則首尾俱至한대 此兵家之大勢也
라 今率然之蛇首在甲山하고 尾抵渭原한대 而其腰腹은 皆已
朽矣라 尙可以首尾相救乎아 兵之所以勝敗存亡은 勢而已라
山戰者는 據峻嶺則勝하고 水戰者는 據上流則勝勢也라(솔연
이라는 뱀은 머리 쪽을 치면 꼬리로 달려들고, 꼬리 쪽을 치
면 머리로 달려들며, 몸통을 치면 머리와 꼬리로 함께 달려
드는데, 이것이 병가의 대세이다. 지금 솔연의 머리는 갑산
에 있고, 꼬리는 위원에 닿았는데, 그 허리와 배는 모두 썩어
버렸다. 그런데 오히려 머리와 꼬리로써 구원할 수가 있겠는
가? 군사가 이기고 지는 것과 살아남고 죽어 없어지는 것은
형세에 달렸을 뿐이다. 산전하는 자는 높은 고개를 먼저 차
지하면 이기고, 수전하는 자는 먼저 상류를 차지하면 이기는
것도 형세이다: 〖抵〗 다다르다 저 〖朽〗 썩다 후 〖據〗 차지
하다 거 〖峻〗 높다 준. 無迎水流)"

3

絶斥澤에 惟亟去하고 無留라 若交軍於斥澤之中이면 必依水草하고 而背衆樹라 此處斥澤之軍也라

☞주석 〖絶〗 건너다 절 〖斥〗 개펄 척 〖亟〗 빨리 극

☞국역 습지대를 지나갈 때는 오직 빨리 지나가고 머무르지 말아야 한다. 만약 습지대에서 적군과 교전해야 한다면 반드시 수초에 의지하고 나무들을 등져야 한다(수초로 가리고 나무들을 이용해 대오의 모습이 적에게 드러나지 않아야 한다). 이것이 습지대에 처한 군대의 용병법이다.

4

平陸處易라 而右背高하고 前死後生이라 此處平陸之軍也라

☞주석 〖易〗 평평하다 이 〖生〗 生地로 앞이 트인 곳

☞국역 평평한 육지에 주둔할 때는 평평한 곳에 처하여야 한다(평평한 곳이 군대를 부리기에 용이하다). 오른쪽 뒤가 높아야 하고 앞은 막히더라도 뒤는 트인 곳이어야 한다(평평한 육지라도 다소의 언덕이 있으므로, 오른쪽 배후가 높은 곳을 선택해야 한다. [오른손 등이 있는] 오른쪽은 전투에서 중요한 역할을 하기 때문에 적의 화살

등의 공격으로부터 사전에 방비하기 위함이다. 앞이 막
히더라도 진격할 때는 사기가 왕성함으로 극복할 수 있
지만, 후퇴할 때는 사기가 왕성하지 않기 때문에 트인
곳이어야 한다). 이것이 평평한 육지에 처한 군대의 용
병법이다.

☞ 보완

- 『通鑑節要』 "張儀去西하여 說趙王曰 大王이 收率天下하여
以擯秦하시니 秦兵이 不敢出函谷關이 十五年이라 大王之威
가 行於山東이어니와 今에 楚與秦으로 爲昆弟之國하고 而
韓梁이 稱東藩之臣하고 齊獻魚鹽之地하니 此는 斷趙之右肩
也라 夫斷右肩而與之鬪하며 失其黨而孤居하여 求欲無危면
得乎아(장의가 서쪽으로 가서 조왕에게 유세하기를 '대왕께
서 천하 사람들을 거두어 인솔하여 진나라를 배척하시니, 진
나라 군대가 감히 함곡관을 넘어오지 못한 지가 15년입니다.
대왕의 위엄이 산동에 행해지고 있습니다. 이제 초나라와 진
나라가 형제의 나라가 되었고, 한나라와 양나라가 동쪽 울타
리와 같은 신하를 일컬으며, 제나라는 어염의 땅을 바쳤으
니, 이것은 조나라의 오른쪽 어깨를 자른 것입니다. 대저 오
른쪽 어깨를 잘리고도 그와 싸우고, 그 무리를 잃고 외롭게
있으면서 위태로움이 없기를 바란다면 되겠습니까?'라 하였
다: 〖率〗 거느리다 솔 〖擯〗 배척하다 빈 〖昆〗 형 곤 〖藩〗
울타리 번. 而右背高)"
- 『通鑑節要』 "諸將問信曰 兵法에 右倍山陵하고 前左水澤이
라한대 今者將軍令臣等反背水陣한대 以勝은 何也오하니 信

曰 此在兵法한대 顧諸君不察耳라 兵法不曰 陷之死地而後生하고 置之亡地而後存乎아 且信非得素拊循士大夫也라 此所謂驅市人而戰之라 予之生地하면 皆走이니 寧得而用之乎아 하다 諸將皆服이라(여러 장수들이 韓信에게 묻기를 '병법에 오른쪽으로 산의 구릉을 등지고 수택을 앞과 좌로 삼으라고 했는데, 지금 장군께서는 저희들에게 도리어 배수진을 치게 했는데, 이긴 것은 무엇 때문입니까?'라 하니, 한신이 말하기를 '이것도 병법에 있는데, 다만 그대들이 살피지 못했을 뿐이다. 병법에서는 죽을 땅에 그들을 빠트린 뒤에 살고, 망할 곳에 그들을 둔 뒤에 생존한다고 하지 않았던가? 게다가 나는 본디 慰撫된 사대부의 군사를 얻은 것이 아니다. 이것은 말하자면 시장 사람들을 몰아서 싸운 것이다. 그들에게 살 곳을 주면 모두 달아날 것이니, 어찌 그들을 쓸 수 있겠는가?'라 하였다. 여러 장수들이 모두 心腹하였다: 〖倍〗 등지다 배 〖顧〗 다만 고 〖拊循(부순)〗 어루만져 따름(拊 어루만지다 부) 〖予〗 주다 여 〖寧〗 어찌 녕. 而右背高)"

5

凡此四軍之利로 黃帝之所以勝四帝也라

☞ **주석** 〖黃帝〗 軒轅으로, 중국에서 고대 최초로 통일 국가를 건설한 군주

☞ **국역** 무릇 이 네 가지는 용병의 이점으로, 황제가 사방의 군

주들을 이길 수 있었던 이유이다.

-『六韜』 "黃帝七十戰하여 而定天下라(황제는 70번이나 싸워
　서 천하를 평정하였다: 黃帝之所以勝四帝也)"

6

凡軍好高而惡下하고 貴陽而賤陰하며 養生而處實
하면 軍無百疾이라 是謂必勝이라

☞ 주석 〚凡〛 모두 범 〚養生〛 물과 풀이 풍부하여 병사와 말이
　　　 안정할 수 있음 〚處實〛 물자의 공급과 운반이 원활한
　　　 곳에 처함

☞ 국역 모든 군대가 높은 곳을 좋아하고 낮은 곳을 싫어하며,
　　　 양지를 귀하게 여기고 음지를 천시하며, 삶을 기르고
　　　 견실한 곳에 처하면 군대에는 모든 병이 사라질 것이
　　　 니, 이것을 필승이라 말한다.

☞ 보완

-『通鑑節要』 "李廣有孫陵하여 爲侍中이라 善騎射하고 愛人
　下士라 帝以爲有廣之風이라 하여 拜騎都尉라 貳師擊匈奴에
　陵自請曰 臣所將屯邊者는 皆荊楚勇士와 奇材劍客也로 力扼
　虎하고 射命中하니 願得自當一隊하여 以少擊衆이니이다 하
　니 上壯而許之라 於是將其步卒五千人하고 至浚稽山하여 與
　單于相擊하여 殺數千人하니 單于大驚不利하여 欲去라 會陵

軍候管敢이 爲校尉所辱하여 亡降匈奴하여 具言 陵軍無後救하고 射矢且盡이라 하다 單于得敢大喜하고 使騎並攻漢軍하고 疾呼曰 李陵韓延年趣降하라 하다 遂遮道하고 急攻陵하니 陵居谷中하고 虜在山上하여 四面射하니 矢如雨下라 韓延年戰死하니 陵曰 無面目報陛下라 하고 遂降이라(이광의 손자 중에 이릉이 있었는데, 시중이 되었다. 말타기와 활쏘기를 잘하고 사람을 사랑하고 군사에게 자신을 낮추었다. 황제가 이광의 풍도가 있다고 생각하여 기도위에 임명했다. 이사가 흉노를 공격하자 이릉이 스스로 청하기를 '제가 변방에 거느리고 있는 자들은 모두 형초 지방의 용사와 기이한 재주가 있는 검객이어서 힘은 호랑이를 잡고 활을 쏘면 명중됩니다. 원컨대 스스로 한 부대를 담당하여 적은 군대로 많은 적을 공격하고자 합니다'라 하니, 황제가 장하게 여겨 허락하였다. 이에 보병 5천 명을 거느리고 준계산에 이르러 선우와 서로 싸워 수천 명을 죽이니, 선우가 불리함에 크게 놀라 도망하려고 하였다. 마침 이릉의 군후 관감이 교위에게 욕을 먹고 도망하여 흉노에게 항복하여 갖추어 말하기를 '이릉의 군대는 뒤에서 구원해주는 군대가 없고 쏠 화살이 장차 떨어지고 있다'고 하니, 선우가 관감을 얻은 것을 매우 기뻐하고 기마병으로 하여금 아울러 한나라 군대를 공격하게 하면서 재빨리 소리 지르기를 '이릉과 한연년은 빨리 항복하라'하고는 마침내 길을 막고 이릉을 급히 공격하였다. 이릉은 계곡 속에 있고 오랑캐는 산 위에 있으면서 사방에서 활을 쏘니, 화살이 비 오는 것 같았다. 한연년이 전사하

자, 이릉이 말하기를 '폐하에게 보고할 면목이 없다'라 하고
는 마침내 항복하였다: 〖下〗 낮추다 하 〖風〗 모습 풍 〖屯〗
진치다 둔 〖扼〗 잡다 액 〖命中〗 겨냥한 것을 바로 쏘아 맞
힘 〖會〗 마침 회 〖趣〗 빠르다 촉. 軍好高而惡下)"

7

丘陵堤防은 必處其陽하고 而右背之라 此兵之利요
地之助也라 上雨하여 水沫至면 欲涉者라도 待其
定也라

☞주석 〖堤防(제방)〗 둑 〖陽〗 방위상 동남쪽 〖沫〗 거품 말

☞국역 구릉과 둑에서는 반드시 그 동남쪽에 처하고 구릉과 둑
을 오른쪽 배후로 삼아야 한다. 이것이 용병의 이로움
이요 지형의 도움이다. 상류에 비가 와서 거품이 이르
면 아군이 건너고자 하더라도 (그 물의 형세가) 안정되
기를 기다려야 한다(거품이 났다는 것은 洪水를 의미하
는 것이니, 이때 물을 건너면 홍수에 휩쓸리게 되므로,
홍수가 안정되기를 기다렸다가 물을 건너야 한다).

8

凡地有絶澗과 天井과 天牢와 天羅와 天陷과 天隙
하니 必亟去之하고 勿近也라 吾遠之하고 敵近之
하며 吾迎之하고 敵背之라

☞국역 무릇 지형에는 절간·천정·천뢰·천라·천함·천극
과 같은 곳이 있으니, 반드시 빨리 그곳을 지나가고 가
까이 가지 말아야 한다. 아군은 그곳을 멀리하고 적군
은 그곳을 가까이 있게 해야 하고, 아군은 그곳을 맞이
하고(마주 보고) 적군은 그곳을 등지게 해야 한다.

9

軍旁有險阻蔣潢하고 幷生蒹葭林木翳薈者면 必謹
復索之라 此伏奸之所處也라

☞주석 〖阻〗 험하다 조 〖蔣〗 수초 장 〖潢〗 웅덩이 황 〖蒹葭
(겸가)〗 갈대 〖翳〗 무성하다 예 〖薈〗 무성하다 회

☞국역 군대의 곁에 험한 산이나 우거진 수초가 있거나 아울러
갈대나 산림이 무성하게 자란 곳이 있다면 반드시 삼가
다시 그곳을 수색하여야 한다. 이곳은 숨어있는 적이
있는 곳이기 때문이다.

-「三十六計」 13計: "打草驚蛇(풀을 쳐서 뱀을 놀라게 한다: 〖打〗 치다 타)."

이것은 안 보이는 적의 動靜을 살펴 드러내게 하는 책략이다.

10

敵近而靜者는 恃其險也요 遠而挑戰者는 欲人之進
也요 其所居易者는 利也요 衆樹動者는 來也요
衆草多障者는 疑也요 鳥起者는 伏也요 獸駭者는
覆也요 塵高而銳者는 車來也요 卑而廣者는 徒來
也요 散而條達者는 樵採也요 少而往來者는 營軍
也라

☞주석 〖恃〗 믿다 시 〖挑〗 돋우다 도 〖易〗 평평하다 이 〖障〗
막다 장 〖駭〗 놀라다 해 〖覆〗 =伏 복병 복 〖徒〗 보병
도 〖條〗 나뭇가지 조 〖樵〗 땔나무 초 〖營〗 만들다 영

☞국역 적이 아군과 근접한데도 안정된 것은 그 험함을 믿기
때문이며, 적이 멀리 있으면서 싸움을 거는 것은 아군
의 진격을 바라기 때문이다. 적이 평탄한 곳에 자리 잡
고 있는 것은 이로움 때문이며, 많은 나무가 움직이는
것은 적이 오고 있기 때문이다. 풀이 많아 장애가 많은
곳은 아군을 의심하게 하려는 것이다. 새가 일어나는
것은 복병 때문이며, 짐승이 놀라는 것도 복병 때문이

다. 먼지가 높이 솟아 날카로운 것은 적의 전차가 오기
때문이며, 먼지가 낮고 넓은 것은 보병이 오기 때문이
다. 먼지가 흩어져 나뭇가지 모양으로 오르는 것은 적
군이 나무를 하고 있기 때문이며, 먼지가 작아져서 왔
다갔다하는 것은 진영을 만들기 때문이다.

11

辭卑而備者는 進也요 辭强而進驅者는 退也요 輕
車先出其側者는 陣也요 無約而請和者는 謀也요
奔走而陣兵車者는 期也요 半進半退者는 誘也라

☞주석 〖奔〗달리다 분 〖誘〗꾀다 유

☞국역 적이 말은 낮추면서 준비를 하고 있는 것은 진격하기
위함이요, 적이 말은 강하면서 앞으로 달려오는 것은
후퇴하기 위함이다. 가벼운 戰車가 먼저 그 곁에 나오
는 것은 진을 치기 위함이요(가벼운 戰車가 먼저 출동
하여 부대의 곁을 경계하고 있는 것은 장차 陣을 펴려
고 함이다), 약속이 없었는데 화해를 청하는 것은 계략
이 있기 때문이다. 적이 분주하게 움직이면서 군대와
전차를 진 치는 것은 기약을 정하기 위함이요(기일을
정해 공격하려는 것이다), 반쯤 전진했다가 반쯤 후퇴
하는 것은 아군을 유인하기 위함이다.

―『通鑑節要』 "韓信已定臨淄하고 遂東追齊王한대 項王使龍且로 將兵救齊하다 龍且曰 吾平生知韓信爲人易與耳라 寄食於漂母하니 無資身之策이요 受辱於胯下하니 無兼人之勇라 不足畏也라 하다 齊楚與漢夾濰水而陳한대 韓信夜令人爲萬餘囊하여 盛沙하여 壅水上流라 引軍하여 半渡擊龍且라가 佯不勝하여 還走라 龍且果喜曰 固知信怯也라 하고 遂追信이라 信使人決壅囊하니 水大至하여 龍且軍太半不得渡라 卽急擊하여 殺龍且하고 虜齊王하고 盡定齊地라(한신이 이미 임치를 평정하고 마침내 동쪽으로 가서 제왕을 추격하였는데, 항왕이 용저로 하여금 병사들을 거느리고 제나라를 구원하게 하였다. 용저가 말하기를 '나는 평소 한신의 사람됨이 상대하기 쉬운 줄 알았다. 빨래하는 여자에게 밥을 얻어먹었으니 자신을 바탕으로 한 계책이 없는 것이요, 사타구니 아래를 지나가는 모욕을 받았으니 남을 이길 수 있는 용기가 없는 것이다. 그러니 두려워할 만하지 않다'라 하였다. 제와 초가 한나라와 유수를 끼고 진을 쳤는데, 한신이 밤에 사람으로 하여금 만 개의 주머니를 만들어 모래를 담아 강 상류를 막게 했다. 그리고는 군대를 이끌고 반쯤 건너가 용저를 공격하다가 거짓으로 이기지 못하는 체하여 돌아 달아났다. 용저는 과연 기뻐하며 말하기를 '진실로 한신이 겁쟁이임을 알겠다'라 하고, 마침내 한신을 추격했다. 한신은 사람으로 하여금 막은 주머니를 트게 하니, 물이 크게 이르러 용저의 군대 태반이 건널 수 없었다. 한신이 곧 급히 쳐서 용저를

죽이고 제왕을 사로잡아 제나라의 땅을 다 평정하였다:
〖定〗 평정하다 정 〖寄〗 맡기다 기 〖漂〗 빨래하다 표 〖胯〗
사타구니 과 〖兼人〗 =勝人 〖夾〗 끼다 협 〖囊〗 주머니 낭
〖盛〗 담다 성 〖壅〗 막다 옹 〖佯〗 거짓 양. 半進半退者 誘也)"

12

杖而立者는 飢也요 汲而先飮者는 渴也라 見利而
不進者는 勞也요 鳥集者는 虛也라 夜呼者는 恐也
요 軍擾者는 將不重也라 旌旗動者는 亂也요 吏
怒者는 倦也라 粟馬肉食하고 軍無懸瓶하며 不返
其舍者는 窮寇也요 諄諄翕翕하여 徐與人言者는
失衆也라 數賞者는 窘也요 數罰者는 困也라 先
暴而後畏其衆者는 不精之至也요 來委謝者는 欲
休息也라

☞주석 〖汲〗 물을 긷다 급 〖擾〗 어지럽다 요 〖倦〗 피로하다
권 〖瓶〗 질장구(여기서는 취사도구) 부 〖懸瓶(현부)〗 취
사도구를 휴대함 〖諄〗 타이르다 순 〖翕〗 화합하다 흡
〖窘〗 궁해지다 군 〖委〗 자세하다 위

☞국역 병장기를 짚고 서 있는 것은 굶주렸기 때문이요, 물을
길어서 먼저 마시는 것은 목마르기 때문이다. 이익을
드러내어도 전진하지 않는 것은 피로하기 때문이요,
(적군의 진영에) 새가 모이는 것은 진영이 비어 있기

때문이다. 밤에 소리치는 것은 두렵기 때문이요, 군대가 어지러운 것은 장수가 진중하지 못하기 때문이다. 깃발이 요동치는 것은 혼란하기 때문이요, 軍官이 성내는 것은 지쳤기 때문이다. 말에게 곡식을 먹이고 병사에게 고기를 먹이며, 군사들에게는 휴대한 취사도구가 없으며 그 막사로 돌아오려고 하지 않는 것은 막다른 지경의 적이다. (장군이) 타이르거나 화합하는 모습으로 서서히 병사들과 말하는 것은 대중의 신망을 잃었기 때문이다. 자주 상을 주는 것은 (장군이 통솔하는 데) 궁해졌기 때문이며, 자주 벌을 주는 것은 (장군이 통솔하는 데) 곤란하기 때문이다. 장군이 먼저 포악하게 한 이후에 그 병사들을 두려워하게 하는 것은 (통솔 방법이) 정밀하지 않은 지극함이다. (교전 중에 使者를) 보내와서 정중히 사과하는 것은 휴식을 원하기 때문이다.

☞ 보완

–『象村集』「用兵篇」 "虜方餌我以和한대 無故而請和者는 謀也라 知敵之謀我하며 而我不得自謀면 又何能謀敵哉리오(오랑캐가 바야흐로 우리에게 화친으로 미끼를 던지고 있는데 까닭 없이 화친을 청하는 것은 모략이다. 적이 우리를 모략한다는 것을 알면서 우리 스스로가 도모하지 못한다면 또한 어떻게 적을 도모할 수 있겠는가?: 〖餌〗 먹이 이 〖和〗 화해화. 來委謝者 欲休息也"

兵怒而相迎하며 久而不合하고 又不相去면 必謹察
之라

☞주석 〔怒〕 기세가 대단하다 노

☞국역 군대가 대단한 기세로 와서 서로 대치하면서 오래되어
도 결전하지 않으며, 또 서로 물러가지도 않으면 반드
시 삼가 살펴야 한다.

兵非貴益多也라 惟無武進하고 足以幷力料敵取人
而已라 夫惟無慮而易敵者는 必擒於人이라

☞주석 〔易〕 소홀히 여기다 이

☞국역 군대는 더 많은 군사를 귀하게 여기지 않는다. 다만 씩
씩함만으로 함부로 진격하지 않고, 힘을 합치고 적의
정세를 헤아려서 적을 취할 수 있으면 그만일 뿐이다.
대저 다만 생각도 없으면서 적을 소홀히 여기는 자는
반드시 적에게 사로잡힐 것이다.

☞보완

- 『高麗史』 "及至羅州浦口하니 萱親率兵하고 列戰艦하고 自
木浦至德眞浦하여 首尾相銜하여 水陸縱橫하니 兵勢甚盛이
라 諸將患之하니 太祖曰 勿憂也하라 師克在和요 不在衆이

라 하다 **乃進軍急擊**하니 **敵船稍却**라 **乘風縱火**하니 **燒溺者**
大半이라 **斬獲五百餘級**하니 **萱以小舸遁歸**라([태조 왕건이]
나주 포구에 이르자, 견훤이 친히 군사를 거느리고 전함을
늘어 세워놓고 목포에서 덕진포에 이르기까지 뱃머리와 꼬
리를 서로 물어 물과 육지로 종횡하니, 군대의 위세가 대단
히 성대했다. 태조의 여러 장수들이 그것을 근심하자, 태조
가 이르기를 '걱정하지 말라. 군대의 승리는 조화에 있지, 많
은 무리에 있지 않다'라고 하고, 마침내 군대를 진격하여 급
히 공격하니, 적선이 조금 물러났다. 그러자 바람을 타고 불
을 놓으니, 적군 중에 불에 타거나 물에 빠진 자가 태반이었
다. 500여 급의 적을 베니, 견훤은 작은 배로 달아났다:
〖艦〗 군함 함 〖銜〗 머금다 함 〖稍〗 조금 초 〖却〗 물러나
다 각 〖燒〗 타다 소 〖溺〗 빠지다 닉 〖級〗 모가지 급 〖舸〗
큰 배 가. **兵非貴益多也**)"

—『**通鑑節要**』 "**項梁已破章邯**하고 **引兵至定陶**하여 **再破秦軍**이
라 **項羽沛公**이 **又與秦軍**으로 **戰於雍丘**하여 **大破之**하고 **斬**
李由하니 **梁益輕秦**하고 **有驕色**이라 **宋義諫曰 戰勝而將驕**하
고 **卒惰者**면 **敗**하리니 **臣爲君畏之**니이다 하나 **梁弗聽**이라
二世悉起兵하여 **益章邯**하여 **擊楚軍**하여 **大破之定陶**하니 **項**
梁死라(항량이 이미 장감을 부수고 병사를 이끌고 정도에
이르러 다시 진나라 군대를 부수었다. 항우와 패공이 또 진
나라 군대와 더불어 옹구에서 싸워 크게 그들을 부수고, 이
유를 참형하니, 항량이 더욱 진나라를 가볍게 여기고 교만한
기색이 있었다. 송의가 간하기를 '싸움에서 이겼다고 장수가

교만하고 병사가 게을러지면 패하게 되니, 저는 그대를 위해 그것을 두려워합니다'라 하나, 항량은 듣지 않았다. 2세가 군사를 다 일으켜 장감에게 더 주어 초나라 군대를 공격하여 정도에서 크게 그들을 부수니, 항량이 죽었다: 〖惰〗 게으르다 타. 夫惟無慮而易敵者 必擒於人)"

15

卒未親附而罰之면 則不服이라 不服則難用也라 卒
已親附而罰不行이면 則不可用也라 故令之以文하
고 齊之以武라 是謂必取라 하다

☞ **주석** 〖附〗 따르다 부 〖服〗 心服을 의미함 〖文〗 =仁 〖武〗 =法

☞ **국역** 병사가 아직 친근하게 따르지 않았는데 그에게 벌을 주면 복종하지 않을 것이다. 복종하지 않으면 쓰기가 어렵다. 병사가 이미 친근하게 따르는데 벌을 주지 않으면 쓸 수가 없다. 그러므로 仁으로 병사에게 명령하고, 法으로 병사를 가지런하게 하는 것, 이것을 '반드시 (승리를) 취한다'라 하는 것이다.

☞ **보안**

─『通鑑節要』"陽城人陳勝과 陽夏人吳廣起兵於蘄라 是時에 發閭左하여 戍漁陽한대 九百人屯大澤鄕하고 勝廣皆爲屯長이라 會天大雨하여 道不通하니 度已失期하고 乃召令徒屬曰 公等皆失期하여 當斬이라 且壯士不死則已나 死則擧大名耳

라 王侯將相이 寧有種乎아 하니 衆皆從之라(양성 사람 진승과 양하 사람 오광이 기땅에서 군사를 일으켰다. 이때 마을의 왼쪽 사람을 징발하여 어양을 지키기로 했는데, 900명이 대택향에 진을 쳤고, 진승과 오광이 모두 둔장이 되었다. 마침 하늘에서 큰비가 내려 길이 통하지 않았다. 이미 기약을 어긴 것을 헤아리고, 마침내 무리들을 불러 말하기를 '그대들은 모두 기약을 어겼으니, 마땅히 참형을 당할 것이다. 장차 장사가 죽지 않으면 그만이지만 죽는다면 큰 이름을 날려야 한다. 왕후장상이 어찌 처음부터 씨가 있겠는가?'라 하니, 무리들이 모두 그를 따랐다: 〖閭〗 마을 문 려 〖戍〗 지키다 수 〖屯〗 진 치다 둔 〖會〗 마침 회 〖度〗 헤아리다 탁 〖屬〗 무리 속 〖已〗 그치다 이 〖寧〗 어찌 녕. 卒未親附而罰之 則不服)"

16

令素行하여 以教其民하면 則民服이나 令素不行한대 以教其民이면 則民不服이라 令素行者는 與衆相得也라

☞주석 〖素〗 평소 소 〖教〗 =使

☞국역 명령이 평소에 잘 시행되어 그 백성에게 시키면 백성들은 복종할 것이나, 명령이 평소에 잘 시행되지 않는데 그 백성에게 시키면 백성은 복종하지 않을 것이다. 명

령이 평소에 잘 시행되는 자는 병사들과 서로 잘 지낼
수 있을 것이다.

☞ 보완

－『高麗史節要』 “倭焚合浦營하고 屠燒梁蔚二州及義昌會原咸
安珍海固城班成東平東萊機張等縣이라 先是에 元帥金縝이
大集一道倡妓有姿色者하여 日與麾下로 晝夜酣飮하니 軍中
號曰 燒酒徒라한대 以縝嗜燒酒也라 卒伍偏裨有犯하면 必鞭
辱하니 一軍憤怨한대 及寇至하니 軍士却立不戰曰 元帥使燒
酒徒擊賊하라 我輩何爲오하니 以故大敗라(왜적이 합포영을
불사르고, 양주와 울주 두 고을과 의창·회원·함안·진
해·고성·반성·동평·동래·기장 등 현을 도륙하고 불살
랐다. 이보다 앞서 원수 김진이 한 도의 창기 중에 얼굴 예
쁜 자를 모아다가 날마다 부하들과 밤낮으로 취하게 마시니,
군중에서 소주패라고 불렀는데 김진이 소주를 즐기기 때문
이다. 군졸과 부장들이 허물이 있으면 반드시 때리고 욕하기
때문에, 온 군사가 분하게 여기고 원망하였는데, 적이 이르
니 군사들이 물러서서 싸우지 않고 말하기를, ‘원수는 소주
패를 시켜 적을 치라. 우리들이 무엇을 하리오?’ 하였다. 이
때문에 크게 패하였다: 〚屠〛 죽이다 도 〚姿色(자색)〛 여자
의 용모와 안색 〚酣〛 즐기다 감 〚嗜〛 즐기다 기 〚偏裨(편
비)〛 副將 〚鞭〛 매질하다 편 〚憤〛 성을 내다 분)”
－『孟子』 “是故로 明君이 制民之産하되 必使仰足以事父母하
며 俯足以畜妻子하여 樂歲에 終身飽하고 凶年에 免於死亡
하나니 然後驅而之善이라 故로 民之從之也輕하니이다(그러

므로 현명한 군주는 백성의 **生業**을 제정해 주되 반드시 위로는 부모를 섬길 만하며, 아래로는 처자식을 기를 만하여 풍년에는 1년 내내 배부르고, 흉년에는 사망에서 면하게 하나니, 그런 뒤에야 백성들을 몰아서 선에 가게 합니다. 그러므로 백성들이 명령을 따르기가 쉬운 것입니다. 〖畜〗 기르다 혹 〖樂世〗 풍년)"

−『左傳』 "未能操刀한대 而使割이라(아직 칼을 잡을 수도 없는데, 칼질을 하도록 한다. 〖操〗 잡다 조 〖割〗 베다 할. 令素不行 以敎其民 則民不服)"

<h1 style="text-align:center">「地形篇」第十</h1>

孫子曰 地形有通者하고 有挂者하고 有支者하고
有隘者하고 有險者하고 有遠者라

☞**주석** 〖挂〗달다(매어달린 것 같은 경사지) 괘 〖支〗지탱하
다(아군과 적군에 모두 불리하여 서로 대치하고 있는
곳) 지 〖隘〗좁다(높은 산과 절벽으로 둘러싸여 사이가
좁은 곳) 애

☞**국역** 손자는 말한다. 지형에는 通形·괘형·지형·애형·험
형·원형이 있다.

☞**보완**

─『通鑑節要』 "匈奴數爲邊患하니 鼂錯上言兵事曰 臣聞컨대 用
兵臨戰에 合刃之急有三이니 一曰得地形이요 二曰卒服習이
요 三曰器用利라 故兵法에 器械不利면 以其卒予敵也요 卒

不可用이면 以其將予敵也요 將不知兵이면 以其主予敵也요
君不擇將이면 以其國予敵也라 하니 四者는 兵之至要也니이
다(흉노가 자주 변방의 근심거리가 되니, 조조가 군대의 일
에 대해 말을 올리기를 '제가 듣기로, 군대를 사용하여 싸움
에 임함에 있어 교전에의 급한 것이 세 가지인데, 첫째는 지
형을 얻는 일이요, 둘째는 군사들이 복종하고 훈련하는 것이
요, 셋째는 무기가 날카로워야 한다는 것이라고 들었습니다.
그러므로 병법에, 무기가 날카롭지 않으면 그 군사들을 적에
게 주는 것이요, 군사가 쓸 수가 없으면 그 장군을 적에게
주는 것이요, 장군이 병법을 모르면 그 임금을 적에게 주는
것이요, 임금이 장수를 가리지 않으면 그 나라를 적에게 주
는 것이라 하였으니, 이 네 가지는 군대의 지극히 중요한 것
입니다'라 하였다: 〚數〛 자주 삭 〚合刃(합인)〛 交戰함 〚器
用〛 무기 〚器械〛 무기 〚予〛 주다 여. 地形)"

☞ 국역 아군이 갈 수도 있고 적군이 올 수도 있는 곳을 통이라 한다. 통형은 먼저 높고 따뜻한 곳(동남쪽)을 차지하고 식량의 보급로는 편리하게 하여서 싸우면 이롭다. 갈 수는 있으나 돌아오기가 어려운 곳을 괘라 한다. 괘형은 적에게 방비가 없을 때 나아가면 승리할 수 있다. 적에게 만약 방비가 있어서 아군이 나아가 이길 수 없으면 돌아오기가 어려울 것이니, 이롭지 못하다. 아군이 진출하기도 불리하고 적군이 진출하기에도 불리한 곳을 지라 한다. 지형은 적군이 비록 아군에게 이익을 주더라도 아군은 나아가지 말 것이며, 군대를 이끌어 그곳에서 물러나서 적군으로 하여금 반쯤 나오게 하여 적을 공격하는 것이 유리하다.

3

隘形者는 我先居之하면 必盈之하여 以待敵이라 若敵先居之에 盈而勿從하고 不盈而從之라 險形者 는 我先居之하면 必居高陽하여 以待敵이라 若敵 先居之면 引而去之하여 勿從也라 遠形者는 勢均 하여 難以挑戰하니 戰而不利라

☞ 주석 〖居〗 차지하다 거 〖從〗 나아가다 종 〖挑〗 돋우다 도

☞ 국역 애형은 아군이 먼저 그곳을 차지하면 반드시 방비를 가

득 채워서 적을 기다려야 한다. 만약 적군이 먼저 그곳을 점령하였을 때, 방비가 충실하면 나아가지 말고(공격하지 말고), 방비가 충실하지 않으면 그곳으로 나아간다. 험형은 아군이 먼저 그곳을 차지하면 반드시 높고 따뜻한 곳을 차지하고서 적군을 대비해야 한다. 만약 적군이 먼저 그곳을 차지했다면 아군은 인솔하여 그곳을 떠나서 나아가지 말아야 한다. 원형은 (서로 멀리 떨어져) 형세가 같아서 싸움을 걸기가 어려우니, 싸우면 이롭지 못하다.

☞ 보완

- 『史記』 "一夫當關이면 萬夫莫敵이라(한 사람이 관문을 지키면 만 명이 대적하지 못한다: 隘形)"
- 『通鑑節要』 "孫子度其行하니 暮當至馬陵이라 馬陵은 道陜而旁多阻隘하니 可伏兵이라 乃斫大樹하여 白而書之曰 龐涓이 死此樹下하리라 於是에 令齊師善射者萬弩로 夾道而伏하고 期日暮하여 見火擧而俱發이라 龐涓이 果夜至斫木下하여 見白書하고 以火燭之어늘 讀未畢에 萬弩俱發하니 魏師大亂相失이라 龐涓이 自知智窮兵敗하고 乃自剄하니 齊因乘勝하여 大破魏師하다(손자는 방연의 행군을 헤아려보니, 저녁이면 마땅히 마릉에 이를 것을 알았다. 마릉은 길이 좁고 옆에 험한 곳이 많으니, 병사를 숨길만 하였다. 이에 큰 나무를 깎아 희게 만들어 그곳에 쓰기를 '방연이 이 나무 아래에서 죽을 것이다'라 하였다. 그리고 제나라 군사 중에 활을 잘 쏘는 자로 하여금 1만 명의 쇠뇌를 가지고 길을 끼고 숨어있게

하고는, 해가 저물어 불이 일어나는 것을 보면 다 쏠 것을 약속해두었다. 방연이 과연 밤에 나무를 벤 곳 아래에 이르러 흰 글씨를 보고 불로 그곳을 밝혀 읽기를 마치기 전에 1만 명의 쇠뇌가 다 함께 쏘니, 위나라 군대는 매우 혼란하여 서로의 대오를 잃었다. 방연이 스스로 지혜가 다하고 군사가 패한 것을 알고 마침내 스스로 목을 잘랐다. 제나라는 승세를 타고 위나라 군대를 크게 부수었다: 〖陝〗 좁다 협 〖阻〗 험하다 조 〖隘〗 험하다 애 〖斫〗 베다 작 〖夾〗 끼다 협 〖列〗 목을 베다 문. 隘形者 我先居之 必盈之 以待敵)"

☞주석 〖至任〗 지극한 임무, 중요한 일
☞국역 무릇 이 여섯 가지는 땅의 도로, 장수의 지극한 임무이니 살피지 않아서는 안 된디.

☞보완

―『高麗史節要』 "中軍前軍이 追丹兵于忠原兩州間法泉寺하여 移次禿岾이라 崔元世曰 明日之路에 有二岐한대 吾行何如則 可오하니 金就礪曰 分軍하여 掎角이 不亦可乎아 하다 元世 從之하여 翼日에 會于麥谷하여 與賊戰하여 斬獲三百餘級하고 迫于堤州之川하니 流屍蔽川而下라 越三日에 追至朴達峴

한대 加發兵馬使任輔도 亦將兵來會라 元世謂就礪曰 嶺上非
大軍所止니 欲退屯山下라 하니 就礪曰 用兵之術은 雖貴人
和하나 地利亦不可輕이라 賊若先據此嶺하면 我在其下하리
니 猿猱之捷이라도 亦不得過한대 況於人乎아 三軍遂登嶺而
宿이라 質明에 賊果進軍于嶺之南하여 先使數萬人으로 分登
左右峯하여 欲爭要害라 元世等이 使將軍申德威李克仁으로
當左하고 崔俊文周公裔으로 當右하며 元世就礪는 從中鼓之
하니 士皆殊死戰이라 三軍望之라가 亦大呼爭前하니 賊大潰
하여 老弱男女와 兵仗輜重을 狼藉委棄라(중군과 전군이 거
란병을 충주와 원주 사이의 법천사[경기 驪州]로 추격하여,
독점으로 행군을 옮겼다. 최원세가 말하기를, '내일 나가는
길이 두 갈래인데, 내가 어느 길로 가는 것이 좋겠는가?' 하
니, 김취려가 말하기를, '군사를 나누어 掎角之勢를 베푸는
것이 역시 좋지 않겠는가?' 하였다. 최원세가 이 말을 따라,
다음날 맥곡에서 모여 적과 더불어 싸워서 적의 목 3백여 급
을 베고, 제주[충북 堤川]의 냇가까지 바싹 뒤쫓으니, 물에
떠오른 시체가 내를 덮어 떠내려갔다. 사흘이 지나 박달현까
지 쫓아갔는데, 가발병마사 임보도 군사를 거느리고 와서 한
데 모였다. 최원세가 김취려에게 이르기를, '고개 위는 대군
이 머무를 곳이 못 되니, 산 아래로 물러나 주둔하겠다'라
하였다. 김취려가 말하기를, '용병하는 법은, 비록 人和가 귀
하나, 地利 또한 가볍게 여겨서는 안 된다. 만약 적이 먼저
이 고개를 차지하면 우리가 아래에 있게 될 것이니, 적이 들
이친다면 날쌘 원숭이라도 지나지 못할 것인데, 하물며 사람

임에랴?’ 하고, 삼군이 드디어 고개에 올라 밤을 지냈다. 날이 밝을 무렵 적이 과연 고개 남쪽으로 진군하여, 먼저 수만 명에게 좌우의 봉우리를 두 패로 나누어 올라가게 하여 요해처를 빼앗으려 하였다. 원세 등이 장군 선덕위·이극인에게 왼편을 담당하게 하고, 최준문·주공예에게 오른편을 담당하게 하며, 최원세와 김취려는 가운데에서 북을 치며 기세를 올리니, 군사들이 모두 죽기를 무릅쓰고 싸웠다. 삼군이 바라보다가 또한 큰소리를 지르며 앞을 다투어 쳐들어가니, 적이 크게 무너져 노약한 남녀와 병기·치중을 낭자하게 버리고 달아났다: 〖移次〗 행군을 옮김 〖岐〗 갈림길 기 〖掎角(기각)〗 양편에서 동시에 들이치려는 작전 태세 〖級〗 모가지 급 〖迫〗 닥치다 박 〖屍〗 주검 시 〖猿猱(원노)〗 원숭이 〖捷〗 빠르다 첩 〖質明〗 날이 밝아올 무렵 〖殊死(수사)〗 죽기를 각오하고 싸움 〖潰〗 무너지다 궤 〖輜重(치중)〗 짐을 실은 수레 〖狼藉(랑자)〗 어지러움 〖委〗 버리다 위. 將之至任 不可不察也)”

5

故兵有走者하고 有弛者하고 有陷者하고 有崩者하고 有亂者하고 有北者라 凡此六者는 非天之災요 將之過也라

☞**주석** 〖故〗＝夫 〖走〗 달아나다 주 〖弛〗 느슨하다 이

 대저 군대에는 **走兵**·이병·함병·붕병·난병·배병
이 있다. 이 여섯 가지의 경우는 자연 재앙 때문이 아
니라 장수의 잘못 때문이다.

6

夫勢均한대 以一擊十를 曰走라 卒强吏弱를 曰弛
라 吏强卒弱을 曰陷이라 大吏怒而不服하고 遇敵
懟而自戰하고 將不知其能을 曰崩이라 將弱不嚴하
고 敎道不明하며 吏卒無常하고 陳兵縱橫을 曰亂
이라 將不能料敵하여 以少合衆하고 以弱擊强하며
兵無選鋒을 曰北라

주석 〖大吏〗副將 〖懟〗원망하다 대 〖陳〗＝陣 〖料〗헤아
리다 료 〖鋒〗앞장 봉

국역 대저 (아군과 적군의 **地利**의) 형세가 균등한데(별다른
특수한 사정이 없다), 하나로써 열을 공격하는 것을 달
아나는 것이라 한다(10분의 1밖에 되지 않는 아군의 열
세로 적을 공격한다면 달아나지 않을 수 없는 것이다).
병사는 강하고 장교는 약한 것을 해이한 것이라 한다
(병사가 강하고 장교가 약하면 부하 병사들을 통솔하
지 못하여 군기가 해이해진다). 장교는 강한데 병사가
약한 것을 빠진 것이라 한다(장교는 강한데 병사가 약
하면, 강한 장교의 명령을 약한 병사가 감당하지 못하

여, 마치 무거운 중량의 물건을 약한 지반이 견디지 못하여 함몰되는 것과 같다). 부장이 분노하여 장수에게 복종하지 않고, 적과 만났을 때 원망으로 마음대로 싸우고, 장수는 그의 능력을 알지 못하는 것을 무너지는 것이라 한다(부장의 불평과 장수의 무능은 높은 산의 흙이 위에서부터 무너지듯이 군대를 붕괴하도록 한다). 장수가 나약하여 위엄이 없고, 교육의 방법이 명확하지 못하며, 軍吏와 병사가 항상 된 도(일정한 질서)가 없으며, 진을 친 군대가 멋대로인 것을 어지럽다고 한다. 장수가 적을 헤아릴 수 없어 적은 아군으로써 많은 적군과 合戰하고, 약한 아군으로써 강한 적군을 공격하며, 군대에 선발된 선봉부대가 없는 것을 패배한다고 한다.

보완

-『通鑑節要』 "淮陰人韓信은 家貧하여 釣於城下라 有漂母見信飢하고 飯信하니 信喜하여 謂漂母曰 吾必有以重報母하리라 母怒曰 大丈夫不能自食하여 吾哀王孫而進食이니 豈望報乎리오하다 淮陰屠中少年有侮信者하여 因衆辱之曰 信能死하면 刺我하고 不能死면 出我袴下하라 하다 於是信俛出袴下하여 蒲伏하니 一市人皆笑信하며 以爲怯이라 及項梁渡淮하자 信杖劒從之하여 居麾下하나 無所知名이라 項梁敗하니 又屬項羽하니 羽以爲郎中이라 數以策干羽하나 羽不用이라 漢王之入蜀에 信亡楚歸漢하니 王以爲治粟都尉하나 亦未之奇也라 信數與蕭何語한대 何奇之라……乃召信하여 拜大將

이라(회음 사람 한신은 집이 가난하여 성 아래에서 낚시를 하고 있었다. 어떤 빨래하던 여인이 한신이 굶주린 것을 보고 한신에게 밥을 주니, 한신이 기뻐하며 빨래하는 여인에게 이르기를 '내가 반드시 중한 보답으로써 당신에게 보답하겠소'라 하니, 여인이 노하여 말하기를 '대장부가 스스로 먹을 수 없어 내가 왕손을 불쌍히 여겨 음식을 준 것이니, 어찌 보답을 바라겠습니까?'라 하였다. 회음의 백정 소년 중에 한신을 모욕하는 자가 있어 여러 사람 앞에서 그를 욕보이며 말하기를 '한신 네가 죽고 싶으면 나를 찌르고, 죽고 싶지 않으면 내 사타구니 아래로 나가라'하니, 이에 한신이 고개를 숙이고 사타구니 아래로 나오면서 포복을 하니, 온 시장 사람들이 모두 한신을 비웃으며 비겁하다고 하였다. 항량이 회수를 건너자, 한신은 칼 하나를 짚고 그를 따라 휘하에 있었으나 이름이 알려진 것이 없었다. 항량이 패하자, 또 항우에게 의탁하니 항우가 낭중으로 삼았다. 자주 계책을 항우에게 바쳤으나, 항우가 쓰지 않았다. 한왕이 촉에 들어오자, 한신이 초나라에서 도망하여 한나라로 귀의하니, 한왕이 치속도위로 삼았으나, 또한 그를 기이하게 여기지 않았다. 한신은 자주 소하와 말을 나누었는데, 소하는 그를 기이하게 생각하였다. ……이에 한신을 불러 대장으로 삼았다: 〖釣〗 낚시하다 조 〖漂〗 빨래하다 표 〖王孫〗 公子처럼 젊은 사람에 대한 존칭 〖屠〗 짐승을 잡다 도 〖侮〗 업신여기다 모 〖袴〗 사타구니 과 〖俛〗 숙이다 면 〖蒲伏(포복)〗 배를 땅에 대고 김 〖屬〗 좇다 속 〖干〗 구하다 간 〖拜〗 벼슬을 내리다 배.

將不知其能)"

-「三十六計」 9計: "隔岸觀火(언덕을 사이에 두고 불을 쳐다본다)"
이것은 5計인 "趁火打劫"과 반대로, 여기서 불이란 내분을
의미한다. 내분상태에 있는 적군을 기습하면 오히려 적군이
단결하게 되어 거꾸로 아군이 손해를 보게 된다. 그러므로 어
느 정도 시간을 가지고 적군의 자멸을 기다리는 것이 좋다는
것이다.

7

凡此六者는 敗之道也로 將之至任이니 不可不察
也라

☞**국역** 무릇 이 여섯 가지는 패배의 도로, 장수의 지극한 임무
이니, 살피지 않아서는 안 된다.

8

夫地形者는 兵之助也라 料敵制勝한대 計險阨遠近
이 上將之道也라 知此而用戰者는 必勝이오 不知
此而用戰者는 必敗니라

☞**주석** 〖制〗 만들다 제 〖阨〗 막히다 액
☞**국역** 무릇 지형은 용병의 보조수단이다. 적을 헤아려 승리를
얻는데, 지형의 험함과 막힘, 멀고 가까움을 계산하는

것이 최고 장수의 도이다. 이것을 알고 싸움에 활용하
는 자는 반드시 승리하고, 이것을 알지 못하고 싸움에
활용하는 자는 반드시 패배한다.

☞ 보완

- 「三十六計」14計: "借屍還魂(시체를 빌어 혼을 돌아오게 한
다: 〔屍〕 주검 시)."
이것은 세상에서 가치 없다고 버려진 것들을 다시 이용하여
가치 있는 것으로 만들거나, 어떠한 것이라도 이용할 수 있
으면 이용하라는 것이다.

- 『三峰集』「陣法. 五利」 "一步兵之利로 丈五之溝로 漸車之水
와 陵阜崎嶇에 積石相接하면 此步兵之地로 車騎五不當一이
라 二車騎之利로 平原廣野가 曼衍相屬하면 此車騎之地로
步兵什不當一이라 三弓弩之利로 候視相及에 川谷分限하면
此弓弩之地로 刀楯三不當一이라 四矛鋋之利로 草木朦朧하
고 枝葉蔚密하면 此矛鋋之地로 長戟二不當一이라 五刀楯之
利로 穹崇險隘에 阻阨相按하면 此刀楯之地로 弓弩二不當一
이라(1. 보병의 장점으로, 한 길 반이 넘는 도랑으로 수레가
묻히는 물과 험한 언덕에 돌이 무더기로 서로 이어져 있으
면, 이것은 보병을 사용하는 곳으로 車騎 5명이 보병 1명을
당하지 못한다. 2. 車騎의 장점으로, 평원과 광야가 평평하게
서로 연했으면, 이곳은 車騎를 사용하는 곳으로 보병 10명이
거기 1명을 당하지 못한다. 3. 弓弩의 장점으로, 마주 보이는
곳에 시내와 계곡이 가로질러 있으면, 이것은 궁노를 사용하
는 곳으로 도순 3명이 궁노 1명을 당하지 못한다. 4. 모연의

장점으로, 초목이 무성하고 지엽이 우거졌으면, 이것은 모연을 사용하는 곳으로 긴 창 2명이 모연 1명을 당하지 못한다.

5. 도순의 장점으로, 높은 언덕과 좁은 길에 장애물이 서로 버티고 있으면 이것은 도순을 사용하는 곳으로 궁노 2명이 도순 1명을 당하지 못한다. 〖丈〗길 장 〖溝〗도랑 구 〖漸〗적시다 점 〖阜〗언덕 부 〖崎嶇(기구)〗험함 〖曼〗길다 만 〖衍〗펴다 만 〖屬〗잇다 속 〖弩〗쇠뇌 노 〖候〗보다 후 〖楯〗방패 순 〖矛鋋(모연)〗끝이 갈라진 짧은 창 〖朦〗풍부하다 몽 〖朧〗흐릿하다 롱 〖蔚〗성하다 울 〖戟〗창 극 〖穹〗높다 궁 〖崇〗높다 숭 〖隘〗좁다 애 〖阻〗막다 조 〖阨〗막히다 액 〖按〗누르다 안. 計險阨遠近)"

−『通鑑節要』"始剖符하여 封諸功臣하여 爲徹侯한데 蕭何封鄭侯하여 所食邑獨多라 功臣皆曰 臣等身被堅執銳하고 多者百餘戰하고 少者數十合이니이다 今蕭何未嘗有汗馬之勞하고 徒持文墨議論한대 反居臣等上은 何也잇고하니 帝曰 諸君知獵乎아 追殺獸兎者는 狗也요 而發縱指示獸處者는 人也라 今諸君徒能得走獸耳니 功狗也요 至如蕭何는 發縱指示니 功人也라 하니 羣臣皆莫敢言이라(처음 부절을 갈라서 여러 공신을 봉해 철후를 삼았는데, 소하를 찬후에 봉하여 받은 식읍이 유독 많았다. 공신들이 모두 말하기를 '저희들은 몸소 견고한 갑옷을 입고 날카로운 무기를 잡고 많은 자는 100여 차례 싸웠고, 적은 자도 수십 차례 싸웠습니다. 지금 소하는 일찍이 말을 땀 흘리는 노고도 없었고, 다만 붓을 잡고 의논하였을 뿐인데, 도리어 저희들보다 위에 있는 것은 무엇 때

문입니까?'라 하니, 황제가 말하기를 '제군들은 사냥을 아는
가? 짐승과 토끼를 쫓아가 죽이는 것은 개이고, 풀어놓고 짐
승이 있는 곳을 가르쳐 주는 것은 사람이다. 지금 제군들은
다만 짐승을 향해 달려갈 수 있음만 능할 뿐이니, 공은 개다.
소하와 같은 경우는 풀어 놓고 지시하고 있으니, 공은 사람
이다'라 하였다. 여러 신하들이 다 감히 말할 수 없었다: 〚徹
侯〛爵位 이름으로, 가장 軍功이 높은 자에게 부여함〚食
邑〛임금이 신하에게 주어 世祿으로 삼은 封地〚汗〛땀을
흘리다 한〚反〛도리어 반〚獵〛사냥 렵. *上將之道也*)"

9

故戰道에 必勝이면 主曰無戰이라도 必戰이 可也
요 戰道에 不勝이면 主曰必戰이라도 無戰이 可
也라

☞**국역** 대저 싸움의 도에서 반드시 승리할 수 있으면 임금이
싸우지 말라고 하더라도 반드시 싸우는 것이 옳다. 그
런데 싸움의 도에서 승리할 수 없으면 임금이 반드시
싸우라고 하더라도 싸우지 않는 것이 옳다.

10

故進不求名하고 退不避罪라 惟民是保하고 而利合
於主가 國之寶也라

☞**국역** 대저 (장수가) 진격하는 것은 공명을 구하려는 것이 아
니고, 후퇴하는 것은 죄를 피하려는 것이 아니다. 오직
국민을 보호하고 이익이 임금(나라)과 합치되는 장수
(나라의 이익에 합치되는 장수)가 나라의 보배이다.

☞**보안**

─『通鑑節要』 "遂降하니 邊塞以聞이라 上怒하여 問太史令司
馬遷한대 遷盛言 陵事親孝하고 與士信하고 常奮不顧身하여
以徇國家之急이 其素所畜積也로 有國士之風이니이다 今擧
事一不幸에 全軀保妻子之臣이 隨而媒蘗其短하니 誠可痛也
니이다 且陵提步卒이 不滿五千인대 深踐戎馬之地하여 却數
萬之師하니 虜救死扶傷不暇하여 悉擧引弓之民하여 共攻圍
之어늘 轉鬪千里하여 矢盡道窮하여 士張空拳하고 冒白刃하
여 北首爭死敵하니 得人之死力이 雖古名將이라도 不過也니
이다 身雖陷敗하나 然其所摧敗도 亦足暴於天下니이다 彼之
不死는 宜欲得當하여 以報漢也니이다 하다 上以遷爲誣罔하
여 欲沮貳師하고 爲陵游說라 하여 下遷腐刑이라〔이릉이〕 마
침내 항복하니 변방에서 보고하였다. 임금이 노하여 태사령
사마천에게 물으니, 사마천이 큰 목소리로 아뢰기를 '이릉이
어버이를 효로 섬기고, 군사들에게는 믿음을 주었으며, 항상

분발하여 자신을 돌보지 않고 국가의 위급함을 따르고자 한 것이 그가 평소 쌓은 것으로 국사의 풍모가 있습니다. 지금 거사에서 한 번 불행하게도 자신을 보전하고 처자를 보호하려는 신하가 따라가서 그의 단점을 싹트게 하였으니, 참으로 마음아플만한 일입니다. 또 이릉이 거느린 보병이 5천 명도 안 되었는데도 오랑캐 땅으로 깊이 들어가 유린해 수만 명의 군사를 물리치니, 오랑캐들은 사상자들을 구할 겨를도 없이 활을 쏠 수 있는 백성을 다 동원하여 함께 그를 공격하여 포위하자, 천 리 먼 곳에서 더욱 분투했습니다. 그러다 화살이 다하고 길이 막혀 군사들은 빈 쇠뇌를 당기고 칼날을 무릅쓰고 북쪽으로 머리를 향해 적과 다투다 죽었으니, 사람들이 죽을 힘을 다한 것은 비록 옛날 명장이라도 이보다 더 나을 수는 없을 것입니다. 몸은 비록 빠져 패배했지만, 그가 꺾어 패배시킨 것도 또한 천하에 드러날 만하니, 그가 죽지 않고 항복한 것은 마땅히 기회를 얻어서 한나라에 보답하려는 것일 것입니다'라 하였다. 임금은 사마천을 속여 이사 장군을 막고 이릉을 위해 유세하는 것이라 여겨, 사마천을 옥에 내려 부형하였다: 〖徇〗좇다 순 〖國士〗큰 인물 〖風〗풍모 풍 〖軀〗몸 구 〖媒〗매개하다 매 〖蘗〗싹트다 얼 〖提〗끌다 제 〖蹂〗짓밟다 유 〖暇〗틈 가 〖轉〗더욱 전 〖張〗당기다 장 〖弮〗쇠뇌 환 〖冒〗무릅쓰다 모 〖摧〗꺾다 최 〖暴〗드러내다 폭 〖罔〗속이다 망 〖沮〗막다 저 〖腐刑(부형)〗＝宮刑)"

11

視卒如嬰兒라 故可以與之赴深溪요 視卒如愛子라
故可與之俱死라 厚而不能使하고 愛而不能令하고
亂而不能治면 譬若驕子하여 不可用也라

☞주석 〖嬰〗 갓난아이 영 〖赴〗 나아가다 부 〖使〗 부리다 사
〖譬若(비약)〗 비유하자면 ～과 같다 〖驕〗 무례하다 교

☞국역 장수가 병사 보기를 부모가 아이를 보는 것처럼 하여야
한다. 그러므로 병사는 장수와 더불어 깊은 계곡으로
나아갈 수 있다. 장수가 병사 보기를 부모가 자식을 사
랑하는 것처럼 하여야 한다. 그러므로 병사는 장수와
더불어 함께 죽을 수 있다. 그런데 (장수가 병사에게 지
나치게) 후대하여 부릴 수 없으며, 지나치게 사랑하여
명령할 수 없으며, 지나치게 문란하여 다스릴 수 없으면
비유하자면 방자한 자식과 같아서 쓸 수 없을 것이다.

☞보완

–『中庸』"凡爲天下國家有九經하니 曰 修身也요 尊賢也요 親
親也요 敬大臣也요 體群臣也요 子庶民也요 來百工也요 柔
遠人也요 懷諸侯也라(무릇 천하와 국가를 다스림에 아홉 가
지 떳떳한 법이 있으니, 몸을 닦음과 어진이를 높임과 친척
을 가까이함과 대신을 공경함과 여러 신하들의 마음을 體察
함과 여러 백성들을 자식처럼 사랑함과 여러 공인들을 오게
함과 먼 곳의 사람을 편안히 함과 제후들을 품어주는 것이

다: 〖爲〗 다스리다 위 〖經〗 법 경 〖體〗 체득하다 체[註-體
謂設以身處其地而察其心也] 〖子〗 사랑하다 자 〖庶〗 여러 서
〖柔〗 편안히 하다 유 〖懷〗 품다 회. 視卒如愛子)”

－『老子』 “抗兵相加에 哀者勝矣라(무기를 겨루며 서로 공격할
때, 자애로운 자가 승리한다. 〖抗〗 들어 올리다 항 〖加〗 공격
하다 가. 視卒如愛子)”

－『通鑑節要』 “起之爲將에 與士卒最下者로 同衣食하고 臥不
設席하며 行不騎乘하고 親裹贏糧하여 與士卒로 分勞苦러라
卒에 有病疽者하여 起爲吮之하니 卒母聞而哭之러라 人이
曰 子는 卒也라 而將軍이 自吮其疽어늘 何哭爲오 母曰 往年
에 吳公이 吮其父하여 其父戰不旋踵하고 遂死於敵이러니
吳公이 今又吮其子하니 妾은 不知其死所矣라 是以哭之하노
라(吳起가 장수가 되어 사졸 중에 가장 지위가 낮은 사람과
의식을 함께하고, 누울 때에는 자리를 펴지 않았으며, 다니
면서 말이나 수레를 타지 않았고, 몸소 양식을 싸고 지며 사
졸들과 노고를 함께하였다. 그러던 중 병사 가운데 종기를
앓는 자가 있어 오기가 그를 위해 종기를 빨아주니, 병사의
어머니가 듣고 통곡하였다. 어떤 사람이 이르기를 ‘아들은
졸병인데도, 장군이 스스로 그 종기를 빨아주었는데 무엇 때
문에 우는 것인가?’라 하니, 어머니가 말하기를 ‘지난해에
오공께서 그 아비[의 종기]를 빨아주어 그 아비가 싸움에서
발꿈치를 돌리지 못하고[앞을 향해 사납게 싸우고 몸을 돌
려 후퇴하지 않음] 마침내 적에게 죽었습니다. 오공께서 오
늘 또 그 아들[의 종기]을 빨았으니, 저는 아들이 죽을 곳을

모르겠습니다. 그러므로 아들을 위해 우는 것입니다'라 하였
다: 〖親〗몸소 친 〖裹〗싸다 과 〖贏〗지다 영 〖疽〗악성 종
기 저 〖吮〗빨다 연 〖旋〗돌리다 선 〖踵〗발꿈치 종. 視卒
如愛子 故可與之俱死)"

－『三峰集』「陣法. 撫士卒五惠」 "一恤飢寒으로 親自體察하여
推衣與食이라 二省勞苦로 分其任하고 同其事라 三救疾病으
로 親自瞻視하여 以施醫療라 四矜不成人으로 歸老幼하고
返孤疾이라 五哀死亡으로 謹埋掩하고 行弔祭라(첫째, 굶주
림과 추위를 돌보는 것으로, 몸소 몸을 살펴 옷과 밥을 넘겨
준다. 둘째, 노고를 덜어 주는 것으로, 그 임무를 분담하고
그 일을 같이 한다. 셋째, 질병을 구원해 주는 것으로, 몸소
살펴보고 의료를 실시한다. 넷째, 완전치 못한 사람을 불쌍
히 여기는 것으로, 늙고 어린 사람은 집으로 돌려보내고, 고
아나 병든 사람도 돌려보낸다. 다섯째, 죽은 사람을 슬퍼하
는 것으로, 매장을 정성껏 하고 제사를 지내 준다: 〖恤〗구
휼하다 휼 〖推〗양여하다 퇴 〖瞻〗보다 첨 〖療〗고치다 료
〖矜〗불쌍히 여기다 긍 〖埋〗묻다 매 〖掩〗덮다 엄. 視卒
如愛子)"

知吾卒之可以擊하고 而不知敵之不可擊이면 勝之
半也라 知敵之可擊하고 而不知吾卒之不可以擊이
면 勝之半也라 知敵之可擊하고 知吾卒之可以擊이
라도 而不知地形之不可以戰이면 勝之半也라

☞국역 아군이 적군을 공격할 수 있는 능력이 있다는 것만을
알고 적군이 공격할 수 없는 대비를 갖추고 있음을 알
지 못하면 승리는 반일 것이다. 적군이 공격할 수 있는
허점이 있다는 것만을 알고 아군이 적군을 공격할 만
한 능력이 없음을 알지 못하면 승리는 반일 것이다. 적
군이 공격할 수 있는 허점이 있다는 것을 알고 아군이
적군을 공격할 만한 능력이 있음을 알더라도 지형이
싸울 수 없다는 것을 알지 못하면 승리는 반일 것이다.

☞보완

-『通鑑節要』 "匈奴數爲邊患이어늘 鼂錯上言이라 ……以蠻夷
攻蠻夷는 中國之形也니이다 今匈奴地形技藝는 與中國異하
니 上下山阪하며 出入溪澗는 中國之馬弗與也요 險道傾仄에
且馳且射는 中國之騎弗與也요 風雨罷勞하고 飢渴不困은 中
國之人弗與也니 此匈奴之長技也니이다 若夫平原易地에 輕
車突騎하면 則匈奴之衆易撓亂也요 勁弩長戟으로 射疏及遠
하면 則匈奴之弓弗能格也요 堅甲利刃으로 長短相雜하며 遊
弩往來하여 什伍俱前하면 則匈奴之兵弗能當也요 材官騶發

에 矢道同的하면 則匈奴之革笥木薦弗能支也요 下馬地鬪에 劒戟相接하고 去就相薄하면 則匈奴之足弗能給也니 此中國之長技也니이다 以此觀之컨대 匈奴之長技三이요 中國之長技五이니 帝王之道는 出於萬全하나이다(흉노가 자주 변방의 근심이 되자, 조조가 말을 올리기를 …… '오랑캐로써 오랑캐를 공격하는 것이 중국의 형세입니다. 지금 흉노의 지형과 재주는 중국과 다릅니다. 산과 비탈을 오르내리고 시내를 출입하는 것은 중국의 기마가 흉노만 못하고, 험한 길과 비탈진 곳을 달리면서 활을 쏘는 것은 중국의 기병이 흉노만 못하고, 비바람에 지치고 굶주림과 목마름에도 곤란 받지 않는 것은 중국 사람이 흉노만 못하니, 이것은 흉노의 장기입니다. 만약 평원과 평지에서 가벼운 수레와 날쌘 기병을 활용한다면 흉노의 무리는 쉽게 교란시킬 수 있고, 굳센 쇠뇌와 긴 창으로 넓고 멀리 쏘면 흉노의 활은 이를 수 없을 것이요, 단단한 갑옷과 날카로운 무기로 길고 짧은 것을 서로 섞고, 다니는 쇠뇌로 왕래하여 십오가 다 전진하면 흉노의 군대는 당할 수 없을 것이요, 재관이 말을 달리며 쏘아 한 표적을 맞히면 흉노의 갑옷과 방패는 버틸 수 없을 것이요, 말에서 내려 땅에서 싸워 칼과 창이 서로 맞붙고 밀고 밀리는 것이 서로 급박하면 흉노의 다리는 미칠 수 없을 것이니, 이것이 중국의 장기입니다. 이것으로 보건대, 흉노의 장기는 세 가지요, 중국의 장기는 다섯 가지입니다. 제왕의 도는 만전에서 나와야 합니다: 〖數〗 자주 삭 〖蠻〗 오랑캐 만 〖阪〗 비탈 판 〖澗〗 시내 간 〖仄〗 기울다 측 〖且~且〗 동시상황

〖易〗 평탄하다 이 〖突騎(돌기)〗 날쌔게 돌격하는 기병 〖撓〗
어지럽히다 뇨 〖勁〗 군세다 경 〖弩〗 쇠뇌 노 〖戟〗 창 극
〖疏〗 길다 소 〖格〗 이르다 격 〖什伍(십오)〗 5명이 伍, 二伍
가 什(軍制의 최소단위) 〖材官〗 말을 달리며 활을 쏘는 군관
〖騶〗 달리다 추 〖矢道同的〗 활솜씨가 좋아 한 표적을 맞
히는 것 〖革笥(혁사)〗 가죽으로 만든 갑옷 〖木薦(목천)〗 나
무로 만든 방패 〖支〗 버티다 지 〖薄〗 붙다 박 〖給〗 미치다
급. 而不知地形之不可以戰)"

13

故知兵者는 動而不迷하고 擧而不窮이라 故曰 知
彼知己면 勝乃不殆요 知地知天이면 勝乃可全이라
하다

☞주석 〖迷〗 길을 잃어 헤맴 미

☞국역 무릇 용병을 아는 자는 움직이면 조금도 망설이지 않
　　　고, 행동하면 조치가 다함이 없다. 그러므로 "적을 알
　　　고 나를 알면 승리는 이에 위태롭지 않고, 地利를 알고
　　　天時를 알면 승리는 이에 온전할 수 있을 것이다"라고
　　　하는 것이다.

☞보완

－『六韜』 "日中必彗하고 操刀必割하고 執斧必伐이니이다 日
　　　中不彗를 是謂失時요 操刀不割면 失利之期요 執斧不伐이면

賊人將來니이다 涓涓不塞면 將爲江河요 熒熒不救면 炎炎奈
何요 繁花不去면 將爲斧柯니이다(해가 중천에 오면 반드시
빨래를 말려야 합니다. 칼을 잡으면 반드시 갈라야 합니다.
도끼를 잡으면 반드시 베어야 합니다. 해가 중천에 왔는데
말리지 않는 것, 이것은 때를 잃는다고 합니다. 칼을 잡고도
가르지 않으면 이로운 시기를 잃습니다. 도끼를 잡고 베지
않으면 적이 장차 도발하여 올 것입니다. 졸졸 흐를 때 막지
않으면 장차 강하를 이룹니다. 반짝반짝할 때 끄지 않으면
활활 타올라 어찌할 수 없게 됩니다. 떡잎 때 따내지 않으면
장차 도낏자루가 됩니다: 〖彗〗 말리다 혜 〖斧〗 도끼 부 〖涓〗
적은 물이 흐르는 모양 연 〖熒〗 빛나다 형 〖柯〗 도끼자루
가 〖繁〗 성하다 번. 知天)"

1

孫子曰 用兵之法에 有散地하고 有輕地하고 有爭
地하고 有交地하고 有衢地하고 有重地하고 有圯
地하고 有圍地하고 有死地라

☞주석 〖衢〗 네거리 구 〖圯〗 무너지다 비 〖圍〗 둘레 위

☞국역 손자는 말한다. 용병하는 방법에 산지·경지·쟁지·교
지·구지·중지·비지·위지·사지가 있다.

---

10) '九地'는 아홉 가지 종류의 땅이라는 의미이다.

2

諸侯自戰其地가 爲散地라 入人之地하나 不深者가 爲輕地라 我得則利하고 彼得亦利者가 爲爭地라 我可以往하고 彼可以來者가 爲交地라 諸侯之地三 屬하여 先至而得天下衆者가 爲衢地라 入人之地深 하여 背城邑多者가 爲重地라 山林과 險阻와 沮澤 으로 凡難行之道者가 爲圮地라 所從由入者隘하고 所從歸者迂로 彼寡可以擊我之衆者가 爲圍地라 疾 戰則存하고 不疾戰則亡者가 爲死地라

☞주석 〔散地〕 병사들이 고향이 가깝기 때문에 마음이 흩어지기 쉬운 땅 〔輕地〕 遠征의 두려움과 고향과 가깝기 때문에 도주하기 쉬운 땅 〔爭地〕 서로 점거하면 이롭기 때문에 다투는 땅 〔交地〕 도로가 교차하여 공격하기에 편리한 땅 〔屬〕 인접하다 속 〔衢地〕 我國과 敵國과 第三國이 인접해 있는 땅 〔重地〕 輕地와 상대되는 의미로, 타국에 깊이 들어와 돌아가기 어려운 땅 〔阻〕 험하다 조 〔沮〕 습한 땅 저 〔圮地〕 군사들을 다치게 하는 땅 〔隘〕 좁다 애 〔圍地〕 산에 둘러싸여 좁은 통로로 들어가는데, 들어가는 곳은 좁고 돌아 나올 때는 우회해야 하는 곳 〔迂〕 우회하다 우 〔疾〕 빠르다 질

☞국역 제후가 스스로 자기 땅에서 싸우는 것을 산지라고 한다. 다른 사람의 땅에 들어갔으나 깊지 않은 곳을 경지

라 한다. 아군이 얻으면 유리하고 적군이 얻어도 유리
한 곳을 쟁지라 한다. 아군이 적군에게 갈 수도 있고
적군이 아군에게 올 수도 있는 곳을 교지라 한다. 제후
의 땅이 세 나라와 인접하고 있어서 먼저 이르면 천하
무리들을 얻을 수 있는 곳을 구지라 한다. 다른 사람의
땅에 깊이 들어가 성읍을 등 뒤에 많이 두는 것을 중지
라 한다. 산림과 험한 곳과 늪지로 행군하기 어려운 길
을 비지라 한다. 통해서 들어가는 곳은 좁은데 통해서
돌아갈 곳은 우회하는 곳으로 적은 적군이 많은 아군
을 공격할 수 있는 곳을 위지라 한다. 빨리 싸우면 생
존할 수 있으나 빨리 싸우지 않으면 죽는 곳을 사지라
한다.

是故散地則無戰하고 輕地則無止하고 爭地則無攻
하고 衢地則合交하고 重地則掠하고 圮地則行하고
圍地則謀하고 死地則戰이라

☞**주석** 〖合交〗 제후들과 합하여 사귐 〖掠〗 노략질하다 략
☞**국역** 이런 까닭으로 산지에서는 싸우지 말아야 하며, 경지에
서는 머무르지 말아야 하며, 쟁지에서는 공격하지 말
고, 구지에서는 제3국과 외교를 맺어야 하며, 중지에서
는 (군수품 등을) 약탈하여야 하고, 비지에서는 (싸우지

말고 빨리) 지나가야 하고, 위지에서는 꾀하여 (탈출하여야 하고), 사지에서는 (死力을 다해) 싸워야 한다.

☞ 보완

－『孟子』 “或曰 世守也라 非身之所能爲也니 效死勿去라 하나니 君請擇於斯二者하소서(혹자는 말하기를 ‘대대로 지켜오는 것이라, 자신이 마음대로 할 수 있는 것이 아니니, 목숨을 바치고 떠나지 말라’고 하나니, 君主께서는 이 두 가지 중에서 선택하소서: [註釋] 能如大王則避之요 不能則謹守常法이니 蓋遷國以圖存者는 權也요 守正而俟死者는 義也니 審己量力하여 擇而處之가 可也니라[大王과 같이 할 수 있다면 피할 것이요, 그것이 불가능하다면 떳떳한 법을 삼가 지켜야 하니, 나라를 옮겨 보전하기를 도모하는 것은 權道요, 正道를 지키면서 죽음을 기다리는 것은 義이다. 자신을 헤아리고 능력을 헤아려서 선택하여 대처하는 것이 좋다]. 상황에 대한 대처 능력)”

4

所謂古之善用兵者는 能使敵人前後不相及하고 衆寡不相恃하고 貴賤不相救하고 上下不相收하고 卒離而不集하고 兵合而不齊라 合於利而動하고 不合於利而止라

☞ 주석 〖恃〗 믿다 시 〖合〗 맞다 합

 말하자면 옛날 용병을 잘하는 자는 적으로 하여금 전후 부대가 서로 미치지 못하게 하며(연락이 끊어지게 하며), 대부대와 소부대로 하여금 서로 의지하지 못하게 하며, 장교와 병사로 하여금 서로 구원하지 못하게 하며, 지위가 높은 자와 낮은 자로 하여금 서로 거두어들이지 못하게 하며(도울 수 없게 하며), 병사들로 하여금 흩어지게 하여 다시 모이지 못하게 하며, 병사들로 하여금 모이는 데 질서정연하지 못하게 한다. 그래서 아군에게 유리해지면 움직이고 아군에게 불리하면 중지한다.

-『通鑑節要』 "韓信張耳以兵數萬하고 東擊趙하니 趙王及成安君陳餘聞之하고 聚兵井陘口하고 號二十萬이라 廣武君李左車說成安君曰 韓信張耳乘勝遠鬪한대 其鋒不可當이니이다 臣聞千里饋粮하면 士有飢色하고 樵蘇後爨하면 師不宿飽니이이다 今井陘之道는 車不得方軌하고 騎不得成列하여 行數百里하니 其勢糧食必在其後니이다 願足下假臣奇兵三萬人하시고 從間路하여 絶其輜重하고 足下深溝高壘하여 勿與戰하시면 不十日하여 而兩將之頭可致於麾下나 否則必爲二子所擒矣니이다(한신과 장이가 병사 수만을 거느리고 동쪽으로 가서 조나라를 공격하니, 조왕과 성안군 진여가 그것을 듣고 정형구에 군사를 모으니 20만이나 불렀다. 광무군 이좌거가 성안군에게 유세하기를 '한신과 장이가 승세를 타고 멀리까지 와서 싸우는데, 그 예봉을 감당할 수 없습니다. 저는 천

리 밖에서 군량을 보내면 군사는 굶주린 기색이 있게 되고, 군사들이 나무를 한 이후에 밥을 해 먹으면 군사들이 쉬거나 배부를 수 없다고 들었습니다. 지금 정형의 길은 수레가 바퀴를 나란히 할 수 없고, 기마가 열을 이룰 수 없이 수백 리를 가야 하니, 그 형세상 양식은 반드시 뒤에 있을 것입니다. 원컨대 족하께서 저에게 기병 3만 명을 빌려주시고, 제가 사잇길을 따라가서 그 짐수레를 끊고, 족하께서는 해자를 깊게 하고 보루를 높게 하여 더불어 싸우지 않는다면 10일이 되지 않아 두 장수의 머리를 휘하에 바칠 수 있습니다. 그렇지 않으면 반드시 두 장수에게 사로잡힐 것입니다'라 하였다. 〚以〛 거느리다 이 〚及〛 및 급 〚當〛 대적하다 당 〚餽〛 보내다 궤 〚粮〛 양식 량 〚樵〛 땔나무 하다 초 〚蘇〛 풀을 베다 소 〚爨〛 밥을 짓다 찬 〚方〛 나란하다 방 〚軌〛 바퀴 궤 〚間路〛 사잇길 〚輜〛 짐수레 치 〚溝〛 해자 구 〚壘〛 성채 루 〚致〛 바치다 치 〚擒〛 사로잡다 금. 能使敵人前後不相及)"

敢問敵衆整而將來면 待之若何오하면 曰 先奪其所愛면 則聽矣라 하다 兵之情主速이라 乘人之不及하여 由不虞之道하여 攻其所不戒也라

☞주석 〚聽〛 따르다 청 〚情〛 상태 정 〚虞〛 생각하다 우

☞국역 적의 대부대가 질서정연하여 장차 공격해 온다면 그들

에게 대처하는 방법이 어떠해야 하는지 감히 묻는다면, 나는 "먼저 적이 아끼는 곳을 빼앗을 것이다. 그렇게 하면 (적은 아군이 주도하는 대로) 따를 것이다"라 대답할 것이다. 군대의 상태는 빠름을 위주로 한다. 적이 미치지 못하는 빈틈을 타서 생각지도 못한 길을 경유하여 적이 경계하고 있지 않은 곳을 공격한다.

☞ **보완**

－『通鑑節要』 "魏龐涓이 伐韓한대 韓請救於齊어늘 齊威王이 因起兵하여 使田忌田嬰田盼으로 將之하고 孫臏으로 爲師하여 以救韓할새 直走魏都하니 龐涓이 聞之하고 去韓而歸魏하다(위나라 방연이 한나라를 쳤는데, 한나라가 제나라에 구원을 청하니, 제나라 위왕이 군사를 일으켜 전기와 전영과 전반으로 하여금 군사를 거느리게 하고, 손빈으로 하여금 軍師로 삼아 한나라를 구원하게 하였다. 곧 바로 위나라 수도로 달려가니, 방연이 그것을 듣고 한나라를 버리고 위나라로 돌아갔다. 先奪其所愛)"

6

凡爲客之道는 深入則專하여 主人不克이라 掠於饒野하여 三軍足食이라 謹養而勿勞하고 幷氣積力이라 運兵計謀는 爲不可測이라 投之無所往이면 死且不北라 死焉不得이니 士人盡力이라

☞ **주석** 〚客〛『춘추』에 "伐人爲客(남의 나라를 치는 것을 객이라 한다)"라 함 〚主人〛침입을 당한 나라 〚掠〛노략질하다 략 〚饒〛넉넉하다 요 〚幷〛합치다 병 〚測〛헤아리다 측 〚焉〛=則

☞ **국역** 무릇 적국을 정벌하는 도는 다음과 같다. 깊이 적국에 들어가면 (군사들은 도망갈 생각을 하지 못하여 싸움에) 전일하게 되어 침입당한 나라가 이기지 못한다. 원정대는 적의 풍요로운 들에서 식량을 약탈하여 온 군대가 군량이 풍족하게 해야 한다. (군량이 확보되면) 원정대는 삼가 기르면서 피로하지 말아야 하며, 기운을 모으고 힘을 축적해야 한다. 용병과 계획은 예측되어져서는 안 된다. 갈 곳이 없는 곳에 군대를 투입하면 죽더라도 달아나지 않을 것이다. 죽으면 (어떤 것도) 얻을 수 없으니, 병사들은 힘을 다할 것이다.

☞ **보완**

－「三十六計」 28計: "上屋抽梯(지붕 위에 올라가게 하고 사다리를 뺀다: 〚抽〛빼다 추 〚梯〛사다리 제)."
사다리를 통해 지붕 위로 사람을 올려보내고 사다리를 제거하면 내려올 수 없듯이, 적을 유인하여 함정에 빠트리거나, 아군에 대해서는 背水陣을 치고 決死抗戰하라는 것을 의미한다.

－『莊子』 "楚有神龜한대 死已三千歲矣라 王巾笥하고 而藏之廟堂之上이라 此龜者는 寧其死爲留骨而貴乎아 寧其生而曳尾於塗中乎아(초나라에 신성한 거북이가 있는데, 죽은 지 이

미 3천 년이나 되었다. 왕이 천으로 싼 상자에 넣고 묘당의 위에다 그것을 보관해두었다. 그런데 이 거북이는 혹시 그가 죽어서 등딱지를 남겨 귀하게 되고자 했을까? 혹시 살아서 진흙 속에서 꼬리를 끌고자 했을까?(죽어서 이름을 남기느니 차라리 자유로운 생활을 바란다는 의미: 〖巾笥(건사)〗 수건으로 싼 상자[巾 수건 건 笥 상자 사] 〖廟堂(묘당)〗 正殿으로 신성한 장소 〖寧〗 혹시 녕 〖曳〗 끌다 예 〖塗〗 진흙 도 死馬不得)"

7

> 兵士甚陷則不懼하고 無所往則固라 深入則拘하고
> 不得已則鬪라 是故其兵不修而戒하고 不求而得하
> 고 不約而親하고 不令而信이라 禁祥去疑면 至死
> 라도 無所之라

☞주석 〖拘〗 껴안다 구 〖祥〗 길흉의 전조 상

☞국역 병사들이 매우 (극심한 위험에) 빠지면 두려워하지 않고, 갈 곳이 없으면 견고해진다. 적국에 깊이 들어가면 서로 껴안으며, 어쩔 수 없으면 싸우게 된다. 이런 까닭에 그 군대는 수련하지 않아도 경계하며, 요구하지 않아도 저절로 얻으며, 약속하지 않아도 저절로 가깝게 되며, 명령하지 않아도 믿게 된다. (병사들 사이에) 길흉을 막아(미신을 막음) 의심을 버리면(吉凶에 대한 미

신을 없애버리면) 죽음에 이르러도 갈 곳이 없을 것이
다(죽음에 이르러도 싸움터를 버리고 도망가려 하지
않을 것이다).

☞ 보완

- 『論語』 "子曰 其身正이면 不令而行하고 其身不正이면 雖令
  不從이니라(孔子께서 말씀하셨다. '자기 자신이 바르면 명령
  하지 않아도 행해지고, 자신이 바르지 못하면 비록 명령한다
  하더라도 따르지 않는다')"

- 『茶山詩文集』 "晉宋南渡而亡天下하니 此中國之殷鑑也요 句
  麗百濟南渡而失其國하니 此東邦之覆轍也라 傳曰 無敵國外
  患者亡이라 하고 兵法曰 置之死地而後生이라 하다(진나라와
  송나라는 남쪽으로 揚子江을 건넌 뒤 천하를 잃었으니, 이것
  은 거울삼아 경계해야 될 중국의 前例이다. 고구려는 남쪽으
  로 압록강을, 백제는 남쪽으로 漢江을 건넌 뒤 나라를 잃었
  으니, 이것은 귀감으로 삼아야 할 우리나라의 전례이다. 經
  傳에 '적국으로 인한 외환이 없는 나라는 망한다'라 했고,
  병법에는 '죽을 곳에 처해야만 살게 된다'라 했다: 〖殷鑑〗 『詩
  經』 「大雅·蕩」에 '殷鑑不遠 在夏后之世'라 했는데, 거울이
  될 만한 지나간 일을 가리킴 〖覆轍(복철)〗 엎어진 수레바퀴
  로, 실패를 부른 교훈)"

8

吾士無餘財는 非惡貨也요 無餘命은 非惡壽也라
令發之日이면 士卒坐者涕沾襟하고 偃臥者淚交頤라
投之無所往者면 諸劌之勇也라

☞**주석** 〘壽〙 장수 수 〘涕〙 눈물 체 〘沾〙 적시다 첨 〘襟〙 옷
깃 금 〘頤〙 턱 이 〘諸〙 專諸는 춘추시대 사람으로, 吳
나라 공자 光을 위해 자객이 되어 吳王 僚를 살해하고
피살됨 〘劌〙 曹劌는 曹沫로 춘추시대 노나라의 名將이
다. 齊나라가 노나라를 침공하자 노나라는 영토의 일부
를 떼어주고 화친을 맺는 상황에, 조말이 비수를 들고
제나라 桓公을 위협하여 땅을 돌려받았음

☞**국역** 우리 군사들이 재물을 여분으로 챙기지 않는 것은(군수
품 이외의 재물을 챙기지 않는 것) 재물을 미워해서가
아니며, 목숨을 여분으로 챙기지 않는 것(목숨을 버릴
각오를 하는 것)은 오래 사는 것을 미워해서가 아니다.
(死地에 있기 때문이다.) 명령이 내려 출발하는 날이면
(이제는 살아 돌아오기를 바랄 수 없으므로) 사졸 중에
앉은 자는 눈물이 옷깃을 적시고, 누운 자는 눈물이 턱
을 교차한다. 갈 곳이 없는 곳에 그들을 투입하면 전제
나 조귀처럼 용맹하게 싸우게 되는 것이다.

☞**보완**

鄭夢周 「征婦怨」

一別年多消息稀	한 번 이별한 뒤 여러 해인데 소식 드무시니
塞垣存歿有誰知	변방에서의 생존 여부 알 수나 있겠습니까?
今朝始寄寒衣去	오늘 아침 처음 겨울옷을 부치러 가는 사람
泣送歸時在腹兒	울며 전송하고 돌아올 때 뱃속에 있던 아이랍니다

(〖塞垣(새원)〗 변방 〖寄〗 부치다 기: 이 시는 擬古樂府로, 수자리 간 남편을 기다리는 아내의 간절한 소망을 편지 형식으로 띄운 시이다. 士卒坐者涕沾襟)

9

故善用兵者는 譬如率然이라 率然者는 常山之蛇也로 擊其首則尾至하고 擊其尾則首至하고 擊其中則首尾俱至라 敢問兵可使如率然乎아 하면 曰 可라 하다 夫吳人與越人相惡也나 當其同舟而濟에 遇風하면 其相救也가 如左右手라

☞ **주석** 〖譬如(비여)〗 비유하자면 ~과 같다 〖常山〗 會稽에 있는 山名

☞ **국역** 무릇 용병을 잘하는 자는 비유하자면 솔연과 같이 한다. 솔연은 상산에 있는 뱀으로, 그 머리를 치면 꼬리가

달려들고, 그 꼬리를 치면 머리가 달려들고, 그 몸통을
치면 머리와 꼬리가 함께 달려든다. "군대를 솔연과 같
게 할 수 있는가?"라 감히 묻는다면, 나는 "가능하다"
고 대답하겠다. 저 오나라 사람과 월나라 사람은 서로
미워하는 사이이다. 그런데 그들이 한 배를 타고 건너
다가 바람을 만나면 그들은 서로 돕는 것이 왼손과 오
른손처럼 하게 된다(마치 한 사람이 양손을 쓰듯 모두
협력함).

─『經世遺表』 "率然之蛇는 擊其首하면 則尾至하고 擊其尾하
면 則首至하며 擊其中하면 則首尾俱至한대 此兵家之大勢也
라 今率然之蛇首在甲山하고 尾抵渭原한대 而其腰腹은 皆己
朽矣라 尙可以首尾相救乎아 兵之所以勝敗存亡은 勢而己라
山戰者는 據峻嶺則勝하고 水戰者는 據上流則勝勢也라(솔연
이라는 뱀은 머리 쪽을 치면 꼬리로 달려들고, 꼬리 쪽을 치
면 머리로 달려들며, 몸통을 치면 머리와 꼬리로 함께 달려
드는데, 이것이 병가의 대세이다. 지금 솔연의 머리는 갑산
에 있고, 꼬리는 위원에 닿았는데, 그 허리와 배는 모두 썩어
버렸다. 그런데 오히려 머리와 꼬리로써 구원할 수가 있겠는
가? 군사가 이기고 지는 것과 살아남고 죽어 없어지는 것은
형세에 달렸을 뿐이다. 산전하는 자는 높은 고개를 먼저 차
지하면 이기고, 수전하는 자는 먼저 상류를 차지하면 이기는
것도 형세이다: 〖抵〗 다다르다 저 〖朽〗 썩다 후 〖據〗 차지
하다 거 〖峻〗 높다 준.)"

10

是故方馬埋輪은 未足恃也라 齊勇如一은 政之道也
요 剛柔皆得은 地之理也라 故善用兵者가 携手若
使一人은 不得已也라

☞**주석** 〚方〛묶다 방 〚埋〛묻다 매 〚方馬埋輪〛말을 매어두
고 수레바퀴를 묻는다는 것은 다시는 사용하지 않겠다
는 의미로, 죽기를 맹세하고 달아나지 않겠다는 것
〚携〛끌다 휴

☞**국역** 이런 까닭에 말을 매어두고 바퀴를 묻어두는 것은 (그
것이 단순히 말로만 그친 경우라면) 믿을 만한 것이 못
된다(죽기를 각오하더라도 그것만으로는 믿을 수 없다.
어쩔 수 없는 상황에 놓여 져야 하는 것이다). 모든 군
대를 똑같이 한 사람처럼 용맹하게 만드는 것은 治兵
의 도이고, 강한 자와 약한 자가 모두 승리를 얻도록
만드는 것은 地의 理이다(군사를 위험한 곳에 투입하여
싸움과 죽음 중의 하나를 택히게 히면 강한 자도 약한
자도 결사항전하게 만들 수 있다). 그러므로 용병을 잘
하는 사람이 군대를 한 사람을 부리는 것처럼 손을 끄
는 것은 어쩔 수 없게 만들기 때문이다.

☞**보완**

－『亂中雜錄』 "說者以爲彼勇我㤼하고 彼銳我鈍하니 雖或起兵
라도 無能爲也라 하니 噫라 此何不思之甚乎아 古之忠臣烈

士는 不以成敗易志하고 强弱挫氣하여 義所當爲면 則雖百戰
百敗라도 猶張空拳하고 冒白刃하여 萬死而不悔라 況此賊은
雖强하나 孤軍深入하니 正犯軍忌라 尙安能善其歸乎리오 我
卒雖怯하나 勇怯亦何嘗之謂리오 忠義所激하면 弱可使强하
고 寡可敵衆하니 只在一轉移之間耳라(사람들이 말하기를,
'저자들은 용맹스러운데 우리는 겁이 많고, 저자들은 예리한
데 우리는 둔하니, 비록 군사를 일으켜도 성사할 수 없다'라
고 하니, 아! 이것은 생각하지 못함이 얼마나 심한가? 옛날의
충신과 열사는 성공과 실패 때문에 뜻을 바꾸지 않았고, 강
함과 약함 때문에 기운이 꺾이지 않아, 의리상 마땅히 해야
할 것이라면 비록 백 번 싸워서 백 번 패한다 하더라도, 여
전히 빈 주먹을 버티며 흰 칼날을 무릅쓰고 끝까지 싸워 만
번 죽어도 뉘우치지 않았다. 하물며 이 왜적은 비록 강하다
고는 하나 외로운 군대로 깊이 들어왔으니, 바로 병법의 금
기를 범한 것이다. 어떻게 잘 돌아갈 수 있겠는가? 우리 군
사들이 비록 겁이 많다고는 하나, 용맹하거나 겁 많은 것이
어찌 고정된 것이라 하겠는가? 충의에 격동되면 약한 것을
강하게 만들 수도 있고, 적은 수효로 많은 수효를 대적하게
할 수도 있는 것이니, 단지 마음을 한 번 돌리는 데 달렸을
뿐이다: 〚怯〛 두려워하다 겁 〚鈍〛 무디다 둔 〚噫〛 탄식하
다 희 〚挫〛 꺾다 좌 〚冒〛 무릅쓰다 모 〚嘗〛 ＝常 〚激〛 분발
하다 격. 齊勇如一)

－『三峰集』「陣法」

兩軍相接　　　양군이 서로 싸우면

煙塵漲天　　연기와 먼지가 하늘을 가린다

呼吸之間　　숨 한 번 쉬는 사이에

機變倍千　　임기응변이 수없이 생긴다

左右進退　　좌로 우로 앞으로 뒤로

紛紛紜紜　　눈코 뜰 새 없다

令之莫及　　명령도 미치지 않고

叫之莫聞　　고함도 들리지 않는다

毫釐或差　　털끝만큼만 틀려도

千里是違　　천 리의 차이가 난다

何以整之　　무엇으로 그들을 정돈하는가?

金鼓旗麾　　징과 북, 기휘다

進之以鼓　　나갈 때는 북을 사용하고

退之以金　　물러설 때는 징을 사용한다

麾指角警　　기로 지시하고 뿔피리로 경고하여

萬夫一心　　많은 사람의 마음을 한데 모은다

善陣不戰　　진을 잘 치면 싸우지 않아도 이기고

善敗不亡　　계획성 있게 패하면 망하지 않는다

陣無常形　　진은 항상 된 모양이 없으니

後賢詳之　　뒤 어진 사람은 자세히 살펴라

(〖漲〗가득 차다 창 〖呼〗내쉬다 호 〖吸〗들이쉬다 흡 〖機變〗임기응변의 책략 〖紛〗어지럽다 분 〖紜〗어지럽다 운 〖叫〗부르짖다 규 〖毫釐(호리)〗조금, 약간 〖違〗어긋나다 위. 携手若使一人)

11

將軍之事는 靜以幽하고 正以治라 能愚士卒之耳目
하여 使之無知하고 易其事하고 革其謀하여 使人
無識하고 易其居하고 迂其途하여 使人不得慮라

☞주석 〖靜〗장수는 言行을 鎭靜하게 하여 군사들의 마음에
불안감을 조성해서는 안 됨 〖幽〗장수는 생각과 계책이
깊어야 戰勢를 유리하게 끌고 나갈 수 있음 〖正〗장수
는 嚴正하고 공평한 軍氣를 세워야 전투를 하기 전에 적
을 정신적으로 제압할 수 있음 〖治〗장수는 일 처리를
질서정연하게 잘 처리해야 군사들은 불평하거나 의심하지
않게 됨 〖革〗바꾸다 혁 〖迂〗우회하다 우 〖途〗길 도

☞국역 장군의 일은 태도는 고요하고 생각은 깊으며, 군기는
바르고 일 처리는 잘 처리하는 것이다. (이러한 네 가
지를 잘 갖춘 장수는) 사졸의 귀와 눈을 어리석게 하여
그들로 하여금 아는 것이 없게 하며(장수가 세운 계획
을 사졸들이 모르게 하여 불안하지 않게 함), 그 일을
바꾸고 그 꾀를 바꾸어서 사람으로 하여금 알지 못하
게 하며(남이 추측할 수 없게 함), 거처를 바꾸고 그 길
을 우회하여 사람으로 하여금 생각할 수 없게 하여야
한다.

☞보완

－『通鑑節要』 "上從破布歸에 疾益甚하여 愈欲易太子하니 張

良諫不聽이러니 叔孫通諫曰 晉獻公以驪姬之故로 廢太子하고 立奚齊하여 晉國亂者數十年이요 秦以不蚤定扶蘇하여 令趙高得以詐立胡亥하여 自使滅祀하니 此陛下所親見이니이다 今太子仁孝를 天下皆聞之한대 陛下必欲廢適而立少하시면 臣願先伏誅하여 以頸血汙地니이다 하다 帝曰 吾直戲耳라 하니 叔孫通曰 太子는 天下本인데 本一搖하면 天下震動하리니 奈何以天下戲乎오하다(임금이 경포를 치고 돌아옴에 병이 더욱 심해져 태자를 바꾸고 싶은 마음이 더했다. 장량이 간해도 듣지 않자, 숙손통이 간하기를 ‘진헌공이 여희 때문에 태자를 폐하고 해제를 세워 진나라가 어지러운 것이 수십 년이요, 진나라는 부소를 일찍 태자로 정하지 않아 조고로 하여금 거짓으로 호해를 세우게 하여 스스로 제사를 끊어지게 했습니다. 이것은 폐하께서도 친히 보신 것입니다. 지금 태자의 인효는 천하가 다 그것을 들어서 알고 있는데, 폐하께서 반드시 嫡子를 폐하고 어린 사람을 세우고자 하신다면 저는 원컨대 먼저 엎어져 죽어 목의 피로써 땅을 더럽히겠습니다’라 하였다. 임금이 ‘내가 다만 농담한 것뿐이다’라 하니, 숙손통이 말하기를 ‘태자는 천하의 근본인데, 근본이 한 번 흔들리면 천하는 진동합니다. 어찌 천하로써 농담을 하십니까?’라 하였다: 〚蚤〛 일찍 조 〚祀〛 제사 사 〚適〛=嫡 맏아들 적 〚頸〛 목 경 〚汙〛 더럽히다 오 〚直〛 다만 직 〚搖〛 흔들리다 요. 將軍之事 靜)”

－『三峰集』「陣法. 三料」 “一料食하고 攻食에 食存하면 不攻이라 二料備하고 攻備에 備存하면 不攻이라 三料衆하고 攻

衆에 衆存하면 不攻이라(1. 적의 식량 사정을 헤아려 보고
그 허점을 공격하려 할 때에 식량이 남았으면 공격하지 않
는다. 2. 적의 방비 태세를 헤아려 보고 그 허점을 공격하려
할 때에 방비가 있으면 공격하지 않는다. 3. 적군의 숫자를
헤아려 보고 그 허점을 공격하려 할 때에 숫자가 아직 많으
면 공격하지 않는다. 將軍之事 幽)"

─『通鑑節要』"匈奴三萬騎入上郡하고 三萬騎入雲中하여 烽火
通於甘泉長安이어늘 以周亞夫爲將軍하여 次細柳하고 劉禮
爲將軍하여 次霸上하고 徐厲爲將軍하여 次棘門하여 以備胡
라 上自勞軍할새 至霸上及棘門軍하여 直馳入하니 將以下騎
送迎이라 已而之細柳軍하니 軍士吏被甲이 銳兵刃하고 彀弩
持滿하여 天子先驅至하나 不得入이라 先驅曰 天子且至라
하니 軍門都尉曰 將軍令曰 軍中聞將軍令이요 不聞天子詔이
라 하다 上至하여 又不得入이라 於是上使使持節하여 詔將
軍하여 吾欲入營勞軍이라 하다 亞夫乃傳言開壁門하니 壁門
士請車騎曰 將軍約하되 軍中不得馳驅라 하다 於是天子乃按
轡徐行하여 至營하니 將軍亞夫持兵揖曰 介冑之士는 不拜하
니 請以軍禮見하노이다 하다 天子改容하고 式車하며 使人
稱謝 皇帝敬勞將軍이라 하고 成禮而去라 旣出軍門에 羣臣
皆驚하니 上曰 嗟乎라 此眞將軍矣로다 曩者霸上棘門軍은
若兒戲爾라 其將固可襲而虜也어니와 至於亞夫는 可得而犯
邪아 하고 稱善者久之라 月餘에 漢兵至邊하니 匈奴亦遠塞
하고 漢兵亦罷라 乃拜周亞夫爲中尉라(흉노 3만 기병이 상군
으로 들어오고 3만 기병은 운중으로 들어와 봉화가 감천과

장안에 통하니, 한나라 황제가 주아부를 장군으로 삼아 세류에 주둔시키고, 유례를 장군으로 삼아 패상에 주둔시키고, 서려를 장군으로 삼아 극문에 주둔시켜 오랑캐를 방비하게 했다. 황제가 스스로 군대를 위로하려고 패상과 극문에 있는 군영에 이르러 곧바로 달려들어 가자, 장군 이하가 기병을 보내어 영접하였다. 얼마 있다가 세류에 있는 군영에 가니, 군사와 관리가 갑옷을 입고 무기를 날카롭게 들이대며 쇠뇌를 당겨 쏘려고 했기 때문에, 천자의 선발대가 이르렀지만 들어갈 수 없었다. 선발대가 이르기를 '천자께서 장차 이르실 것이다'라 하니, 군문의 도위가 이르기를 '장군께서 군중에서는 장군의 명령만 듣고 천자의 조서는 듣지 않는다고 명령하였습니다'라 하였다. 천자가 이르러도 들어갈 수 없자, 이에 천자가 사신으로 하여금 병부를 지니고 장군에게 조서를 내려 '내가 군영에 들어가 군대를 위로하고자 한다'고 하였다. 주아부가 이에 말을 전하기를 '보루의 문을 열어라' 하니, 보루의 군사가 수레와 기병에게 청하기를 '장군께서 군중에서는 말을 달릴 수 없다고 정하셨습니다'라 하니, 이에 천자가 마침내 고삐를 잡고 서서히 가서 군영에 이르렀다. 장군 주아부가 무기를 잡고 읍하면서 이르기를 '갑옷을 입은 군사는 절하지 않는 법이니, 청컨대 군례로써 뵙고자 합니다'라 하니, 천자가 얼굴을 가다듬고 수레에서 인사를 하고 사람으로 하여금 사례하기를 '황제께서 장군을 삼가 위로한다'라 한 다음 예를 마치고 떠났다. 이미 군문을 나오자, 여러 신하들이 다 놀랐는데, 천자가 이르기를 '아!

이 사람은 진짜 장군이다. 지난번에 패상과 극문의 군대는 아이들의 장난과 같아서, 그 장수는 진실로 습격하여 사로잡을 수 있지만, 아부는 범할 수 있겠는가?'라 하고, 잘한다고 오래 칭찬하였다. 한 달 남짓 한나라 군대가 변경에 이르니, 흉노도 역시 변방에서 멀리 떨어졌고, 한나라 군대도 파하였다. 이에 주아부에게 벼슬을 주어 중위로 삼았다: 〖次〗 주둔하다 차 〖彀〗 당기다 구 〖弩〗 쇠뇌 노 〖節〗 병부 절 〖詔〗 조서 조 〖轡〗 고삐 비 〖介〗 갑옷 개 〖胄〗 투구 주 〖式〗 가로지른 나무(이 나무에 의지하여 경례를 함) 식 〖敬〗 삼가다 경 〖囊〗 접때 낭 〖稱〗 칭찬하다 칭 〖拜〗 벼슬 주다 배. 將軍之事 治)"

12

帥與之期는 如登高而去其梯라 帥與之로 深入諸侯之地하여 而發其機면 焚舟破釜라 若驅群羊한대 驅而往하고 驅而來라도 莫知所之라 聚三軍之衆하여 投之於險은 此謂將軍之事也라 九地之變과 屈伸之利와 人情之理는 不可不察也라

☞**주석** 〖帥〗 장수 수 〖梯〗 사다리 제 〖機〗 쇠뇌 위에 화살을 발사하는 장치 〖驅〗 몰다 구 〖屈伸〗 屈은 물러나 지키는 것, 伸은 나아가 공격하는 것

☞**국역** 장수가 병사들과 기약하는 것은 높은 곳에 오르게 하고

서 그 사다리를 제거하는 것과 같이 해야 한다(들어가
게는 하지만 돌아오기가 어렵게 만든다). 장수가 병사
들과 제후의 땅에 깊이 들어가서 화살 장치를 발사하게
되면, 배를 불사르고 가마솥을 부수어야 한다(돌아오지
않을 결심을 보인다). 양치기가 여러 마리 양을 몰고 가
는데 몰아서 가고 몰아서 오지만 양은 가는 곳을 알지
못하는 것과 같다. 대군의 무리들을 모아 위험한 곳에
투입시켜 (죽음을 무릅쓰고 싸우게 하는 것이) 이것이
장수의 일이다(병사를 위험에 빠트려 죽이려는 것이 아
니라 장수의 치밀한 작전 계획 속에서 죽을힘을 다해
싸워서 승리하는 것이 장수의 일이다). 구지의 변화와
지킴과 공격의 이로움과 인정의 이치(인간의 심리, 인간
의 미묘한 움직임)는 장수가 살피지 않아서는 안 된다.

☞ 보완

- 「三十六計」 28計: "上屋抽梯(지붕 위에 올라가게 하고 사다
리를 뺀다: 〖抽〗 빼다 추 〖梯〗 사다리 제)."
사다리를 통해 지붕 위로 사람을 올려보내고 사다리를 제거
하면 내려올 수 없듯이, 적을 유인하여 함정에 빠트리거나,
아군에 대해서는 背水陣을 치고 決死抗戰하라는 것을 의미
한다.

- 『通鑑節要』 "冬十月에 宋義行至安陽하여 留四十六日에 不
進하니 羽曰 國兵新破하여 王坐不安席하여 掃境內하여 以
屬將軍하니 國家安危는 在此一擧니이다 今不恤士卒하고 而
徇其私하니 非社稷之臣也니이다 하다 十一月에 項羽卽其帳

中하여 斬宋義하고 乃悉引兵渡河한대 皆沈船하고 破釜甑하
고 燒廬舍하고 持三日粮하고 以示士卒必死라 於是與秦軍遇
하여 九戰하여 大破之하고 虜王離라(겨울 10월에 송의가 행
군하여 안양에 이르러 46일을 머물면서 전진하지 않았다. 項
羽가 말하기를 '나라 군대가 새로 격파되어 왕께서 자리에
앉아도 편안하지 못하시어 경내를 쓸어서 장군에게 군사를
맡겼으니, 국가의 안위는 이 한 번의 거동에 달려 있습니다.
그런데 지금 사졸을 불쌍히 여기지 않고 사사로움을 따르고
있으니, 사직의 신하가 아닙니다'라 하고, 11월에 항우가 그
의 장막으로 가서 송의를 베고, 이에 병사를 다 인솔하여 하
수를 건너는데, 배를 다 침몰시키고 솥과 시루를 부수며 막
사를 불태운 다음 3일 양식을 가지고 사졸들에게 반드시 죽
을 것을 보였다. 이에 진나라 군대를 만나 9번 싸워 크게 그
들을 부수고 왕이를 사로잡았다: 〖掃〗 쓸다 소 〖恤〗 동정하
다 휼 〖徇〗 좇다 순 〖卽〗 나아가다 즉 〖帳〗 군막 장 〖甑〗
시루 증 〖燒〗 불태우다 소 〖廬〗 거처 려 〖粮〗 군량 량. 焚
舟破釜)"

—『三峰集』「陣法, 三明」 "一知人情向背라 二察敵兵去就라 三
審事機利害라(1. 인정의 향배를 아는 것이다. 2. 적병의 거취
를 살피는 것이다. 3. 중요한 고비에 이해를 살피는 것이다:
〖審〗 살피다 심 〖機〗 때 기. 人情之理 不可不察也)"

凡爲客之道는 深則專하고 淺則散이라 去國越境而
師者는 絶地也요 四達者는 衢地也요 入深者는 重
地也요 入淺者는 輕地也요 背固前隘者는 圍地也요
無所往者는 死地也라

☞주석 〖客〗『춘추』에 "伐人爲客(남의 나라를 치는 것을 객이
　　라 한다)"라 함 〖隘〗좁다 애

☞국역 무릇 적국을 정벌하는 도는 다음과 같아야 한다. 깊이
　　들어가면 (군사들의 마음은) 전일하고, 얕게 들어가면
　　(군사들의 마음은) 흩어지게 된다. 나라를 떠나 국경을
　　넘어 군사가 있는 곳은 절지이고, 사방이 트인 곳은 구
　　지이고, 깊이 들어간 곳은 중지이고, 얕게 들어간 곳은
　　경지이고, 견고한 곳을 등지고 좁은 곳을 앞으로 한 곳
　　은 위지이고, 갈 곳이 없는 곳이 사지이다.

☞보완

－『史記』"兵法不曰 陷之死地而後生이요 置之亡地而後存이리
　　(병법에 '죽을 땅에 그들을 빠트린 이후에 살고, 망할 땅에
　　그들을 둔 이후에 생존한다'라 말하지 않았는가?: 深則專)"

是故散地에 吾將一其志요 輕地에 吾將使之屬이요
爭地에 吾將趨其後요 交地에 吾將謹其守요 衢地
에 吾將固其結이요 重地에 吾將繼其食이요 圮地
에 吾將進其塗요 圍地에 吾將塞其闕이요 死地에
吾將示之以不活이라

☞**주석** 〖屬〗 복종하다 속 〖塗〗 길 도 〖闕〗 뚫다 궐

☞**국역** 이런 까닭으로 산지에는 나는 장차 아군의 뜻을 하나로
할 것이고(산지이므로 병사의 마음을 전쟁에 전일하게
만듦), 경지에서 나는 장차 아군으로 하여금 복종하게
할 것이고(경지에는 병사의 마음이 흐트러지기 쉬우므
로 장수에게 귀속하게 만듦), 쟁지에서 나는 장차 그 후
방으로 나아갈 것이고, 교지에서 나는 장차 그 수비를
신중히 할 것이고, 구지에서 나는 장차 제3국과의 외교
결속을 굳건히 할 것이고, 중지에서 나는 장차 그 식량
을 계속 확보할 것이고, 비지에서 나는 장차 그 길을 신
속히 지나갈 것이고, 위지에서 나는 장차 탈출구를 막
을 것이고(스스로 탈출구를 막아 *決死抗戰*하게 함), 사
지에서 나는 장차 살지 않을 각오를 보여줄 것이다.

☞**보완**

─『通鑑節要』"田單이 將攻狄할새 往見魯仲連한대 仲連曰 將
軍이 攻狄에 不能下也리라 田單曰 臣以卽墨破亡餘卒로 破

萬乘之燕하고 復齊之墟어늘 今攻狄而不下는 何也오하고 上
車弗謝而去하다 遂攻狄三月에 不克하니 田單이 乃懼하여
問魯仲連한대 仲連이 曰 將軍之在卽墨엔 坐則織簣하고 立
則杖鍤하며 爲士卒倡하니 當此之時하여 將軍은 有死之心하
고 士卒은 無生之氣하니 所以破燕也어니와 今엔 將軍이 東
有夜邑之奉하고 西有淄上之娛하고 黃金을 橫帶하고 而騁乎
淄澠之間하여 有生之樂하고 無死之心하니 所以不勝也니라
하다 田單이 曰 單之有心을 先生이 志之矣로다 하고 明日에
乃厲氣循城하고 立於矢石之所하여 援枹鼓之하니 狄人이 乃
下하다(전단이 장차 적을 공격하려고 하여 노중련에게 가서
만났는데, 노중련이 말하기를 ‘장군이 적을 공격해도 항복시
킬 수 없을 것입니다’라 하니, 전단이 말하기를 ‘제가 즉묵
의 패망한 남은 군사를 거느리고 만승의 연나라를 부수고
제나라의 옛 터를 회복했는데, 지금 적을 공격하여 항복시키
지 못한다는 것은 무엇 때문인가?’라 하고, 수레에 올라 사
례도 하지 않고 가버렸다. 마침내 적을 공격한 지 3개월에도
이기지 못하니, 전단이 이에 두려워서 노중련에게 물으니,
중련이 말하기를 ‘장군께서 즉묵에 있을 때는 앉으면 삼태
기를 짜고, 서면 삽을 들었으며, 사졸들을 위해 노래를 불렀
습니다. 이때에 장군은 죽을 마음이 있었고 사졸들은 살려는
기운이 없었기 때문에 연나라를 깨뜨릴 수 있었습니다. 지금
은 장군께서 동쪽에는 야읍의 봉 받음이 있고, 서쪽에는 치
상의 즐거움이 있으며, 황금을 띠로 두르고 치수와 면수 사
이를 달립니다. 사는 즐거움은 있고 죽으려는 마음이 없기

때문에 이기지 못하는 것입니다’라 하였다. 전단이 ‘저의 마음을 선생께서는 아십니다’라 하고, 다음날 마침내 기운을 북돋우어 성을 순시하고 화살과 돌이 날아다니는 곳에 서서 북채를 쥐고 북을 치니, 적인이 마침내 항복하였다: 〖狄〗 북방오랑캐 적 〖下〗 항복시키다 하 〖簣〗 삼태기 궤 〖鍤〗 삽 삽 〖倡〗 부르다 창 〖厲〗 떨치다 려 〖循〗 돌다 순 〖援〗 잡다 원 〖枹〗 북채 포. 吾將示之以不活)”

15

故兵之情은 圍則禦요 不得已則鬪요 過則從이라

☞ **주석** 〖故〗 =夫 〖過〗 =禍

☞ **국역** 대저 병사들의 심리는 포위를 당하면 방어하게 되고, 어쩔 수 없으면 싸우게 되고, 재앙에 빠지면 명령을 따르게 되어 있다.

☞ **보완**

－『高麗史節要』“壬辰에 女眞兵數萬이 來圍雄州城한대 崔弘正訓勵士卒하니 衆皆思鬪라 卽開四門 하고 齊出하여 奮擊大敗之한대 俘斬八十級이요 獲兵車五十餘兩과 中車二百兩과 馬四十匹하고 其餘兵仗은 不可勝記라(임진일에 여진의 군사 수만 명이 웅주성을 포위하였는데 최홍정이 사졸을 타이르고 격려하니, 여러 군사가 전의를 가지게 되었다. 곧 네 문을 열고 일제히 나가서 분발하고 공격하여 크게 이겼는데,

사로잡고 벤 것이 80급, 병거 50여 량, 중거 2백 량, 말 40필을 노획하였고, 그 외에도 노획한 무기는 이루 다 셀 수 없었다: 〖勵〗 권장하다 려 〖俘〗 사로잡다 부 〖級〗 모가지 급 〖兩〗 수레 량 〖匹〗 말 같은 가축을 세는 단위 필 〖仗〗 무기 장 〖勝〗 다 승. 不得已則鬪)"

16

是故不知諸侯之謀者는 不能預交라 不知山林險阻
沮澤之形者는 不能行軍이라 不用鄉導는 不能得地
利라 四五者는 不知一이면 非霸王之兵也라

☞주석 〖預〗 관계하다 예 〖阻〗 험하다 조 〖沮〗 습한 땅 저 〖鄉
導〗 ＝嚮導 길을 인도하는 사람 〖四五者〗 此三者의 誤
記 〖霸王之兵〗 패권을 잡은 강국의 군대

☞국역 이런 까닭으로 제후의 모의를 알지 못하는 자는 외교를
맺을 수 없다. 산림과 험한 곳과 늪의 지형을 알지 못하
는 자는 행군힐 수 없다. 향도를 사용하지 않는 자는 지
역의 이로움을 얻을 수 없다. 이 세 가지는 그중 한 가
지만 몰라도 패권을 잡는 군대가 될 수 없다.

夫覇王之兵이 伐大國하면 則其衆不得聚요 威加於
敵이면 則其交不得合이라 是故不爭天下之交하고
不養天下之權하고 信己之私하여 威加於敵이면 則
其城可拔이요 其國可隳라

☞주석 〔敵〕 대등하다 적 〔信〕 =伸 〔拔〕 쳐서 빼앗다 발 〔隳〕
무너지다 휴

☞국역 무릇 패권을 잡은 군대가 (자기 나라보다) 큰 나라를 치
면 그 무리(적군의 군대)는 군대를 모을 수 없고(패권을
잡은 군대가 적의 정세를 알고 지리를 장악하여 적이
행할 계획을 먼저 헤아린 뒤에 공격을 감행하였기 때
문이다), 위엄을 대등할 만한 나라에 가하면 그 나라(적
국)의 외교는 성사될 수 없다(아군이 먼저 제3국과 외
교를 맺고 있기 때문이다). 이런 까닭으로 천하에서의
외교를 다투지 않고(외교를 맺으려 하지 않음), 천하의
패권을 기르지 않고(패권을 잡을 조처를 취하여 실력을
양성하지 않음), 자신의 사욕만을 펴서 위엄을 대등할
만한 나라에 가하면 그러한 자의 성은 빼앗길 수 있을
것이고, 그 나라는 멸망될 수 있을 것이다.

施無法之賞하고 懸無政之令이라 犯三軍之衆은 若
使一人이라 犯之以事하고 勿告以言이라 犯之以利
하고 勿告以害라

☞ 주석 〚懸〛 늘어지다 현 〚犯〛 움직이다 범

☞ 국역 법에도 없는 상을 주며, 常規에도 없는 명령을 내려 (士
氣를 격려한다). 대군의 병사를 움직이는 것이 한 사람
을 부리는 것과 같이 한다. 사실로써 그들을 움직이게
하고 말로써 이르지 말아야 하며(임무를 주어서 행동하
게 하고 말로써 하지 말아야 한다), 이익으로써 그들을
움직이게 하고 해로움을 일러주지 말아야 한다(유리한
부분을 들어 움직이게 하고, 불리한 것은 말하지 말아
야 한다).

☞ 보완

-『象村集』「用兵篇」 "礪士之道는 賞與罰而已라 明刑不戮하
고 明賞不費라 賞必加於必加賞하고 而不加於不當賞히면 明
賞也요 刑必施於必可刑하고 而不施於不當刑하면 明刑也라
賞簡而人勸하므로 故不費하고 刑約而人戰하므로 故不戮이
라(군사를 연마하는 방도는 상과 벌일 뿐이다. 밝은 형벌은
죽이지 않고 밝은 상은 소비가 되지 않는다. 반드시 상을 줄
만한 자에게 상을 주고 상을 주지 말아야 할 자에게 주지 않
으면 밝은 상이고, 반드시 형벌을 주어야 할 자에게 형벌을

주고 형벌을 주지 말아야 할 자에게 형벌을 주지 않으면 밝
은 형벌이다. 그러므로 상이 적어 사람들이 권장하므로 소비
되지 않고, 형벌을 적게 주어 사람들이 조심하므로 죽이지
않게 되는 것이다: 〖礪〗 갈다 려 〖戮〗 죽이다 륙 〖約〗 적다
약 〖戢〗 거두어 움츠리다 즙. 施無法之賞)"

19

投之亡地然後存하고 陷之死地然後生이라 夫衆陷
於害然後에 能爲勝敗라 故爲兵之事는 在於順詳敵
之意라 幷敵一向하면 千里殺將이라 是謂巧能成事
者也라

☞**주석** 〖害〗 =危 〖詳〗 자세히 보다 상

☞**국역** 망할 땅에 그들을 투입한 뒤에야 존재할 수 있고, 죽을
땅에 그들을 빠뜨린 뒤에야 살 수 있다. 무릇 대군을
위험한 곳에 빠뜨린 뒤에야 승패를 만들 수 있다. 무릇
용병하는 일은 적의 의향을 쫓아서 자세히 살피는 데
있다. (적의 동향을 완전히 파악한 뒤에) 적과 더불어
한 번 맞서면 천 리를 가서 적장을 죽일 수 있다(본부
에서 작전을 세워 천 리 먼 곳에 있는 적장을 죽일 수
있다). 이것을 교묘함이 일을 성사시킬 수 있다고 하는
것이다.

- 『史記』“兵法不曰 陷之死地而後生이요 置之亡地而後存이라
  (병법에 ‘죽을 땅에 그들을 빠트린 이후에 살고, 망할 땅에
  그들을 둔 이후에 생존한다’라 말하지 않았는가?)”
- 『茶山詩文集』「戰船策」“大抵禦賊於內地는 不若拒之於外洋
  이요 用兵於平陸엔 不若束之於死地라(대체로 내지에서 적을
  막는 것은 바다 밖에서 적을 막는 것만 못하고, 평지에서 용
  병할 적에는 군사를 사지에다 결속시키는 것만 못하다.)”

20

是故政擧之日에 夷關折符하고 無通其使라 勵於廊
廟之上하여 以誅其事라 敵人開闔하면 必亟入之하
여 先其所愛하고 微與之期라 踐墨隨敵하여 以決
戰事라 是故始如處女하니 敵人開戶하고 後如脫兎
하니 敵不及拒라

☞ 주석 〖政〗 =征 〖夷〗 멸하다 이 〖符〗 부신 부 〖勵〗 권장하
다 려 〖廊廟(랑묘)〗 조정 〖誅〗 다스리다 주 〖闔〗 문짝 합
〖亟〗 빨리 극 〖微〗 몰래 미 〖踐〗 지키다 천 〖墨〗 잠
잠하다 묵 〖拒〗 막아 지키다 거

☞ 국역 이런 까닭으로 정벌이 거행되는 날에는 관문을 폐쇄하
고 통행증을 부수어 적국의 사자를 통행시키지 말아야
한다. 조정에서 격려하여 그 전투하는 일을 토론한다

(조정에서는 그 일을 토론하고 처리하여 군대의 운동을 뒷받침한다). 적국의 사람이 와서 문을 열려고 하면 반드시 빨리 그들을 들어오게 하여 그가 좋아하는 것을 먼저 해주고, 몰래 그와 더불어 기약한다. 침묵을 지키면서 적의 정세에 따라 전투를 결정한다. 이런 까닭에 처음에는 처녀와 같으니(처녀처럼 유순하니), 적군이 안심하고 문을 개방한다. 뒤에는 달아나는 토끼와 같으니(달아나는 토끼처럼 신속하게 공격하니), 적이 미처 막아 지킬 수 없게 된다.

「火攻篇」第十二

1

孫子曰 凡火攻有五인데 一曰火人이요 二曰火積이
요 三曰火輜요 四曰火庫요 五曰火隊라

☞ 주석 〚輜〛 짐수레 치 〚隊〛 대 대

☞ 국역 손자는 말한다. 무릇 불로 하는 공격에는 다섯 가지가
있다. 첫째, 사람을 화공하는 것이고, 둘째 쌓아놓은 것
을 화공하는 것이고, 셋째 짐을 실은 수레를 화공하는
것이고, 넷째 창고를 화공하는 것이고, 다섯째 부대를
화공하는 것이다.

☞ 보완

– 『三峰集』「陣法」 "一攻其未整으로 結陣未成과 渡水未畢과
出險未盡之類라 二攻其必救로 根本之地로 巢穴所在라 三火
攻으로 或山或野에 依草結營과 城邑部落에 人家相接하면

以火攻之라 四水攻으로 壅水決川하여 灌水之類라(첫째는 적
군이 정돈되기 전에 공격하는 것으로, 적군이 진을 치는데
아직 완성하지 못했을 때, 물을 건너는데 아직 다 건너지 못
했을 때, 험한 곳을 지나되 아직 다 빠져나가지 못했을 때
따위다. 둘째는 적이 반드시 보전해야 할 곳을 공격하는 것
으로, 적의 본거지로서 소굴이 있는 곳이다. 셋째는 불로 공
격하는 것으로, 적이 산이나 들에서 풀을 의지하여 병영을
쳤거나, 도시와 부락에 인가가 연접해 있으면 불로 공격한
다. 넷째는 물로 공격하는 것으로, 물을 막고 개천을 터놓아
서 물을 흘려보내는 따위다: 〖巢〗집 소 〖部落〗마을 〖壅〗
막다 옹 〖灌〗물대다 관)

2

行火必有因하고 煙火必素具라 發火有時하고 起火
有日이라 時者는 天之燥也요 日者는 月在箕壁翼
軫也라 凡此四宿者는 風起之日也라

☞**주석** 〖因〗의지하다(여기서는 간첩의 호응을 의미) 인 〖煙
火〗꽃불 〖素〗본디 소 〖燥〗마르다 조 〖箕壁翼軫〗28
수의 하나로, 이 네 별은 바람을 좋아하므로, 이날에 바
람이 일어난다고 믿었음

☞**국역** 불을 놓는 데는 반드시 간첩의 내응이 있어야 하고, 꽃
불이 반드시 본디 갖추어져 있어야 한다(방화에 필요한

타기 쉬운 인화물을 미리 준비하고 있어야 한다). 불을
지피는 데 때가 있고, 불을 일으키는 데 날이 있다. 때
는 날씨가 건조한 때이고, 날은 달이 기·벽·익·진의
星座에 있는 날이다. 무릇 이 네 별은 바람이 일어나는
날이다.

3

凡火攻에 必因五火之變하여 而應之라 火發於內면
則早應之於外하라 火發而其兵靜者면 待而勿攻하
고 極其火力에 可從而從之하고 不可從而止라 火可
發於外면 無待於內하고 以時發之라 火發上風이면
無攻下風이라 晝風從하고 夜風止라

☞**주석** 〖上風〗 바람이 불어오는 곳 〖下風〗 바람을 맞받는 곳

☞**국역** 무릇 화공에는 반드시 다섯 가지 불의 변화에 의거하여
그것에 대응하여야 한다. 첫째, 불이 적진 안에서 일어
나면 일찍 밖에서 그것에 호응하여야 한다. 둘째, 불이
일어났는데도 적군이 고요하면 기다리고 공격하지 말
것이며, 그 불의 힘이 극도에 달하였을 때 따를 수 있다
면 따르고(공격할 수 있으면 공격하고), 따르지 말아야
한다면 중지해야 한다. 셋째, 불이 적진 밖에서 일으킬
수 있다면 안에서 일어나는 것을 기다리지 말고 적당한
때에 불을 일으켜야 한다. 넷째, 불이 바람이 불어오는

곳에서 일어나면 바람을 맞받는 곳에서는 공격하지 말
아야 한다. 다섯째, 불이 낮바람에 일어났으면 따르고
(공격하고), 불이 밤바람에 일어났으면 중지해야 한다
(밤에는 적의 기습을 받을 수 있기 때문이다).

4

凡軍必知有五火之變하고 以數守之라 故以火佐攻
者明하고 以水佐攻者强이라 水可以絶이나 不可以
奪이라

☞**주석** 〔數〕 헤아리다 수

☞**국역** 무릇 군대는 반드시 다섯 가지 화공의 변화가 있음을
알아야 하고, 그것을 헤아려 지켜야 한다. 무릇 화공으
로 아군의 공격을 돕는 것은 현명하고, 수공으로 아군
의 공격을 돕는 것은 (아군의 공세를) 강력한 것으로
만든다. 수공은 적을 단절시킬 수는 있지만, 빼앗을 수
는 없다(水攻은 적으로 하여금 적의 후방과 연락을 끊
어 고립되게 할 수는 있지만, 火攻처럼 적의 모든 것을
불태워버릴 수는 없다).

☞**보완**

- 『海東雜錄』 "崔茂宣患倭陸梁하여 思水戰火攻之策하고 求焰
硝煎用之術하여 建白于朝하여 始置火㷁이라(최무선은 왜적
이 마음대로 설치는 것을 근심하여 水戰에서 火攻의 계책을

생각하고, 염초 쓰는 법을 구하여 조정에 건의하여 비로소 화통도감을 설치하였다: 〘陸梁〙 마음대로 뛰어다님 〘焰〙 불을 댕기다 염 〘焇〙 녹이다 소 〘煎〙 달이다 전 〘建白〙 왕에게 의견을 아룀)"

5

夫戰勝攻取라도 而不修其功者는 凶이라 命曰費留라 故曰 明主慮之하고 良將修之라 하다 非利不動하고 非得不用하고 非危不戰이라

☞**주석** 〘命〙 이름 짓다 명 〘費留〙 국가의 병력과 재물을 헛되이 낭비하는 것

☞**국역** 무릇 싸워서 이기고 공격하여 취하더라도 그 공을 닦지 않는 자(그 성과를 조심하고 경계하는 마음으로 닦지 않는 자)는 흉하다(그런 싸움과 공격은 함부로 사람을 죽이는 행동에 불과한 것이다). 이름 하여 비류라 한다. 그러므로 "현명한 임금은 그것을 생각하고, 좋은 장수는 그것을 닦는다"라 한다. 이렇기 때문에 국가에 이롭지 않으면 군대를 움직이지 말아야 하고, 국가에 얻는 것이 없으면 군대를 사용하지 말아야 하며, 국가가 위험하지 않으면 싸우지 말아야 한다.

☞**보완**

-『老子』"不自伐이라 故有功이라(스스로 공을 자랑하지 않으

므로, 공이 있다: 〖伐〗 자랑하다 벌. 而不修其功者)"

−『通鑑節要』 "秀部分하여 吏卒各隸諸軍하니 士皆言願屬大樹
將軍이라 大樹將軍者는 偏將軍馮異也라 爲人謙退不伐하고
敕吏士하여 非交戰受敵이면 常行諸營之後하며 每所止舍에
諸將並論功하면 異常獨屛樹下라 故軍中號曰大樹將軍이라
(劉秀가 부대를 나누어 관리와 병졸을 여러 군대에 예속시
키니, 군사들은 모두 '대수장군에게 속하기를 원한다'라고
말했다. 대수장군은 편장군인 풍이이다. 사람됨이 겸손하여
자랑하지 않고, 관리와 군사를 단속하여 적을 만나 교전할
때가 아니면 항상 여러 군영의 뒤에 갔으며, 늘 머물러 쉬는
곳에서 여러 장수들이 아울러 공을 논하면 풍이는 항상 홀
로 나무 밑으로 물러났기 때문에 군중에서 '대수장군'이라
불렀던 것이다: 〖隸〗 붙다 례 〖偏將軍〗 副將 〖伐〗 자랑하
다 벌 〖敕〗 =勅 타이르다 칙 〖屛〗 물러나다 병. 不修其功
者 凶)"

−『老子』 "兵者는 不祥之器로 非君子之器라 不得已而用之요
恬淡爲上이며 勝而不美라 而美之者는 是樂殺人이라 夫樂殺
人者는 則不可得志于天下矣라 吉事尙左하고 凶事尙右하니
偏將軍居左하고 上將軍居右는 言以喪禮處之라 殺人之衆이
니 以悲哀泣之요 戰勝이라도 以喪禮處之라(무기는 상서롭지
못한 물건이므로, 군자의 도구가 아니다. 어쩔 수 없어서 그
것을 사용할 뿐이고, 편안함과 담담함을 으뜸으로 삼고, 이
기더라도 좋아해서는 안 된다. 이기기를 좋아하는 사람은 사
람을 죽이는 것을 즐기는 것이다. 무릇 사람을 죽이기를 좋

아하는 사람은 천하에서 뜻을 얻을 수 없다. 길한 일은 왼쪽을 숭상하고 흉한 일은 오른쪽을 숭상하니, 부장이 왼쪽에 있고 상장군이 오른쪽에 있는 것은 상례로써 처함을 말하는 것이다. [전쟁을 하게 되면] 많은 사람을 죽이게 되니, 애통으로써 그들을 위해 울 것이요, 전쟁에 이기더라도 상례로써 처해야 한다: 〚已〛 그치다 이 〚恬〛 편안하다 념 〚偏將(편장)〛 =副將. 明主慮之)"

-『六韜』 "文王問太公曰 天下熙熙하여 一盈一虛하고 一治一亂한대 所以然者는 何也잇가 其君賢不肖不等乎아 其天時變化自然乎아 하니 太公曰 君不肖면 則國危而民亂하고 君賢聖이면 則國安而民治니이다 禍福在君이요 不在天時니이다 (문왕이 태공에게 묻기를, '천하가 넓고 아득하여 한번 흥하면 한번 쇠하고, 한 번 다스려지면 한 번 어지러워지는데, 그렇게 되는 까닭은 무엇입니까? 그 임금이 어질고 똑똑하지 못한 것이 같지 않아서입니까? 아니면 하늘 시운의 변화로 저절로 그렇게 되는 것입니까?'라 하니, 강태공이 대답하기를 '임금이 어리석으면 나라가 위태롭고 백성은 혼란하며, 임금이 어질고 훌륭하면 나라는 편안하고 백성은 잘 다스려지는 것입니다. 화와 복은 임금에게 달려 있는 것이지, 하늘의 시운에 있는 것이 아닙니다'라 하였다: 〚熙〛 넓다 희. 明主)"

主不可以怒而興師하고 將不可以慍而致戰이라 合
於利而動하고 不合於利而止라 怒可以復喜하고 慍
可以復悅하나 亡國不可以復存하고 死者不可以復
生이라 故明君愼之하고 良將警之라 此安國全軍之
道也라

☞ **주석** 〖慍〗 성내다 온 〖悅〗 기쁘다 열

☞ **국역** 임금은 분노 때문에 군대를 일으켜서는 안 되고, 장수
는 화남 때문에 싸움에 이르러서는 안 된다. 국가의 이
익에 합치되면 군대를 움직이고, 국가의 이익에 합치되
지 않으면 군대를 그쳐야 한다. 분노는 다시 기뻐질 수
있고, 화남도 다시 즐거워질 수 있으나, 멸망한 나라는
다시 존재할 수 없고, 죽은 자는 다시 살아날 수 없다.
그러므로 현명한 임금은 그것을 삼가고, 좋은 장수는
그것을 경계한다. 이것이 나라를 안정하게 하고 군대를
온전히 하는 도이다.

☞ **보완**

－『通鑑節要』“燕太子丹이 怨王하여 欲報之러니 將軍樊於期
　得罪하여 亡之燕한대 太子受而舍之하다 太子聞衛人荊軻之
　賢하고 卑辭厚禮而請見之하여 欲使劫秦王하여 反諸侯侵地
　라가 不可어든 因刺殺之라 ……荊軻至咸陽하니 王이 大喜
　하여 朝服設九賓而見之어늘 荊軻奉圖하여 以進於王이러니

圖窮而匕首見이라 因把王袖而揕之하나 未至身하여 王이 驚
起袖絕하니 荊軻逐王한대 王이 環柱而走하다 秦法에 群臣
侍殿上者가 不得操尺寸之兵이라 左右以手로 共搏之하고 且
曰 王은 負劍負劍하소서 王이 遂拔하여 以擊荊軻하여 斷其
左股하고 遂體解以徇이라 於是에 益發兵하여 伐燕하여 戰
於易水之西하여 大破之하니 燕王斬丹獻한대 王復進兵攻之
하다(연나라 태자 단이 秦王을 원망하여 그에게 보복하려고
했다. 진나라 장군 번오기가 죄를 지어 연나라로 도망오니,
태자가 받아들여서 그에게 머무르게 했다. 태자는 위나라 사
람 형가가 어질다는 것을 듣고 말을 낮추고 예를 후하게 하
여 만나기를 청하였다. 형가를 진나라의 사신으로 보내 진왕
을 위협하여 제후들의 침략한 땅을 돌려주게 하거나 그렇게
할 수 없으면 그를 찔러 죽이게 하려고 했다. ……형가가 함
양에 이르니, 왕이 매우 기뻐하여 조복을 입고서 구빈의 자
리를 베풀고서 그를 만났다. 형가가 지도를 받들고서 왕에게
나아가는데, 지도가 다하자 비수가 드러났다. 그러자 왕의
소매를 잡고 그를 찔렀으나 몸에 이르지 못하여 왕이 놀라
일어나 소매가 끊어지니, 형가가 왕을 쫓는데 왕은 기둥을
돌아서 달아났다. 진나라 법에 전상에서 모시는 여러 신하들
은 작은 병기도 잡을 수 없었다. 그래서 좌우 신하들이 손으
로 함께 형가를 치면서 말하기를 '왕께서는 칼을 등에 지십
시오. 칼을 등에 지십시오[당시 진왕은 長劍을 차고 있었는
데, 황급한 때라 바로 뽑을 수 없었음]'라 하였다. 왕이 드디
어 칼을 빼서 형가를 쳐서 그 왼쪽 넓적다리를 자르고 마침

내 몸을 토막 내어 돌렸다. 이에 더욱 많이 군사를 내어 연나라를 쳐서 역수의 서쪽에서 싸워 크게 격파하니, 연나라 왕은 태자 단을 참하여 왕에게 바쳤으나, 왕이 다시 군대를 진군하여 그곳을 공격하였다: 〖怨王 欲報之〗『通鑑節要』에 '燕太子丹이 嘗質於趙하여 與王善이러니 王이 卽位에 丹이 爲質於秦하니 王이 不禮焉이어늘 丹이 怒亡歸하다'라는 구절이 있음 〖劫〗위협하다 겁 〖刺〗찌르다 자 〖九賓〗성대한 잔치 〖把〗잡다 파 〖袖〗소매 수 〖攝〗찌르다 침 〖環〗돌다 환 〖搏〗치다 박 〖股〗넓적다리 고 〖徇〗돌리다[돌려서 대중에게 보이다] 순. 主不可以怒而興師)"

– 崔岦,「次韻信洞卷四首」『簡易集』

傷心千里好河山	마음이 아프도다 삼천리 금수강산이여
六七年來戰血斑	육칠 년 전쟁 통에 핏빛으로 얼룩졌네
爲語浮屠先我覓	나보다 먼저 찾아 나선 스님에게 물어보세
有芝何處似商顔	紫芝 나는 상안과 비슷한 곳이 있는지를

(〖斑〗얼룩 반 〖浮屠(부도)〗스님 〖有芝何處似商顔〗秦나라 말기에 商山四皓가 紫芝, 즉 靈芝를 캐 먹으며 살았던 곳과 같은 멋진 은거지를 찾고 싶다는 말이다. 商顔은 사람의 얼굴 형태와 비슷한 모양의 상산이라는 뜻으로, 보통 상산의 별칭으로 쓰임. 明君愼之)

–『孟子』"知命者는 不立乎巖墻之下라 盡其道而死者는 正命也요 桎梏死者는 非正命也라(天命을 아는 자는 위험한 담장

밑에 서지 않는다. 그 도를 다하고 죽는 것은 올바른 天命이
고, 형벌을 받아 죽는 것은 바른 天命이 아니다: 〖巖〗 가파
르다 암 〖墻〗 담장 장 〖桎〗 차꼬 질 〖梏〗 수갑 곡. 死者)”

1

孫子曰 凡興師十萬하여 出征千里하면 百姓之費와
公家之奉이 日費千金하며 內外騷動이라 怠於道路
하여 不得操事者가 七十萬家라 相守數年하여 以
爭一日之勝이라 而愛爵祿百金하여 不知敵之情者
면 不仁之至也라 非人之將也며 非主之佐也며 非勝
之主也라

☞주석 〖奉〗 씀씀이 봉 〖騷〗 떠들썩하다 소 〖怠〗 약해지다 태
〖七十萬〗 八家가 一井이 되는데, 한 집에서 장정 한 사
람을 출정시키면 나머지 七家는 노역을 제공한다. 그러
므로 10만을 일으키면 노역자는 70만이 됨 〖愛〗 아끼다 애

☞국역 손자는 말한다. 무릇 군대 10만을 일으켜 나가 천 리까

---

11) '用間'은 간첩을 사용한다는 것으로, 정보활동을 의미한다.

지 원정한다면 백성의 비용과 국가의 재정이 날마다 천금을 소비해야 하며, 나라 안팎이 소란하여 동요하게 된다. (백성들은 군수품과 군량을 운반하느라) 도로에서 지쳐 일을 할 수 없는 자가 70만 호나 된다. (이러한 상태로) 서로 수년간을 지켜(수년간 서로 대치하다가) 하루의 승리를 다툰다(하루 만에 백성의 생명과 재산 등이 송두리째 결정된다). (전쟁은 이겨야 한다. 그렇기 위해서는 적국의 정보가 필요하다. 그런데) 작록으로 주는 백 금을 아까워하여 적의 정보를 알지 못한다면 불인의 지극함이 된다. (그러한 자는) 남의 장수가 될 수 없으며, 임금을 보좌할 사람이 아니며, 승리의 주체가 될 수 없다.

☞ **보완**

―『通鑑節要』 "漢王謂陳平曰 天下紛紛한대 何時定乎아 하니 陳平曰 項王骨鯁之臣은 亞父鍾離昧龍且周殷之屬으로 不過數人耳니이다 大王誠能捐數萬斤金하여 行反間하여 間其君臣하여 以疑其心이니이다 項王爲人이 意忌信讒하여 必內相誅니이다 漢因擧兵而攻之하면 破楚必矣리이다 하다 漢王曰 善이라 하고 乃出黃金四萬斤하여 與平하여 資所爲하고 不問其出入이라 平多以金하여 縱反間於楚하며 宣言 鍾離昧等 爲項王將하여 功多矣나 然終不得裂地而王하니 欲與漢爲一하여 以滅項氏하고 而分王其地라 하다 項羽果不信鍾離昧等이라(한왕이 진평에게 말하기를 '천하가 어지러운데, 언제 평정되겠는가?'라 하니, 진평이 대답하기를 '항왕의 강직한

신하는 아보[范增]와 종리매와 용저와 주은의 무리 몇 사람
에 불과할 뿐입니다. 대왕께서 진실로 수만 근의 금을 내놓
아 반간을 행하여 그 군신 사이를 이간질하여 그들의 마음
을 의심하게 해야 합니다. 항왕의 위인은 의심하고 꺼리며
참언을 믿어 반드시 안에서 서로 죽일 것입니다. 그런 때 한
나라가 병사를 일으켜 그들을 공격하면 반드시 초나라를 부
술 수 있습니다'라 하였다. 한왕이 '좋다' 하고는 마침내 황
금 4만 근을 내어 진평에게 주어 할 것에 밑천으로 삼게 하
고 그 돈의 출납에 대해서는 묻지 않았다. 진평은 금을 많이
가지고 가서 초나라에 반간을 풀어놓으며 선언하기를 '종리
매 등은 항왕의 장수가 되어 공이 많지만, 끝내 땅을 떼어
왕으로 삼아주지 않자, 한나라와 하나가 되어 항씨를 멸하고
그 땅을 나누어 왕이 되고자 한다'라 하니, 항우가 과연 종리
매 등을 믿지 않게 되었다. 〖紛〗 어지럽다 분 〖定〗 평정하다
정 〖骨鯁(골경)〗 강직함 〖捐〗 내놓다 연 〖意忌〗 ＝疑忌 〖讒〗
참소하다 참. 而愛爵祿百金 不知敵之情者 不仁之至也)"

2

故明君賢將이 所以動而勝人하고 成功出於衆者는
先知也라 先知者는 不可取於鬼神하고 不可象於事
하고 不可驗於度라 必取於人知敵之情者也라

☞**주석** 〖象〗 비교하다 상 〖驗〗 증험하다 험 〖度〗 법도 도

☞**국역** 무릇 현명한 임금과 어진 장수가 움직이면 남을 이기고, 성공이 여러 사람보다 뛰어난 까닭은 (적의 정황을) 먼저 알기 때문이다. (적의 정황을) 먼저 안다는 것은 귀신에게 얻을 수 없으며, 비슷한 사례에서 비교할 수 없으며, 법도에서 증험할 수 없다. 반드시 적의 정황을 알고 있는 사람에게서 취해야 하는 것이다.

☞**보안**

－『西厓先生文集』「乞東宮移駐江華 以通南方形勢狀」 "臣自到安州一月餘에 因往來傳言하여 頗聞倭賊動靜한대 萬無自退之理이니이다 而順安屯住之軍은 己成老師하므로 日益疲頓하여 軍情愈解니이다 至於三縣聚軍分屯者는 其數雖多라도 皆不精鍊하고 而統率無人하니 今日之勢는 可謂危迫한대 朝廷未必詳知이니이다(신 柳成龍이 안주에 온 지 한 달 남짓한지라, 오가는 소문으로 왜적의 동정을 많이 들었는데, 자진해서 물러갈 리가 만무합니다. 순안에 주둔한 우리 군사들은 지쳐 버린 지 오래이므로 날마다 더욱 피곤하고 둔해져 군사의 마음이 더욱 풀어졌습니다. 세 고을에서 모아 나누어 주둔시킨 군사들은 그 수가 비록 많으나 모두 단련되지 못하였고 통솔할 사람마저 없으니, 지금의 형편이 위급하다고 할 수 있는데도 조정에서는 아직 반드시 자세히 아는 것만은 아닐 것입니다: 〖疲〗 지치다 피 〖益〗 더욱 익 〖頓〗 ＝鈍 둔하다 둔 〖愈〗 더욱 유 〖屯〗 진 치다 둔 〖迫〗 궁하다 박. 先知也)"

故用間有五라 有鄕間하고 有內間하고 有反間하고
有死間하고 有生間이라 五間俱起한대 莫知其道를
是謂神紀요 人君之寶也라

☞**주석** 〖間〗 염탐꾼 간 〖紀〗 법도 기

☞**국역** 무릇 간첩을 쓰는 방법에는 다섯 가지가 있다. 향간·내
간·반간·사간·생간이 있다. 다섯 가지 간첩이 다 전
개되어도 (적군은 아군이 어떻게 적의 정황을 알아내는
가) 그 방법을 알지 못하는 것, 이것을 신묘한 방법이라
말하며, 임금의 보배라고 하는 것이다.

☞**보완**

- 『文子』 "百星之明不如一月之光(밝은 백 개의 별이 빛나는
  하나의 달만 못하다: 보통 사람 백 사람이 현명한 한 사람만
  못함을 비유. 間者의 중요성)"
- 「三十六計」 25計: "偸梁換柱(대들보를 훔치고 기둥을 바꾼
  다: 〖偸〗 훔치다 투 〖梁〗 대들보 량 〖換〗 바꾸다 환 〖柱〗
  기둥 주)."
  秦나라 시황제는 齊나라 재상 后勝 등 많은 이들을 매수해
  '秦나라는 강대하다'라는 인식을 제나라에 퍼지게 하여, 진
  나라가 제나라를 공격하자 제나라는 감히 대항하지 못했다
  는 것으로, 적국의 내부에 간첩을 이용하여 나라를 멸망시킨
  다는 것이다.

4

鄕間者는 因其鄕人而用之라 內間者는 因其官人而
用之라 反間者는 因其敵間而用之라 死間者는 爲誑
事於外하고 令吾間知之하고 而傳於敵間也라 生間
者는 反報也라

☞주석 〚誑〛 속이다 광

☞국역 향간은 그 고장 사람을 말미암아 활용하는 것이다. 내
간은 적의 관리를 말미암아 활용하는 것이다. 반간은
적의 간첩을 말미암아(역이용하여) 활용하는 것이다.
사간은 밖에서 거짓 일을 만들어 우리 간첩으로 하여
금 그것을 알게 하고 적의 간첩에게 전하게 하는 것이
다(그러면 적군이 아군의 거짓을 정말로 믿고 간자를
살해하게 되는 것이다. 대체로 피살되기 때문에 사간이
라 한다). 생간은 (적국에서 정보활동을 하고 살아) 돌
아와 보고하는 것이다.

☞보완

―『通鑑節要』 "秦王이 聞孟嘗君之賢하고 使涇陽君으로 爲質
於齊하고 以請하니 孟嘗君이 來入秦이어늘 秦王이 以爲丞
相한대 或이 謂秦王曰 孟嘗君이 相秦이면 必先齊而後秦하
리니 秦其危哉리이다 秦王이 乃以樓緩으로 爲相하고 囚孟
嘗君하여 欲殺之어늘 孟嘗君이 使人으로 求解於秦王幸姬하
니 姬曰 願得君狐白裘하노라 孟嘗君이 有狐白裘라가 已獻

之秦王하여 無以應姬求러니 客에 有善爲狗盜者하여 入秦藏中하여 盜狐白裘하여 以獻姬한대 姬乃爲之言於王而遣之러니 王이 後悔하여 使追之하다 孟嘗君이 至關하니 關法에 鷄鳴이라야 而出客이라 時尙早하고 追者將至러니 客에 有善爲鷄鳴者하여 野鷄聞之하고 皆鳴이어늘 孟嘗君이 乃得脫歸하다(진왕이 맹상군이 어질다는 것을 듣고 경양군으로 하여금 제나라에 볼모가 되게 하고 맹상군을 청했다. 맹상군이 와서 진나라에 들어오니, 진왕이 승상으로 삼았다. 그러자 어떤 사람이 진왕에게 이르기를 '맹상군이 진나라에 승상이 되면 반드시 제나라를 먼저 생각할 것이고 진나라를 뒤에 생각할 것이니, 진나라는 아마 위태로워질 것입니다'라 하였다. 진왕이 마침내 누완을 재상으로 삼고 맹상군을 가두어 그를 죽이고자 하였다. 맹상군이 사람으로 하여금 진왕의 행희에게 풀려나기를 구하게 하니, 행희가 '그대의 호백구를 얻고자 한다'라 하였다. 맹상군에게 호백구가 있었는데 이미 그것을 진왕에게 바쳐서 행희의 요구에 응할 수 없었다. 그러자 객 가운데 개처럼 도둑질을 잘하는 자가 있어 진나라 창고 속에 들어가 호백구를 훔쳐서 행희에게 바쳤다. 행희가 이에 맹상군을 위해 왕에게 말하여 그를 보내주게 하였다. 왕이 뒤에 뉘우치고 그를 추격하게 하였다. 맹상군이 관에 이르니, 관법에 닭이 울어야 손님을 내보내게 되어 있었는데, 때가 여전히 일러 추격자가 장차 이르게 되었다. 그러자 객 중에 닭 울음소리를 잘 내는 자가 있어 [닭소리를 내니] 들닭이 그 소리를 듣고 모두 울어서 맹상군이 마침내 벗어

나 돌아올 수 있었다: 〖質〗볼모 질 〖幸姬〗사랑받는 여자
〖狐白裘〗여우의 흰털로 만든 외투. 內間)”

—『通鑑節要』“惠王이 自爲太子時로 嘗不快於樂毅러니 田單
이 聞之하고 乃縱反間曰 樂毅與燕新王으로 有隙하여 畏誅
而不敢歸하고 以伐齊爲名하니 齊人이 唯恐他將來면 卽墨이
殘矣라한대 燕王已疑러니 得齊反間하고 乃使騎劫으로 代將
하고 而召樂毅어늘 毅遂犇趙하니 燕將士는 由是로 憤惋不
和러라(연나라 혜왕은 태자가 되었을 때부터 일찍이 악의를
불쾌하게 생각했는데, 제나라의 전단이 그것을 듣고 반간을
놓아 이르기를 ‘악의가 연나라 새 왕과 틈이 있어 죽일까 두
려워하여 감히 돌아가지 못하고 제나라를 치는 것으로 명분
을 삼고 있다. 제나라 사람들은 오직 다른 장수가 오면 즉묵
땅이 격파될까 두려워하고 있다’라 하였다. 연나라 왕은 이
미 의심을 하고 있었는데, 제나라의 반간을 듣고 마침내 기
겁으로 하여금 장수를 대신하게 하고 악의를 소환하니, 악의
는 조나라로 달아났다. 연나라 장사들은 이것으로 말미암아
분개하고 한탄하며 서로 화합하지 못했다: 〖快〗기뻐하다
쾌 〖犇〗달아나다 분 〖憤〗성을 내다 분 〖惋〗한탄하다 완.
反間)”

—『通鑑節要』“趙襄子使張孟談으로 潛出見二子曰 臣聞脣亡則
齒寒이라 하니 今智伯이 帥韓魏而功趙하니 趙亡則韓魏爲之
次矣리라 二子乃陰與張孟談으로 約하고 爲之期日하고 而遣
之러니 襄子夜使人으로 殺守隄之吏하고 而決水灌智伯軍하
니 智伯軍이 救水而亂이어늘 韓魏翼而擊之하고 襄子將卒하

고 犯其前하여 大敗智伯之衆하고 遂殺智伯하고 盡滅智氏之
族하다(조양자가 장맹담으로 하여금 몰래 나가서 韓나라와
魏나라 사람을 만나서 말하게 하기를 '저는 입술이 없으면
이가 시리다고 들었습니다. 지금 지백이 한나라와 위나라를
거느리고 조나라를 공격하는데, 조나라가 망하면 한나라와
위나라가 그다음이 될 것입니다'라 하였다. 두 사람이 이에
몰래 장맹담과 약속하고 그와 기일을 정하고 그를 보냈다.
조양자가 밤에 사람으로 하여금 둑을 지키는 관리를 죽이고,
지백의 군대로 물길을 트니, 지백의 군사들이 물을 막으려고
어지러웠다. 한나라와 위나라가 측면에서 그들을 공격하고
조양자가 군사를 거느리고 그 앞을 공격하여 지백의 군대를
크게 패배시키고 마침내 지백을 죽이고 지씨 족속을 다 없
애버렸다. 〖脣〗 입술 순 〖帥〗 거느리다 솔 〖隄〗 둑 제 〖灌〗
물대다 관 〖救〗 막다 구 〖翼〗 날개 익 〖將〗 거느리다 장.
生間)"

5

故三軍之事에 親莫親於間하고 賞莫厚於間하고 事
莫密於間이라 非聖智면 不能用間하고 非仁義면
不能使間하고 非微妙면 不能得間之實이라 微哉여
微哉여 無所不用間也라 間事未發而先聞者면 聞與
所告者兼死라

☞국역 무릇 대군의 일에 친함에는 간첩보다 더 친밀한 자가 없고(장수와 간자 사이가 全軍에서 가장 친밀함), 상을 줌에 간첩보다 더 후한 것이 없고, 일에 간첩보다 더 비밀스러운 것은 없다. 성스러운 지혜를 지닌 자가 아니면 간첩을 쓸 수 없고, 인의를 지닌 자가 아니면 간첩을 부릴 수 없으며, 미묘한 자(미묘한 것까지 아는 명석한 자)가 아니면 간첩의 진실을 얻을 수 없다(간첩이 보내온 실상을 분간할 수 없다). 미묘하도다! 미묘하도다! 간첩을 쓰지 않을 곳이 없구나. 정보의 기밀이 아직 드러나지도 않았는데(정보의 기밀을 아직 실행하지도 않았는데) 먼저 듣는다면(먼저 새어나가면) 들은 자와 말한 자는 모두 죽인다.

☞보완

－『象村稿』「諸將士難初陷敗志」 "賊兵初至釜山에 候吏가 報稱大約四百餘艘라 及賊陷釜山하고 連陷沿邊鎭堡하니 列郡望風犇潰하여 無復有瞭望偵探之事라 賊之大軍이 陸續繼至者가 日夜不絶하여 蔽海以來한대 邊將不覺하고 只據初報하여 常謂賊艘只四百이라 右巡察使金誠一이 以爲賊艘不滿四百한대 一艘不過載數十人이니 總之不滿萬人이라한대 誠一之論聞于朝廷하니 朝廷亦以爲然이라(적병이 처음 부산에 이르렀을 때 망을 보던 관리가 대략 4백여 척쯤 된다고 보고하였다. 그러다가 적이 부산을 함락하고 잇따라 그 지역 일대의 진보를 함락하자 여러 고을에서 멀리 바라만 보고 저절

로 무너져 그 뒤로는 멀리서 망을 보며 정탐하는 일이 없게
되었다. 그래서 적의 대군이 후속 부대를 계속 보내며 밤낮
을 가리지 않고 끊임없이 바다를 덮으며 왔는데도 변방의
장수가 이를 깨닫지 못한 채 그저 처음 보고해 온 것에 의거
하여 늘 적의 병력은 단지 4백 척이라고 말하였다. 우순찰사
김성일은 말하기를 '적의 배가 4백 척이 채 되지 않는데, 한
척에 수십 명밖에 싣지 못하는 실정이고 보면 다 합해도 1만
명을 넘지 않을 것이다'라 하였는데, 김성일의 논의가 조정
에 알려지자 조정에서도 그렇게만 여겼다: 〖候〗 염탐하다
후 〖艘〗 척 소 〖堡〗 작은 성 보 〖犇〗 달아나다 분 〖潰〗 무
너지다 궤 〖瞭〗 아득하다 료 〖偵〗 정탐하다 정 〖陸續〗 이
어서 끊어지지 아니하는 모양 〖據〗 의거하다 거. 非聖智 不
能用間)"

－『通鑑節要』"秦王이 聞括爲趙將하고 乃陰使武安君으로 爲
上將하고 而王齕로 爲裨將하고 令軍中하되 有敢泄武安君將
者면 斬하리라(진나라 왕은 조괄이 장수가 되었다는 말을
듣고 이에 몰래 무안군으로 하여금 상장을 삼고 왕흘로 비
장을 삼아서 군중에 명령하는데, 무안군이 장수가 된 것을
감히 누설하는 자가 있으면 참하겠다고 하였다: 〖陰〗 몰래
음 〖裨〗 돕다 비 〖泄〗 새다 설 〖有敢泄武安君將者斬〗 『通
鑑節要』에 '秦左庶長王齕이 伐韓하여 攻上黨拔之하니 上黨
民이 走趙어늘 趙廉頗軍於平하여 以按據上黨民하니 王齕이
因伐趙한대 趙軍이 戰數不勝이라 廉頗堅壁不出이어늘 趙王
이 以頗로 失亡多而更怯不戰이라 하여 怒數讓之한대 應侯

使人으로 反間曰 秦之所畏는 獨畏馬服君之子趙括이 爲將爾
니 廉頗는 易與며 且降矣리라한대 趙王이 遂以趙括로 代頗
將하니 藺相如曰 王이 以名使括하시니 若膠柱鼓瑟이랏다
括은 徒能讀其父書傳이오 不知合變也니이다 王이 不聽하다'
라는 구절이 있음. 聞與所告者兼死)"

☞**주석** 〖左右〗측근 〖謁者(알자)〗손님 접대하는 관원으로, 副
官 〖舍人〗從者

☞**국역** 무릇 공격하려는 군대와 공격하려는 성과 죽이고자 하
는 사람은 반드시 먼저 그 지키는 장수와 측근 인물,
부관, 문을 지키는 사람, 시종하는 사람의 성명을 알아
야 한다. 우리의 간자로 하어금 반드시 그들을 탐색하
여 알아두어야 한다.

7

必索敵人之間來間我者라 因而利之하여 導而舍之
라 故反間可得而用也라 因是而知之라 故鄕間內間
可得而使也라 因是而知之라 故死間爲誑事하여 可
使告敵이라 因是而知之라 故生間可使如期라 五間
之事는 君必知之하며 知之必在於反間이라 故反間
不可不厚也라

☞국역 적의 간첩으로 와서 우리를 염탐하는 자를 반드시 색출
하여야 한다. 그리하여 그에게 이익을 주어 (우리 쪽의
간첩으로) 유도하여 그를 놓아줌으로 반간을 얻어 쓸
수 있는 것이다. 이 반간으로 말미암아 적국을 앎으로
향간과 내간을 얻어 부릴 수 있는 것이다. 반간으로 말
미암아 적국을 앎으로 사간이 거짓 일을 만들어 적에게
알리게 할 수 있는 것이다. 이 반간으로 말미암아 적국
을 앎으로 생간이 기약과 같게(적국의 정보활동을 마치
고 돌아올 수) 할 수 있는 것이다. 다섯 가지 간첩의 일
은 임금이 반드시 그것을 알고 있어야 하며, 그것을 아
는 것은 반드시 반간에 있다. 그러므로 반간은 후대하
지 않으면 안 된다.

☞보완

―『通鑑節要』"初에 齊事秦謹하고 與諸侯信하며 齊亦東邊海
上이라 秦이 日夜에 攻三晉이어늘 燕楚五國이 各自以救하

니 以故로 齊王建이 立四十餘年에 不受兵이러니 後에 齊相
及賓客이 多受秦間金하여 勸王朝秦하고 不修攻戰之備하고
不助五國攻秦하니 秦이 以故로 得滅五國하다(처음 제나라가
진나라를 섬기는 것을 조심하였고, 제후들과도 믿음이 있었
으며, 제나라도 동쪽으로 바다를 국경으로 하고 있었다. 진
나라가 밤낮으로 한·위·조 삼진을 공격하자, 연나라와 초
나라 다섯 나라가 각자 병사를 이끌고 구원하였다. 그러므로
제나라 왕 건이 즉위한 지 40여 년에도 공격을 받지 않았는
데, 후에 제나라 재상과 빈객들이 진나라에서 뇌물로 주는
금을 많이 받아서 왕에게 진나라에 조회할 것을 권하고, 공
격하고 싸울 준비를 닦지 않게 했으며, 다섯 나라가 진나라
를 공격하는 것을 돕지 않게 했다. 진나라는 이 때문에 다섯
나라를 멸망시킬 수 있었다: 〖以〗 거느리다 이 〖兵〗 전쟁
병 〖間金〗 금을 뇌물로 주어 군신을 이간시키는 것. 必索敵
人之間來間我者)"

8

*昔殷之興也에 伊摯在夏하고 周之興也에 呂牙在殷
이라 故惟明君賢將이 能以上智爲間者하고 必成大
功이라 此兵之要로 三軍之所恃而動也라*

☞**주석** 〖伊摯〗 湯王의 명재상으로 자는 伊尹이다. 탕왕을 도
　　　와 夏나라를 멸망시키는 데 큰 역할을 함 〖呂牙〗 周

나라 文王의 명재상으로 呂尙이다. 武王을 도와 殷나
라를 멸망시키는 데 큰 역할을 함

☞**국역** 옛날 은나라가 일어날 때 이지가 하나라에 있었고(이지
는 한때 桀의 신하였기 때문에 夏나라의 실정을 잘 알
아 湯王을 도울 수 있었다), 주나라가 일어날 때 여아가
은나라에 있었다(여아는 본래 殷나라에 살았기 때문에
그 실정을 잘 알아 武王을 도와 周나라를 세울 수 있었
다). 그러므로 현명한 임금과 어진 장수만이 가장 지혜
로운 자를 간첩으로 삼을 수 있으며, 반드시 큰 공을 이
룰 수 있는 것이다. 이것은 용병의 중요한 일로서, 대군
이 그의 정보를 믿고서 움직이는 것이다.

원주용

성균관대학교 한문학과 박사과정 졸업(문학박사)
안동대·한림대학교 강사
현) 성균관대·원광대학교 강사
　　성균관대학교 동아시아지역연구소 연구교수

『목은 이색 산문 연구』
『고려시대 산문 읽기』
『동양의 지혜 그리고 현대인의 삶』
『조선시대 산문 읽기』
『천자문 쉽게 알기』
『고려시대 한시 읽기』
『조선시대 한시 읽기(상·하)』
「牧隱李穡의 碑誌文에 관한 고찰」
「陶隱散文의 문예적 특징」
「鄭道傳散文에 관한 일고찰」
외 다수

초 판 인 쇄 | 2012년 6월 8일
초 판 발 행 | 2012년 6월 8일

옮 긴 이 | 원주용
펴 낸 이 | 채종준
펴 낸 곳 | 한국학술정보㈜
주　　　소 | 경기도 파주시 문발동 파주출판문화정보산업단지 513-5
전　　　화 | 031) 908-3181(대표)
팩　　　스 | 031) 908-3189
홈 페 이 지 | http://ebook.kstudy.com
E - m a i l | 출판사업부　publish@kstudy.com
등　　　록 | 제일산-115호(2000. 6. 19)

ISBN　　978-89-268-3418-3　03910 (Paper Book)
　　　　978-89-268-3419-0　08910 (e-Book)

이담 Books 는 한국학술정보(주)의 지식실용서 브랜드입니다.